JN055648

2026年度版

富山県の

英語科

参 考 書

協同教育研究会 編

協同出版

はじめに～「参考書」シリーズ利用に際して～

　教育を取り巻く環境は変化しつつあり，日本の公教育そのものも，教員免許更新制の廃止やGIGAスクール構想の実現などの改革が進められています。また，現行の学習指導要領では「主体的・対話的で深い学び」を実現するため，指導方法や指導体制の工夫改善により，「個に応じた指導」の充実を図るとともに，コンピュータや情報通信ネットワーク等の情報手段を活用するために必要な環境を整えることが示されています。

　一方で，いじめや体罰，不登校，暴力行為など，教育現場の問題もあいかわらず取り沙汰されており，教員に求められるスキルは，今後さらに高いものになっていくことが予想されます。

　本書は，教員採用試験を受験する人が，より効率よく学習できるように構成されています。本書の基本構成としては，各自治体の過去問を徹底分析した上で，巻頭に，各自治体の出題傾向と学習法，出題例，類題等を作成・掲載しております。第1章以降では，各自治体の出題傾向に基づいて，頻出の項目を精選して掲載しております。ページ数やその他編集上の都合により，掲載しきれず，割愛している内容もありますので，あらかじめご了承ください。なお本書は，2024年度（2023年夏実施）の試験を基に編集しています。最新の情報につきましては，各自治体が公表している募集要項やWebサイト等をよくご確認ください。

　最後に，この「参考書」シリーズは，「過去問」シリーズとの併用を前提に編集されております。参考書で要点整理を行い，過去問で実力試しを行う，セットでの活用をおすすめいたします。

　みなさまが，この書籍を徹底的に活用し，難関試験である教員採用試験の合格を勝ち取って，教壇に立っていただければ，それはわたくしたちにとって最上の喜びです。

協同教育研究会

教員採用試験「参考書」シリーズ

富山県の英語科 参考書

CONTENTS

富山県の英語科
出題傾向と学習法

効率よく試験対策を進めるために

1　ポイントを確実に理解して例題を解く

　教員採用試験の専門教養の筆記試験対策として最重要なのは，受験する自治体の出題形式や傾向に合った学習法を知ることである。本書は過去問を分析し頻出分野を中心に構成されている。各節の冒頭で学習のポイントを示し，例題を解きながら知識を身につけるようになっている。したがって，まず，各節のポイントを確実に理解するようにしよう。

　専門教養とはいえ，学習指導要領の内容から大きく離れた「難問」が出題されることはほとんどない。志望する学校種の問題レベルを把握し，十分に対応できるまでの知識を身につけることが求められる。試験対策としては，苦手な分野や触れたことのない内容を残さないようにすることも大切だが，まずは本書の例題や過去問などに積極的に取り組んで，頻出分野の知識を身につけてほしい。

2　出題傾向から効率よい学習法を導き出す

　過去問を見ると，頻出分野だけでなく，解答形式などにも特徴がうかがえる。

　例えば富山県では「リスニング(内容把握)」や「発音・アクセント」，「文法・語法(空所補充)」，「文章読解(空所補充，内容一致文，内容記述)」，「英作文(整序，和文英訳，自由英作文)」について頻繁に出題されている。学習指導要領に関する問題は近年出題されていない。いわば，これらの分野・内容が，富山県の特徴といえる。こうした分野については本書で学習し，過去問等から類題を解き，確実に得点できるようにしよう。

　ここでは，実際に出題された問題を，いくつか示す(出題例参照)。

　富山県の問題は中高共通である。発音とアクセントについては，他の自治体では2021年度を最後に出題がみられなくなったが，本自治体では欠かさず出題されている。注意すべき語の数はそれほど多くない

ので，類似の問題を多くこなし，よく出題される単語はすべて覚えておきたい。

　「文法・語法」は選択肢から正解を選ぶ空所補充の形式で問題数は多め。難易度はそれほど高くないが，大学入試レベルまでの基本的な語彙や文法・語法は，ことわざや慣用句を含め押さえておく必要がある。文章読解は，例年2〜3題出題されている。読むべき分量が多いので，速読の練習をしておくとよい。設問は内容に関する記述形式が多い。内容一致文では，本文の答えの箇所と内容は同じだが別表現で正解の選択肢が示される傾向があるので，言い換えの表現に慣れておくとよい。

　「英作文」は，整序と短文の和文英訳に加えて，2020年度からは自由英作文が出題されている。整序には日本語が示されておらず，手がかりは前後の英文と整序する語句である。整序部分の意味を推測したり，1つ1つの語句のピースを少しずつつなげたりすることで全体像を明らかにしていく作業である。語彙力と文法力が必要となる。

　和文英訳は直訳にならないよう心がけること。ミスのないように，できるだけ簡単な文型や単語で表現することも大切である。自由英作文は例題や類題で自分なりの解答を作り，解答例と比較してみよう。よい表現はストックして表現のレパートリーを増やそう。

3　過去問題集との併用等で実践力をつける

　以上のように，本書の使い方としては，効率的に試験対策を進めるために頻出分野のポイントを押さえ，例題を通して解法を理解していくことになるが，本試験でその学習成果が発揮できるかどうかは，実践的な問題をどれだけ解いているかにかかっている。その対策として，一通り基礎の確認ができたら時間を計って各年度の過去問を解くこと，模試を活用するといったことが考えられる。そこで不正解だった問題については，本書の該当箇所を参照して，繰り返し学んでほしい。そうすることで，出題傾向に合わせた実践的な力が必ずつくはずである。

まずは出題例を見ていこう！

本自治体の出題例：始めにチャレンジ！①（2022年度実施問題改）

　次の各文の(　　)内にあてはまる最も適切なものをそれぞれ以下の
ア〜エから1つずつ選び，記号で答えよ。

(1)　Only people under the age of 18 are (　　) to join this photo contest.

　ア　applicable　　イ　appropriate　　ウ　eligible　　エ　possible

(2)　If I were in your (　　), I wouldn't do it. It's against the rules.

　ア　bed　　イ　house　　ウ　sack　　エ　shoes

　　　　　　　　　　　　　　　解答：(1)　ウ　　　(2)　エ

本自治体の出題例：始めにチャレンジ！②（2023年度実施問題）

　下線部inner speech (内言)とはどのようなものか。本文に即して4点日
本語で説明せよ

　My alarm woke me early. I was in a hotel room in London, near the
headquarters of the BBC. I hadn't slept well. When I looked in the bathroom
mirror, I saw someone pale and slightly terrified. I had reason to feel
nervous. In just over an hour I would be speaking live to an audience of
millions on the BBC's flagship radio discussion program, *Start the Week*. As
I gazed into the mirror, I was aware that I was talking, silently, in my head.
My words were a reassurance. They were aimed at me. "Relax," I said.
"You've been on *Start the Week* before." I had the impression that I was
speaking to myself but was also hearing something internally, the familiar
shadow of a voice.

　This is a story about everyday experience: the thoughts, images and
sensations that go through your head as you are soaking in the tub, chopping
onions in the kitchen or waiting for the door to open on an important
meeting. When asked, people often say that their inner lives contain a lot of
words. Psychologists use the term "inner speech" for this phenomenon, in

8

which people talk to themselves silently in their head. It has a cousin, "private speech," in which people talk to themselves audibly. If you say words to yourself, such as "Remember to get some coffee" or "Stick to the plan," without making a sound, then you are using inner speech. If you say something similar to yourself out loud, it is private speech.

Both forms of language seem to have varied purposes, including planning and monitoring our behavior, regulating our emotions and fostering creativity. Among adults, inner speech seems to be more common than the private variety and, of particular interest to psychologists, is thus the form that probably plays the biggest part in our thinking. It is also quite a bit more difficult to study. When I was starting out in research in the 1990s, there was hardly any scientific literature on the topic. That situation has changed dramatically over the past couple of decades, partly because researchers have developed new experimental techniques for studying inner speech and partly because we now have a richer notion of how it functions, what forms it takes, and how it can benefit and hinder a thinker. In fact, we are starting to realize that inner speech elucidates some big questions about the mind and brain.

(SCIENTIFIC AMERICAN August 2017より)

解答例： ・行動計画を立てること　　・自身の行動を監視すること
　　　　　・感情を制御すること　　　・創造性を養うこと

本自治体の出題例：始めにチャレンジ！③ （2024年度実施問題改）

次の(1)，(2)のア〜エの中には，第1アクセントの位置が他と異なるものがそれぞれ1つずつある。その語の記号を記せ。

(1)　ア　arrow　　　　イ　complete　　　ウ　neglect
　　エ　polite

(2)　ア　complicated　イ　particular　　ウ　television
　　エ　difficulty

解答：(1)　ア　　(2)　イ

本自治体の出題例：始めにチャレンジ！④ （2024年度実施問題改）

次の日本文を英語で表現せよ。

経験したことも忘れてしまえば，体験しなかったに等しい。あらゆる感覚，情念，思考を記憶にとどめて自由に引き出すことができたら，人生はどんなに豊かになるだろう。

解答例：Any experiences we have had, if forgotten, would be next to nothing. How rich would our lives be if we could not only remember any senses, emotions and thinking but also recall them at will?

本自治体の出題例：始めにチャレンジ！⑤ （2023年度実施問題）

次の問いに答えなさい。

In today's world, we face many global problems. What do you think is the most serious problem the world is facing now, and how should the Japanese government deal with the problem? Write your opinion in 80－100 words of English. You need to indicate the number of words you used in (　　　).

解答例：I think marine plastic pollution is the most serious global problem.

Since plastic does not degrade in nature, we see huge amounts of floating trash in the ocean. It is well known that sea animals eat these plastics, resulting in starvation and death. In addition, small fish eat tiny pieces of plastic which is called microplastic, and humans eat the larger fish that eat the smaller fish. Chemical additives contained in plastic could cause humans serious health problems. The Japanese government should ensure that people sort plastic waste and prohibit illegal dumping. (92 words)

過去3カ年の出題傾向分析

　ここでは，過去3カ年で出題された分類と設問形式を表にまとめている。学習する前に，大まかな傾向をつかんでおこう。

年度	分類	設問形式
2024年度	リスニング	内容把握
	発音・アクセント	発音，アクセント
	文法・語法	空所補充
	会話文	
	文章読解	空所補充，内容一致文，内容記述，英問英答
	英作文	整序，和文英訳，自由英作
	学習指導要領	
2023年度	リスニング	内容把握
	発音・アクセント	発音，アクセント
	文法・語法	空所補充

年度	分類	設問形式
	会話文	
	文章読解	空所補充, 内容一致文, 内容記述, その他
	英作文	整序, 和文英訳, 自由英作
	学習指導要領	
2022年度	リスニング	内容把握
	発音・アクセント	発音, アクセント
	文法・語法	空所補充
	会話文	
	文章読解	空所補充, 内容一致文, 内容記述, その他
	英作文	整序, 和文英訳, 自由英作
	学習指導要領	

※「分類」「設問形式」は，過去問シリーズに掲載されている出題傾向分析に該当する。

　次に，ここで紹介した分類の類題を掲載しておくので，学習の第一歩としてほしい。

類題を解いてみよう！

類題で問題演習の幅を広げよう！①

次の各英文の(　　)内に入る最も適切な語はどれか。①～④から一つ選べ。

(1)　The article on Raffaello Santi contained (　　) facts, such as where he was raised and some life accomplishments.

① biographical　② botanical　③ mechanical
④ theological

(2)　A: How was the golf competition yesterday?

B: It couldn't be (　　). Thunder roared in the middle of the game, causing a downpour and the game to be canceled.

① better　② best　③ worse　④ worst

解答：(1)　①　　(2)　③

類題で問題演習の幅を広げよう！②

次の英文の下線部分の具体的な内容を，本文の内容に即して，句読点を含め35字以内の日本語で説明せよ。

When most people think of happiness they think of an emotional pleasantry. Happiness, to most people, is a feel-good outcome. It is a commonsense notion that happiness is the emotional finish line in the race to life. You get the right job, live in the right city, marry the right spouse, find the right parking spot, and you will end up happy. That is, first something happens in life, and then there is the rosy emotional aftermath. Interestingly, recent research from positive psychology shows that <u>the reverse is also true</u>:You get natural bursts of happiness throughout the day, and these moments of energy you can spend on the job, the spouse, and other areas you care about. That's right! Happiness is liquid, in the same way that monetary instruments such as stocks are liquid. Humans are built with emotional systems that include happiness, and that happiness is intended to be spent. It is a type of emotional currency that can be spent, like money, on the outcomes in life you truly value, such as your health, your relationships, and success at work.

解答：まずバラ色の感情が生じ，その結果として何かよい出来事に
　　　つながること。(34字)

類題で問題演習の幅を広げよう！③

　次の各組のア～オには，下線部の発音が同じ語が3つある。その3語の組合せとして正しいものを1～0から1つ選び，番号で答えよ。

(1)　ア　cap<u>a</u>city　　イ　esc<u>a</u>pe　　ウ　gr<u>ea</u>t　　エ　h<u>ei</u>ght
　　オ　l<u>ai</u>d

(2)　ア　br<u>ea</u>the　　イ　f<u>ea</u>ture　　ウ　j<u>ea</u>lous　　エ　pl<u>ea</u>sant
　　オ　thr<u>ea</u>t

1　ア－イ－ウ　　2　ア－イ－エ　　3　ア－イ－オ
4　ア－ウ－エ　　5　ア－ウ－オ　　6　ア－エ－オ
7　イ－ウ－エ　　8　イ－ウ－オ　　9　イ－エ－オ
0　ウ－エ－オ

解答：(1)　8　　(2)　0

類題で問題演習の幅を広げよう！④

次の日本文を英文にせよ。

あなたの言葉は必ずしもあなたの思い通りに理解されるとは限らないのだから，何を言うかだけでなく，どう言うかについても注意する必要がある。

解答：You cannot always make yourself understood as you like, so you need to be careful about not only what you say but also how you say it.

類題で問題演習の幅を広げよう！⑤

Aの質問に対する自分(B)の意見を80語以上100語以内の英語で述べよ。

A：With globalization, some people insist that English should be an official language in Japan. What do you think about that? Do you agree or disagree?

B(You)：_____

解答例1(Agree)：I agree that Japan should make English an official language because the need to communicate internationally continues to grow more important. English is the most used language in the world and allows many countries and communities to do business. If we want to be competitive internationally and have more options, we should adopt English language in an official capacity. Some companies are already making English their official language because it allows them to grow into an international company. It would also allow foreign people and companies to live and do business within Japan. (93語)

解答例2(Disagree)：I disagree that Japan should make English an official language. We already have English as a subject in our schools and use it when it is needed. If we decide to adopt English as an official language, it would require a massive shift in Japanese society when it comes to legal

---

and civil matters. This would cause a lot of frustration with many Japanese residents and cost the country a huge expense. Japan has a unique identity which is closely tied to its language, so making another language an official language could cause a sense of loss to our history. (100語)

第 1 章

文法・語法

文法・語法　名詞
ポイント

1　不可算名詞

●基本形●

　名詞には，数えられるもの(可算名詞)と数えられないもの(不可算名詞)がある。

　不可算名詞は数えられない名詞なので，「1つ」を意味する不定冠詞のa[an]はつかず，また複数形(-s)もない。日本語の感覚だと数えられそうな不可算名詞に注意しよう。

　advice「忠告」／baggage, luggage「手荷物」／damage「被害」／fun「楽しみ」／furniture「家具」／homework「宿題」／information「情報」／money「お金」／news「知らせ」／poetry「詩」／progress「進歩」／scenery「風景」／weather「天気」など。

例題1

次の文中で誤りを含むものを1つ選び，番号で答えよ。

When I　①had personal problems in 2010, I　②went to see my old teacher and he ③gave me ④a good advice.

CHECK!　advice「忠告」は不可算名詞だから不定冠詞はつかない。

解説　adviceが不可算名詞であると知っていれば簡単な問題。a good adviceの不定冠詞aが余計で，good adviceが正しい。日本語で「1つ忠告を〜」などと言うのに惑わされないこと。

解答　④　「2010年に個人的な問題が起こって，私は昔の先生に会いに行き，先生は私に良いアドバイスをしてくれました」

例題2

次の文の空所に入る最も適当なものを1つ選び，番号で答えよ。

Could you give me (　　) about your hotel?

　　①　an information　　　　　②　many information

③ many informations ④ some information

CHECK! information「情報」は不可算名詞だから不定冠詞はつかない。「多数」を意味するmanyは可算名詞にのみ使い，「情報量が多い」という場合は「多量」を意味するmuchを使う。someは「いくつかの」，「いくらかの」の両方を意味し，可算名詞，不可算名詞，どちらにも使える。

解説 information は数えられないから，不定冠詞のanがついている①，複数形のsがついている③は間違い。また，manyは数えられる名詞につくから②も不可。someは不加算名詞について「いくらか」という漠然とした量を表すことができるので，正解は④。

解答 ④ 「あなたのホテルについて情報をいただけませんか」

例題3

次の文の空所に入る最も適当なものを1つ選び，番号で答えよ。

Mary had three ( ) .

① baggages ② pieces of baggages ③ pieces of baggage

④ baggage

CHECK! baggage「手荷物」は不可算名詞なので複数形はない。

解説 baggage も重要な不可算名詞で，①のような複数形はない。数を示したい場合は，a piece of ～を用いてa piece of baggage，two pieces of baggage などとする。

解答 ③ 「メアリーは手荷物を3つ持っています」

2 注意すべき複数形

●基本形●

以下のような複数形の表し方に注意しよう。

1 one of ＋複数名詞…「～の中の1つ」の意味を表す。

2 ハイフンでつながれた複合名詞の複数形…最初の主要な名詞を複数形にする。ex. passer-by → passers-by

3 -sで終わる複数名詞の所有格…-s'で表す。

4　分数の表し方…序数詞には「〜分の1」という分数の意味がある。分子が2以上の場合には分母に複数の-sをつける。

5　単数形と複数形で意味の異なる名詞
arm「腕」: arms「武器」／air「空気」: airs「気取り」／custom「習慣」: customs「関税」／letter「手紙」: letters「文学」／manner「方法」: manners「行儀, 風習」など。

例題 1

次の文で誤りがあれば訂正せよ。

He is one of the greatest scientist in the world.

CHECK!👆　「〜の中の1つ」は〈one of + 複数名詞〉の形で表す。

解説　「〜の中の1つ」というからには,前提として複数の存在がなければ成立しない。したがって,one ofの後には複数形の名詞がくる。ここではscientistが単数形なのが間違いで,複数形にしなければならない。

解答　scientist → scientists　「彼は世界で最も偉大な科学者の1人です」

例題 2

次の文で誤りがあれば訂正せよ。

The gentleman had two son-in-law.

CHECK!👆　合成名詞の複数形は,最初の主要な名詞を複数形にする。

解説　son-in-lawは「義理の息子」という意味。最初のsonが主要な名詞なので,複数形にするにはこのsonを複数形にする。

解答　son-in-law → sons-in-law　「その紳士には2人の義理の息子がいました」

例題 3

次の文の空所に入る最も適当なものを1つ選び,番号で答えよ。

It is fifteen (　　) walk from here to the campus.

①　minutes　　②　minute　　③　minute's　　④　minutes'

CHECK!👆　-sの複数名詞の所有格は -s' となる。

解説　無生物を表す名詞は所有格にしないのが普通だが,時間・距離を

表す語や慣用的な表現では所有格になる場合がある。ここでも「15分の歩行」を所有格を用いて表すことになる。fifteen minutesの所有格は規則通りsの後にアポストロフィーをつければよい。なお，単数形のminuteを使うのなら，fifteen-minuteという合成語にする。

解 答　④　「ここからキャンパスまで歩いて15分です」

文法・語法 代名詞

ポイント

1 所有代名詞

●基本形●

(1) 所有格＋前後にある名詞＝所有代名詞

(2) 冠詞・指示代名詞など＋名詞＋of＋所有代名詞

◆所有代名詞の基本用法

mine, yours, his, hers, ours, theirs などを所有代名詞といい，「〜のもの」という意味になる。まず注意すべき用法は，本来なら"所有格＋名詞"の形になるものを，前出の名詞との反復を避けるために所有代名詞にする，という用法である。

Who lives in the house opposite <u>yours</u>?

(あなたの家の向かいには誰が住んでいますか)

また，文語的な表現では，後出の名詞を受ける場合もある。

<u>Mine</u> is newer than the watch he has.

(私の時計は彼が持っている時計よりも新しい)

◆冠詞や指示代名詞と所有格を並べてはいけない

例えば「あなたのその本」を your the book や the your book とすると間違いである。"冠詞・所有格・指示代名詞・some, any, no などは2つ並べて使ってはいけない"というルールがあるからである。そこで，〈冠詞・指示代名詞など＋名詞＋of＋所有代名詞〉という形を用い，the book of yours とすることになる。

He is an old student of <u>mine</u>.

(彼は私の古い教え子です)

That story of <u>his</u> sounds very unlikely.

(彼のあの話はまゆつばものだ)

例題 1

次の文の空所に入る最も適当なものを1つ選び，番号で答えよ。

I don't believe that my opinion is much different from (　　).

① them　　② their　　③ theirs　　④ their's

CHECK! 所有格＋前後にある名詞＝所有代名詞

解説 「私の意見と異なる」のは「彼らの意見」であるから，their opinion としたいところだが，反復を避けるために所有代名詞の theirs を用いる。

解答 ③ 「私の意見が彼らの意見と大きく違うとは思いません」

例題 2

次の文の空所に入る最も適当なものを1つ選び，番号で答えよ。

I like that red car of (　　).

① you　　② your　　③ yours　　④ your's

CHECK! 〈冠詞・指示代名詞など＋名詞＋of＋所有代名詞〉

解説 that red car of の部分と選択肢から，〈冠詞・指示代名詞など＋名詞＋of＋所有代名詞〉の形が思いつくはず。所有代名詞の yours を入れて「あなたのあの赤い車」とする。

解答 ③ 「私はあなたのあの赤い車が好きです」

2　one と that/those の用法

●基本形●

(1) a ＋前に出てきた名詞＝one

ただし，名詞に形容詞がつくと，a 形容詞 one の形になる。

(2) the ＋前に出てきた名詞(単数)＋修飾語＝that＋修飾語

the ＋前に出てきた名詞(複数)＋修飾語＝those＋修飾語

◆one と it

あとの2つの例文を比べてみよう。

(1) I lost my watch yesterday, so I must buy <u>one</u>.

23

(昨日時計をなくしたから[どんな時計にせよひとつ]買わなければならない)

(2) I lost my watch yesterday, so I'm looking for it.

(昨日時計をなくしたから, [その自分の時計を]探しているのです)

(1)のoneはa watch, つまり「時計(のうちどれにせよ)ひとつ」を表し, (2)のitはmy watch「私の時計」を指している。どちらもすでに出てきたwatchという名詞を受けているのだが, その表す内容は全く違うことがわかるだろう。

oneはすでに出てきた名詞の繰り返しを避けるための代用として使われており,「ひとつのそれ(例の場合, ひとつの時計)」という不特定な内容を表すのに対し, itはすでに出てきた名詞が特定のどれか(机の上にあるその時計, 私の時計, 昨日買った時計, など)である場合,「ある特定のそれ(例の場合, 私の時計)」を表すために使われる, と理解しておこう。なお, oneには形容詞や冠詞がつくこともあり, 複数形のonesもある。

I bought a white hat and she bought a black one.

(私は白い帽子を買い, 彼女は黒いのを買った)

※このようにoneに形容詞がつくと, 不定冠詞が必要となるので注意。

Every up train was full and most down ones were empty.

(上り電車はどれも満員で, 下り電車はたいていがらがらだった)

◆that/thoseには後に修飾語がつく

(1) The temperature here is higher than that of Tokyo.

(ここの気温は東京の気温より高い)

(2) This year's fashions are quite different from those of last year.

(今年のファッションは昨年のファッションとはかなり違う)

(1)のthatはthe temperatureの代わりに, (2)のthoseはthe fashionsの代わりに用いられている。このthat/thoseをit/themにすることはできない。it/themでは, それぞれ「ここの気温」「今年のファッション」そのものを受けてしまうこと, また人称代名詞に修飾語はつけられないことがその理由である。

逆にthat/thoseには通例, 後に修飾語がつくことを押さえておこう。

例題 1

次の文の空所に入る最も適当なものを1つ選び，番号で答えよ．

I need a pen. Will you please lend me (　　)?

① it　　② one　　③ that　　④ mine

CHECK! 　a＋名詞＝one

itはそのものズバリを指す．

解説　「貸してほしいペン」は「そのペン」と特定できるものではなく，「(どれでもいいから)あるペン」を意味している．したがって，itではなくoneを用いる．

解答　②　「ペンが要るのですが，一本貸してくれませんか」

例題 2

次の文の空所に入る最も適当なものを1つ選び，番号で答えよ．

The population of Osaka is larger than (　　) Kobe.

① one of　　② the one of　　③ population　　④ that of

CHECK! 　the＋前出の名詞(単数)＋修飾語＝that＋修飾語

解説　「大阪の人口」と比べられているのは「神戸の人口」なので，the population of Kobeとしたいところだが，populationはすでに前に出ているので，反復を避けてthe population→thatとする．

解答　④　「大阪の人口は神戸の人口より多い」

例題 3

次の文の空所に入る最も適当なものを1つ選び，番号で答えよ．

The houses in the city are sometimes cheaper than (　　) in the suburbs.

① that　　② they　　③ those　　④ them

CHECK! 　the＋前出の名詞(複数)＋修飾語＝those＋修飾語

解説　「大都市の家」と「郊外の家」が比較されている．「郊外の家」はたくさんあるはずだから，単数のthatでは変で，複数のthoseが正解．

解答　③　「都市部の家が郊外の家より安いことがときにはある」

25

3 other, another

●基本形●

another, another + 名詞 「複数ある残りのうちの1つ」

the other, the other + 単数名詞 「残り1つしかないその1つ」

the others, the other + 複数名詞 「複数ある残りのすべて」

others, other + 複数名詞 「複数ある残りのうちのいくつか」

◆単数か複数か，特定できるかできないか

　another, the other, the others, othersの区別は非常によく問われる。それぞれの表す内容は上に示した通りだが，もう少し補足しておこう。

　まず，anotherは "an + other" と考えればよい。不定冠詞は "いくつかある中の不特定の1つ" を表すから，anotherは "他にもいくつかあって，その中のどれか1つ" を意味することになる。

　I don't like this dress. Show me another.

　(この服は気に入りません。別のを見せてください)

　the othersは，考え方としてはthe otherと同じで，otherが複数のothersになっただけ。"特定の複数の残り" で，他にはもうないのだから，「残り全部」となる。

　Of the three books, one is on philosophy and the others are on psychology.

　(その3冊のうち，1冊は哲学の本で残りは心理学の本です)

　othersは複数形でtheがついていないから "不特定の複数の残り" で，まだ他にもあることになる。

　Some people like pop music and others jazz.

　(ポップスが好きな人もいれば，ジャズが好きな人もいる)

例題 1

次の文の空所に入る最も適当なものを1つ選び，番号で答えよ。

Since you enjoyed that first piece of pie so much, why not have (　　)?

　① another　② either　③ other　④ some

CHECK!　another：「複数ある残りの1つ」

解説 eitherでは意味をなさない。otherは単数では代名詞にはならないので, haveの目的語にならない。someはすでに1つ食べた状況では無理。よってanother が正解。これは"1つ食べた後, まだいくつか残っていて, そのうちの1つ"を表す。

解答 ① 「一切れのパイをそんなにおいしそうに食べたのだから, もう1つどうですか」

例題2

次の文の空所に入る最も適当なものを1つ選び, 番号で答えよ。

There are two reasons for our decision, and you know one of them. Now I'll tell you (　).

① another　② other　③ the other　④ the others

CHECK! the other：「残り1つしかないその1つ」

解説 「2つの理由」があって, 「その1つを知っている」のだから, "残りの1つ"しかない。よって the otherが正解。

解答 ③ 「我々の決定には2つ理由があり, そのうちの1つをあなたは知っています。そこで, もう1つを教えましょう」

例題3

次の文の空所に入る最も適当なものを1つ選び, 番号で答えよ。

Here are three pencils. One is mine and (　) are yours.

① another　② other　③ others　④ the others

CHECK! the others：「複数ある残りすべて」

解説 全部で3本あって, そのうち1本をとりあげたから, 残りは2本。したがって the othersが正解。

解答 ④ 「ここに3本鉛筆があります。1本は私ので, 残りのはあなたのです」

例題 4

次の文の空所に入る最も適当なものを1つ選び，番号で答えよ。

In (　) two hours we'll arrive in New York.

① another 　② other 　③ extra 　④ the other

CHECK! another + 数詞：「あともう～」

解 説 other や the other では意味をなさない。extra「余分の」も変である。〈another + 数詞〉の形にすれば，「あともう2時間で」となる。

解 答 ① 「あともう2時間でニューヨークに着きます」

例題 5

次の文で誤りがあれば訂正せよ。

Junko and I wrote letters each other once a week.

CHECK! each other = one another「お互い」

解 説 each other を「お互いに」と覚えている人は間違いに気付かないかもしれない。each other は代名詞であり，他の目的格代名詞および固有名詞と同様に扱う。「～に手紙を書く」は write (letters) to ～なので，wrote letters to each other としなければならない。

解 答 each other → to each other 「ジュンコと私は週に一度手紙のやりとりをしました」

4 注意すべき代名詞の用法

●基本形●

(1) some と any

① some は肯定文で，any は否定文・疑問文で用いる。

② 肯定の答えを期待するとき，人にものを勧めるとき，人にものを頼むときには疑問文でも some を用いる。

③ 肯定文の any は「どの～でも」の意味。

(2) 「ほとんど」の most

① most + 名詞

② most of the[所有格・指示代名詞] + 名詞

③　most＋人称代名詞

(3)　none「(3つ以上のうちの)どれも～ない」

(4)　neither＝not～either「(2つのうちの)どちらも～ない」

例題1

次の文の空所に入る最も適当なものを1つ選び，番号で答えよ。

He left the office without saying a word to (　　　).

①　someone　　②　anyone　　③　one　　④　no one

CHECK!　否定文にはanyを用いる。

解説　withoutが「～なしで」という意味で否定を含んでいることに気づくかどうかがポイント。否定文と同様に考えて，someoneでなくanyoneを用いる。no oneでは否定の意味が重複するので不可。

解答　②　「彼はだれにも一言も言わずに会社を出ました」

例題2

空所に入る最も適当なものを選べ。

(　　　) agreed with his attitude.

①　Most people　　②　The most people

③　Most of people　　④　The most of people

CHECK!　most＋名詞，most of the[所有格・指示代名詞]＋名詞

解説　「ほとんど」のmostの基本形に合致しているものを探す。ポイントとしてmostにtheをつけないこと，ofの後ろには特定のものがくることを押さえておこう。

解答　①　「ほとんどの人々は彼の態度に同意しました」

例題3

次の文の空所に入る最も適当なものを1つ選び，番号で答えよ。

He has a lot of clothes, but (　　　) look good on him.

①　many　　②　some　　③　a lot　　④　none

CHECK!　none「(3つ以上のなかで)どれも～ない」

解説　肯定文では逆接のbutを生かせない。否定文になるようにnoneを

29

入れる。

|解答| ④ 「彼はたくさん服を持っているが，1つも彼に似合うものがない」

例題4

次の文の空所に入る最も適当なものを1つ選び，番号で答えよ。

I guess (　　　) of them went home.

① almost ② most ③ mostly ④ the most

CHECK! 〈most of ＋ 人称代名詞〉「～のほとんど」

|解説| almostとmostlyはともに副詞なので，ここには入れられない。また，「ほとんど」のmostにはtheはつけないから④も不可。〈most of ＋ 人称代名詞〉にすれば「～のほとんど」という意味になり，正しい英文ができあがる。

|解答| ② 「彼らのほとんどは帰宅したと思う」

例題5

次の文の空所に入る最も適当なものを1つ選び，番号で答えよ。

"How about (　　　) more coffee?" "No, thank you."

① any ② few ③ much ④ some

CHECK! 人にものを勧めるときは疑問文でもsomeを使う。

|解説| 疑問文だからといって機械的にanyを選んではいけない。「もっとコーヒーはいかがですか」と人にものを勧めている表現だから，someが正しい。

|解答| ④ 「もっとコーヒーはいかがですか」「結構です」

例題6

次の文の空所に入る最も適当なものを1つ選び，番号で答えよ。

"Have you got some brown eggs?" "No, but I've got (　　　)."

① any white ones

② some white ones

③ some white one

④　any white one

CHECK!　肯定文には some を用いる。

解説　肯定文だから any を含む①と④は消える。次に②と③で使われているsome は，前の質問から考えて，「いくつかの」という意味になるはずだから，one が単数形の③はおかしい。したがって②の some white ones が正解。

解答　②　「茶色の卵ある？」「いや，でも白いのがいくつかあるよ」

文法・語法 形容詞

ポイント

1 人を主語にする形容詞，しない形容詞

●基本形●

(1) 〈S(人) + be + 形容詞〉型をとる形容詞

重要な形容詞：able, unable, capable, incapable, glad, happy, sorry

(2) 一般に〈S(人以外) + be + 形容詞〉型をとる形容詞

重要な形容詞：convenient, dangerous, difficult, hard, easy, necessary, pleasant, possible, impossible

(3) 〈S + be + 形容詞 + to〜〉型で，Sが意味の上でto〜または後続する前置詞の目的語となる場合，Sが人でもかまわない形容詞

重要な形容詞：convenient, dangerous, difficult, hard, easy, possible, impossible

◆〈S + be + 形容詞 + to〜〉型が狙われる

ある形容詞が人を主語にできるかどうかは，特に「Sが〜するのは…だ」という内容を〈S + be + 形容詞 + to〜〉型で表せるか，という形で問題にされることが多い。そこで，この形にしてはいけない形容詞を押さえておくことが重要である。

× He is difficult to win the race.

○ It is difficult for him to win the race.

(彼がそのレースに勝つことは難しい)

これは，difficultのような(2)に属する形容詞は，事柄について述べるものであり，かつ〈S + be + 形容詞 + to〜〉型で，Sがto〜の意味上の主語となるような使い方をしてはならないからである。

◆Sとto〜の関係が重要

ところが(2)に属する形容詞でも，〈S + be + 形容詞 + to〜〉型でSに人をもってきてもよい場合がある。ただし条件があって，Sが意味の上で，to〜またはその後にある前置詞の目的語になっていなければならな

い。例えば，

He is difficult to please. (彼は気難しい人だ)

という文では，意味の上でHeがpleaseの目的語になる関係が成立している。また，

She is pleasant to talk to. (彼女は話をすると楽しい)

では，Sheが意味の上で前置詞toの目的語になっている。つまり，〈S + be + 形容詞 + to～〉型では，形容詞が何かということと，Sとto～の関係を見極めることが大切なのである。

例題1

次の文の下線部のうち誤っているものを1つ選び，番号で答えよ。

We ①will be ②sure to visit you again ③when ④you are convenient.

CHECK! 〈S(人以外) + be + 形容詞〉型をとる形容詞：convenient「都合がよい・便利な」

解説 「あなたの都合のよいときに」と日本語で考えると，you are convenientとしたくなるが，これは間違いである。convenientは物・場所・時間などについて述べる形容詞で，人を主語にしてはならない。it is convenient for youとするのが正しい。

解答 ④ 「あなたの都合のよいときにまた必ず来ます」

例題2

次の文の空所に入る最も適当なものを1つ選び，番号で答えよ。

In England, if anywhere, (　　) to abolish poverty without destroying liberty.

① you would make possible ② you would be possible

③ it would be possible ④ it would be you possible

CHECK! 〈S(人以外) + be + 形容詞〉型をとる形容詞：possible「可能な」

解説 possibleは人を主語にしない。④は文型的に成立しない。

解答 ③ 「イギリスでは，どこであっても，自由を損なわずに貧困をなくすことが可能であろう」

33

例題 3

次の文の空所に入る最も適当なものを1つ選び，番号で答えよ。

I was (　　) complete the task.

① impossible to 　　② impossible of 　　③ incapable of

④ possible to 　　⑤ unable to

CHECK! 〈S（人）＋be＋形容詞〉型をとる形容詞：unable→be unable to～「～できない」

解説 主語がIなので，人を主語にしないimpossibleとpossibleは使えない。また，③のincapableは人を主語にするが，ofの後が原形のcompleteではなく，completingなら正解。

解答 ⑤ 「私はその仕事を完成させることができなかった」

例題 4

文法上，正しくない英文をあるだけ選べ。

① John is easy to catch cold.

② For Bill, Susan is hard to help.

③ The problem is difficult to solve.

CHECK! 〈S＋be＋形容詞＋to～〉型：easy, hard, difficultは，Sがto～の意味上の目的語であれば使える。

解説 ①のeasyは，Johnがto catch coldの意味上の主語なので使えない。②のhelpと③のsolveはともに他動詞でありながら目的語がない点に注目。②ではSusanがhelpの目的語となる関係であり，③ではThe problemがsolveの目的語となる関係なので，いずれも正しい英文である。

解答 ① 「②ビルにとってスーザンは助けるのが難しい／③その問題は解きにくい」

2　分詞型形容詞

●基本形●

現在分詞型→「他人を～させるような」

過去分詞型→「自分が～している」

◆元の他動詞から出発しよう

例えば，surprisingとsurprisedという形容詞について考えてみよう。これらは「～を驚かす」という意味の他動詞surpriseが元になっている。

このsurpriseが現在分詞のsurprisingになった場合，「～を驚かす」という意味合いはそのまま残り，これが「他人を驚かすような」という意味の形容詞として使われるようになる。

一方，過去分詞のsurprisedは「驚かされる」となるが，次第に受け身の意味合いが薄れて，単に「(自分が)驚いている・驚く」という形容詞になってしまう。他の形容詞についても同様の考え方で理解できるはずである。

例題 1

次の文の空所に入る最も適当なものを1つ選び，番号で答えよ。

He is (　　) with the sales of the new car.

① much pleased　　② pleasing　　③ so pleasing

④ very pleasing

CHECK! 　pleasingは「人を喜ばせるような」。pleasedは「自分が喜んでいる」。

解説　「彼が車の売り上げでどうなのか」を考えると，「人を喜ばせる」より「自分が喜んでいる」のほうが自然である。なお，過去分詞型の形容詞はmuch で修飾されることがよくあることを覚えておこう。

解答　①　「彼は新車の売り上げに満足している」

例題 2

次の文の空所に入る最も適当なものを1つ選び，番号で答えよ。

I had never expected to be offered the job. I was really (　　).

① amaze　　② amazing　　③ amazed　　④ amazement

CHECK!🖐 amazingは「他人を驚嘆させるような」。amazedは「自分が驚嘆している」。

解説 予期していないことが起こったのだから，素直に「自分が驚いた」とすればよい。

解答 ③ 「仕事がもらえるとは思ってもいなかったので，私は本当にびっくりした」

例題3

次の文の空所に入る最も適当なものを1つ選び，番号で答えよ。

The news of the destruction of the Soviet Union was (　) me.

① much surprising at　　② much surprised to

③ very surprising to　　④ very surprised at

CHECK!🖐 surprisingは「他人を驚かすような」。surprisedは「自分が驚いている」。

解説 「ニュース自身が驚いている」はずはないので，surprisedを含む②と④は消える。①と③では，現在分詞型の形容詞を修飾するのは原則としてveryであること，前置詞atはsurprisedと組み合わせて「～に驚く」となることから③を選ぶ。

解答 ③ 「ソ連崩壊のニュースは私には驚きだった」

3　つづり・意味の紛らわしい形容詞

●基本形●

(1)　alive「生きている」(叙述用法)／ live「生きている」(限定用法)，「(放送などが)生の」／ lively「生き生きとした・活発な」／ living「生きている・現存している」

(2)　considerate「思いやりのある」／ considerable「かなりの」

(3)　economic「経済上の・経済学の」／ economical「経済的な・節約家の」

(4)　imaginary「架空の」／ imaginable「想像しうる」／ imaginative「想像力豊かな」

(5) literate「読み書きのできる」／ literal「文字通りの」／ literary「文学の」

(6) respectful「敬意を抱く」／ respectable「ちゃんとした・まともな」／ respective「それぞれの」

(7) sensitive「敏感な」／ sensible「思慮分別のある」

例題 1

次の文の空所に入る最も適当なものを1つ選び，番号で答えよ。

Harrison was last seen (　　) around 9:30 p.m., so we think he was killed sometime after that.

① alive　　② live　　③ lively　　④ to live

CHECK! 「生きている」のaliveは叙述用法，liveは限定用法で用いる。

解説 「生きているのを最後に見られたのは午後9時半ごろだった」としたいので，aliveとliveの区別が重要となる。aliveは叙述用法，つまり補語として用いるのに対し，liveは限定用法，つまり名詞の前において名詞を修飾する働きをする。ここでは補語の位置なのでaliveが正解。

解答 ① 「ハリソンが最後に生きているところを見られたのは午後9時半ごろだったので，我々は彼が殺されたのはその後だと考える」

例題 2

次の文の空所に入る最も適当なものを1つ選び，番号で答えよ。

He is very (　　) writer; he is always writing about journeys to the moon and such things.

① imaginary　　② imaginative　　③ imagined

④ imaginable

CHECK! imaginative「想像力豊かな」

解説 「いつも月旅行などを書いている」というのだから，imaginativeが最も自然である。

解答 ② 「彼はとても想像力に富んだ作家だ。いつも月旅行やそのたぐいのことを書いている」

例題 3

次の文の空所に入る最も適当なものを1つ選び，番号で答えよ。

It is not (　　) to be drunk in a public place.

① respective 　　② respectable 　　③ respectful

④ respecting

CHECK! 　respectable「ちゃんとした・まともな」

解答 　② 　「公共の場で酔っぱらうのはまともではない」

文法・語法 副詞

ポイント

1 意味・用法の紛らわしい副詞

●基本形●

(1) very と much
  ① very ＋原級／much ＋比較級
  ② the very ＋最上級／much the ＋最上級
  ③ 「あまりにも〜」の too を強調するのは much

(2) hard と hardly
  ① hard「懸命に・熱心に・激しく」
  ② hardly「ほとんど〜ない」

(3) late と lately
  ① late「遅く・遅れて」
  ② lately「最近」

(4) ago と before:「〜前に」
  ① ago は現在を基準とする。
  ② before は過去を基準とする。

(5) too と either:「〜もまた」
  ① too は肯定文で使用する。
  ② either は否定文で使用する。

(6) already と still と yet
  ① already は肯定文で「すでに」，疑問文で「驚き」を表すことがある。
  ② yet は疑問文で文末に置いて「もう」，否定文で not の後か文末に置いて「まだ」。
  ③ still は「依然として」で"継続"を表す。否定文で「まだ〜ない」というときは not の前に置く。

◆ very と much の使用法

「とても・非常に」と訳すことの多い very と much だが，その働き場所はほぼ完全に二分されていて，2つは交換可能ではないと考えておいてよいだろう。特に，(1)の①～③の用法は重要である。

The water is very shallow here.

(ここは水がとても浅い)

You've done much better than last time.

(君はこの前よりずっとよくやった)

This is the * very best wine.

*注：この very は名詞を強調する形容詞だとする説もある。

(これがまさしく最良のワインです)

He is much the tallest in our class.

(彼は私たちのクラスで飛び抜けていちばん背が高い)

This is much too difficult for me.

(これは私には難しすぎる)

これ以外では，much は動詞を修飾できるが，very はできないということも押さえておこう。ただし，much が単独で動詞を修飾することはまれで，much の前に別の副詞を置くのが普通である。

また，very は現在分詞，much は過去分詞を修飾する，というのもあるが，これはあいまいな点も多く，実際の英文で個々に見ていくしかない。

◆ -ly の有無

同じ副詞でも -ly がつくのとつかないのでは全く意味の異なるものがある。(2)と(3)で例を挙げたもの以外では，most と mostly，right と rightly，just と justly などの区別が重要である。

He never comes late for the school. (彼は決して学校に遅刻しない)

Have you ever seen her lately? (最近彼女に会いましたか)

I tried hard to get good mark. (私はいい点を取ろうと懸命に努力した)

Jack hardly takes any exercise. (ジャックはほとんど運動をしない)

What you need most is courage. (君に一番必要なのは勇気だ)

I mostly enjoy whiskey when I drink.

(私は酒を飲むときは，たいていウイスキーをたしなむ)

◆日本語訳だけでは区別できない

(4)〜(6)で取り上げた副詞は，日本語訳では混同しやすいものばかりである。それぞれの用法の違いをしっかり覚えておこう。

I saw you somewhere three years <u>ago</u>.

(3年前にどこかであなたと会ったことがある)

I told him that I had seen her a week <u>before</u>.

(彼女には1週間前に会ったと彼に言った)

John is ready, and I am, <u>too</u>.

(ジョンは準備ができているし，私もできている)

I didn't read the book, <u>either</u>.　(私もその本は読まなかった)

He has <u>already</u> finished the job.　(彼はもうその仕事を終えた)

He has not finished the job <u>yet</u>.　(彼はまだその仕事を終えていない)

Has he finished the job <u>yet</u>?　(彼はもうその仕事を終えましたか)

He is <u>still</u> doing the job.　(彼はまだその仕事をしている)

例題 1

次の文の空所に入る最も適当なものを1つ選び，番号で答えよ。

I am (　) fond of apples.

①　very　　②　much　　③　very much

CHECK!🖐　very＋原級／much＋比較級

解説　空所の直前が形容詞の原級fondなので，muchではなくveryが正しい。③もmuchがfondにかかってしまうので不可。

解答　①　「私はリンゴが大好きだ」

例題 2

次の文で誤りがあれば訂正せよ。

They tied him to a tree and whipped him hardly.

CHECK!🖐　hard「懸命に・熱心に・激しく」

　　　　hardly「ほとんど〜ない」

解説　hardlyを使うなら位置が悪く，〜and hardly whipped himとすべきだし，仮にこうしても「ほとんどムチで打たなかった」では前とのつ

ながりが悪い。そこで「激しくムチで打った」となるように，hardを用いるのが正解。

解答 hardly→hard 「彼らは彼を木に縛りつけて，激しくムチで打った」

例題3

次の文で誤りがあれば訂正せよ。

He will arrive very lately tonight.

CHECK! late「遅く・遅れて」

lately「最近」

解説 latelyでは全く意味をなさない。またlatelyは現在完了形や過去形の英文で用いるので，ここでは使えない。ここではlateを用いて「遅くに到着する」という文にする。

解答 lately→late 「彼は今夜，非常に遅い時間に到着するだろう」

例題4

次の文で誤りがあれば訂正せよ。

I first went to India twenty five years before.

CHECK! agoは基準を現在とする。

beforeは基準を過去とする。

解説 動詞が過去形のwentなので，「今から25年前」ということで，beforeでなくagoを用いる。

解答 before→ago 「私は25年前初めてインドに行った」

例題5

次の文で誤りがあれば訂正せよ。

If you do not go, I will not go, too.

CHECK! tooは肯定文で使用する。

eitherは否定文で使用する。

解説 「私も行かない」という意味だが，否定文なのでtooではなく，eitherを用いる。

解答 too→either 「あなたが行かないのなら，私も行きません」

例題6

次の文の空所に入る最も適当なものを1つ選び，番号で答えよ。

"Has the bell rung?" "No, it hasn't rung (　　)."

① already　　② still　　③ until　　④ yet

CHECK! alreadyは肯定文で「すでに」

yetは否定文で「まだ」

stillは"継続"の意を表す。

解説 まずuntilには副詞の用法がない。alreadyは否定文で使えない。そしてstillを使うならit still hasn't rung.となるはずなので，yetが正解。

解答 ④ 「ベルは鳴った？」「いや，まだ鳴ってない」

例題7

次の文の空所に入る最も適当なものを1つ選び，番号で答えよ。

Have you (　　) finished your homework in mathematics?

① still　　② until　　③ yet　　④ already

CHECK! alreadyは疑問文で使うこともある。

疑問文のyetは文末に置く。

stillは"継続"の意を表す。

解説 疑問文なのでyetを使いたいところだが，yetなら文末にくるはず。また，stillは"継続"だからこの文脈では不可。alreadyは疑問文で用いて「もう〜したのか」という驚きを表すことができる。

解答 ④ 「もう数学の宿題を済ませたのですか」

2　否定の副詞

●基本形●

(1) 準否定

① rarely, seldom「めったに〜ない」(頻度)

② hardly, scarcely「ほとんど〜ない」(程度)

＊ともにnotと一緒には使えない。

(2) 全部否定(完全否定)

① not～any「1つも(少しも)～ない」
② not～either「(2つの)どちらも～ない」
＊any～not, either～notの語順は不可。

(3) 重要表現

① no more = not～any more「もはや～ない」／no longer = not
～any longer「もはや～ない」
＊前者は量や程度，後者は時間的な意味合いで使われるのが原則だが，
実際には置き換え可能なことが多い。
② by no means = not～by any means「決して～ない」
③ anything but～, far from～「～どころではない, 決して～でない」
＊～には名詞だけでなく形容詞もくる。
④ next to + 否定語「ほとんど～ない」

◆外見は肯定文で中身は否定文

rarely, seldom, hardly, scarcelyは準否定の副詞と呼ばれる。"準"
とついてはいるが，要は否定語だととらえておいてよい。また，rarely,
seldomは"頻度"について，hardly, scarcelyは"程度"に用いることに
注意しよう。

She is seldom at home in the afternoon.
(彼女は午後家にいることはめったにない)
There's scarcely any sugar in this cake.
(このケーキには砂糖はほとんど入っていない)

◆全部否定と部分否定

通常の否定文では特に意識することはないが，場合によっては，その
内容を完全に否定しているのか部分的に否定しているのかをはっきり区
別しなければならないことがある。

(1) not～any「1つも(少しも)～ない」：全部否定／not～all, not～
every「すべてが～というわけではない」：部分否定
not～either「(2つの)どちらも～ない」：全部否定／not～both「両
方とも～というわけではない」：部分否定
There isn't any tea in the pot. (ポットには紅茶が少しもない)
I don't know either of the two boys.

(私はその2人の少年はどちらも知らない)

(2) not 〜 at all, not 〜 in the least「全く〜ない」：全部否定／not 〜 always[necessarily, altogether]「必ずしも〜とは限らない」：部分否定

He doesn't watch television at all. (彼は全然テレビを見ない)

I'm not in the least afraid of dogs. (私は犬はちっとも怖くない)

◆否定に関する重要表現

基本形に取り上げたものは，すべて正確に記憶しておこう。

(1) not 〜 any more, no longer 〜「もはや〜ない」

We can't walk any more. (これ以上は歩けません)

He can no longer wait. (彼はもう待てない)

(2) by no means「決して〜ない」 means「手段」という意味から覚えやすいだろう。文字通りには「どんな手段によっても〜ない」となる。ついでに by all means「あらゆる手段によって→ぜひとも」も覚えておこう。

She is by no means stupid. (彼女は決してばかではない)

(3) anything but 〜は「〜以外なら何でも」，far from 〜は「〜からほど遠い」という文字通りの意味からきている。

This is anything but easy. (これが容易だなんてとんでもない)

The result is far from satisfactory.

(その結果は決して満足のいくものではなかった)

(4) next to 〜「(否定の意味を持つ語の前に置かれて)ほとんど〜」。「〜の次」が拡張されたもの。

Finishing it by 10 o'clock is next to impossible.

(それを10時までに終わらせるのはほとんど不可能だ)

例題 1

次の文の空所に入る最も適当なものを1つ選び，番号で答えよ。

The old lady (   ) goes out at night, because she's afraid someone will rob her.

　① not　② ever　③ seldom　④ hardly

CHECK! seldom は "頻度"，hardly は "程度" を表す。

45

解説 notを使うならdoes not goとなるはず。seldomかhardlyだが，「外出する」のに"程度"は変なので「めったに外出しない」とすればよい。

解答 ③　「そのお婆さんは夜に外出することはめったにない。強盗に襲われるのではないかと思っているからだ」

例題 2

次の文の空所に入る最も適当なものを1つ選び，番号で答えよ。

A visit to the moon is (　　) longer impossible.

①　nothing　　②　no　　③　not　　④　none

CHECK! no longer = not～any longer「もはや～ない」

解説 no longerを知っているかどうかだけの基本的な問題。

解答 ②　「月への旅行はもはや不可能ではない」

例題 3

次の文で誤りがあれば訂正せよ。

Any student did not go to the party.

CHECK! not～any「1つも～ない」だが，any～notの語順は不可。

解説 「一人も行かなかった」と言いたいのだが，any～notの語順は不可。このような場合には〈no＋名詞〉の形にする。

解答 Any student did not go to the party.→No student went to the party.　「パーティーに行った学生は一人もいなかった」

3　注意すべき副詞

●基本形●

(1)　almost

①　ほとんど　＊〈almost＋名詞〉は不可。

②　(動詞を修飾して)もう少しで～するところ(≒nearly)

(2)　badly

①　まずく・下手に・不当に

②　とても・ひどく　＊動詞の前に置くことが多い。

(3)　barely「かろうじて・やっとのことで」

(4)　〈形容詞・副詞＋enough〉「十分に〜」

(5)　fast「(時計が)進んでいる」,「ぐっすり(眠っている)」の意味がある。

(6)　How often〜?　「どのくらいの頻度で〜か」

(7)　How soon〜?　「あとどのくらいの時間がたてば〜か」

(8)　otherwise

①　さもなければ　　②　それとは違った方法で

③　その他の点では

(9)　〈pretty[fairly]＋形容詞〉「かなり〜・非常に〜」

(10)　quite

①　全く　　②　非常に・かなり　＊〈a＋名詞〉の前に置ける。

(11)　rather

①　むしろ　　②　かなり

(12)　right

①　ちょうど・まともに

②　すぐに　ex. right now「ちょうど今」, right away「すぐに」

(13)　〈this＋形容詞〉「これほど〜」,〈that＋形容詞〉「それほど〜」

(14)　名詞と間違えやすい副詞

①　abroad「外国へ・外国で」

②　動作を表す動詞の後のhome

③　upstairs「上の階へ・2階へ」, downstairs「下の階へ・1階へ」

(15)　接続副詞(前文または前の部分との接続関係を表す副詞)

①　accordingly, therefore「したがって・それゆえに」

②　besides, moreover, in addition「さらに・その上」

③　however「しかしながら」

④　instead「その代わりに」

⑤　nevertheless, nonetheless「それにもかかわらず」

(16)　文修飾副詞(特定の語句を修飾するのではなく, 文全体を修飾する副詞)

①　文頭に置くか, 助動詞の直後, 助動詞がなければ一般動詞の直前かbe動詞の直後に置く。

47

② 代表的なもの…certainly「確かに」，clearly「明らかに」，evidently「明らかに」，fortunately「幸運にも」，unfortunately「不運にも」，probably「たぶん」など。

例題1

次の文の下線部のうち誤っているものを1つ選び，番号で答えよ。

①In the early days when the West ②was being settled, horses were the ③main mode of transportation, so ④almost pioneers rode well.

CHECK! 〈almost＋名詞〉は不可。

解 説 「ほとんどの開拓者」と言いたいのだろうが，almostは副詞だから名詞を修飾できない。よってalmost pioneersが間違い。almostを使うなら，almost all (of) the pioneersとなる。

解 答 ④ 「西部に人が移住しつつあった初期の時代には，馬が主要な輸送手段だったので，ほとんどの開拓者は馬に乗るのが上手だった」

例題2

次の文の下線部のうち誤っているものを1つ選び，番号で答えよ。

I ①should have been gone back ②to home ③by then but was delayed ④by a phone call.

CHECK! 動作を表す動詞の後で，homeは副詞として用いる。

解 説 homeは基本的には名詞なのだが，動作を表す動詞の後では「家へ・故郷へ」という意味の副詞として用いる。したがって，to homeのtoが不要。

解 答 ② 「私はそのときまでに家に帰っているはずだったが，電話のせいで遅れてしまった」

例題3

次の文の空所に入る最も適当なものを1つ選び，番号で答えよ。

The building did not pass a fire inspection. (　　) it will be closed for the rest of the year.

① Nevertheless　② However　③ Moreover

④　Therefore

CHECK!　therefore「したがって・それゆえに」

解説　第1文の「検査に通らなかった」ことと，第2文の「閉鎖される」の関係を考えれば，因果関係を表すthereforeが最適。

解答　④　「その建物は火災検査に通らなかった。したがって，今年いっぱい閉鎖されることになるだろう」

例題4

次の文の空所に入る最も適当なものを1つ選び，番号で答えよ。

(　　) students wear uniforms.

①　Almost of　　　②　Almost the

③　Almost of the　　④　Almost all of the

CHECK!　almostは副詞なので，almost ofや〈almost＋名詞〉は不可。

解説　almostは副詞だから①や③のAlmost ofはあり得ないし，②も〈almost＋名詞〉になってしまうので不適当。

解答　④　「学生の大部分は制服を着ている」

例題5

次の文の空所に入る最も適当なものを1つ選び，番号で答えよ。

I thought it was a good book, but Jim thought (　　).

①　moreover　　　②　nevertheless

③　otherwise　　　④　therefore

CHECK!　otherwise「さもなければ・それとは違ったやり方で・その他の点では」

解説　moreover, nevertheless, thereforeは逆接副詞なので文末にくることはないし，これらでは文意も通らない。「それとは違ったやり方で」の意味を持つotherwiseを入れると，「私はいい本だと思ったが，彼はそれとは違ったやり方で考えた(彼はそうではないと思った)」となる。

解答　③　「私はいい本だと思ったが，ジムはそうではないと思った」

例題 6

次の文で誤りがあれば訂正せよ。

What time did you come back to home last night?

CHECK! 　名詞と間違えやすい副詞：往来を表す動詞の後のhome

解 説 　動詞がcome back「戻る，帰る」なので，homeは副詞として用いる。

解 答 　to home → home 　「あなたは昨晩，何時に帰宅しましたか」

文法・語法 比較

1 原級による比較

●基本形●

(1) 同等比較

as + 原級 + as「〜と同じくらい…」

not as[so] + 原級 + as「〜ほど…でない」

(2) 倍数表現

X times + as + 原級 + as 〜「〜の X 倍…」

twice + as + 原級 + as 〜「〜の2倍…」

half + as + 原級 + as 〜「〜の半分…」

(3) 同等比較を用いた重要構文

① as + 原級 + as possible = as + 原級 + as + S can「できるだけ…」

② as + 原級 + as ever「相変わらず…」「古今まれなほど…／この上なく」

③ not so much A as B「A というよりむしろ B」(= rather B than A, B rather than A, more B than A)

④ not so much as 〜「〜さえ…ない」, without so much as 〜 ing「〜さえせずに」

⑤ as good as 〜「も同様だ」

例題 1

次の文の空所に入る最も適当なものを1つ選び，番号で答えよ。

Bill (   ) you think.

① is not as silly as ② is not as silly than

③ is not silly than ④ is not so silly than

CHECK! not as[so] + 原級 + as 〜「〜ほど…ない」

解説 基本形どおりの①で全く問題はない。他の選択肢に含まれている

51

thanは比較級と組みあわせて用いる。

解答 ① 「ビルはあなたが思っているほどばかではない」

例題2

次の文の空所に入る最も適当なものを1つ選び，番号で答えよ。

This stone is (　　) that one.

① twice as heavy as ② twice as heavy than
③ as twice heavy as ④ as heavy as twice

CHECK! twice as + 原級 + as〜「〜の2倍…」

解説 いろいろな語順の選択肢が並んでいるが, 基本形通りなのは①のみ。

解答 ① 「この石はあの石の2倍の重さがある」

例題3

次の文の空所に入る最も適当なものを1つ選び，番号で答えよ。

A man's worth is to be estimated not so much by his social position (　　) by his character.

① than ② as ③ as well ④ rather

CHECK! not so much A as B「AというよりもむしろB」

解説 やや複雑な形になっているが, by his social positionと by his characterがともに〈by + 名詞〉という同じ形であることに注目。それぞれをひとかたまりと見れば, not so much A as Bという構文に気づくはずだ。

解答 ② 「人の価値はその社会的地位よりもむしろ人格によって判断されるべきだ」

例題4

次の文の空所に入る最も適当なものを1つ選び，番号で答えよ。

The ten-year-old boy cannot so (　　) as sign his name.

① far ② good ③ long ④ much

CHECK! not so much as〜「〜さえ…ない」

解説 far, good, longを入れたのでは, asの直後に動詞の原形signがき

ていることの説明がつかない。not so much as～は動詞と組みあわせて
用いることが多く，ここに入れるのに何の支障もない。

| 解 答 | ④ 「その10歳の男の子は自分の名前を書くことすらできない」

2 比較級を用いた表現

●基本形●

(1) 優劣比較：比較級＋than～「～よりも…」
　　劣等比較：less … than～「～よりも…でない」

(2) the＋比較級：「2つのうちでより～な方」

(3) 比較級を含む重要構文

　① more A than B「BというよりもむしろA」(＝rather A than B,
　　A rather than B, not so much B as A)

　② all the＋比較級「その分だけいっそう…」
　　none the＋比較級「～にもかかわらず少しも…でない」

　③ The＋比較級～，the＋比較級…「～すればするほどいっそう…」

　④ 肯定文，much[still] more～「まして～・なおさら～」
　　否定文，much[still] less～「まして～ない・なおさら～ない」

　⑤ know better than to～「～するほど愚かではない・・～しないくら
　　いの分別はある」

　⑥ no sooner～than …「～するとすぐに…」

例題 1

次の文の空所に入る最も適当なものを1つ選び，番号で答えよ。

It is better to know something about everything (　　) all about one
thing.

　① but　　② than　　③ that　　④ for

| CHECK! | 優劣比較：比較級＋than～「～よりも…」

| 解 説 | 前に比較級のbetterがあるので，素直に〈比較級＋than〉の形に
すればいい。

| 解 答 | ② 「1つのことについてすべてを知るより，すべてのことについ

てある程度知る方がよい」

例題2

次の文の空所に入る最も適当なものを1つ選び，番号で答えよ。

Which is the (　　) of the two overcoats?

① best　　② better　　③ smallest

CHECK! 🖐　the＋比較級：「2つのうちでより〜な方」

解説 直後のof the twoに注目。「その2つのコートのうちでよい方」というのだから，〈the＋比較級〉の形にする必要がある。

解答 ②　「その2つのコートのうち，どちらの方がいいですか」

例題3

次の文の空所に入る最も適当なものを1つ選び，番号で答えよ。

She is (　　) than beautiful.

① pretty　　② more pretty　　③ prettier

④ more prettier

CHECK! 🖐　more A than B「BというよりもむしろA」

解説 thanがあるからprettyの比較級であるprettierと早とちりしてはいけない。thanの後が形容詞のbeautifulであることに注意。素性の優劣比較ならば，「彼女」と他の何かが比較されるはずで，「彼女」とbeautifulを比べることは不可能。つまり，ここではprettyかbeautifulかの比較をしているのである。よって，more A than Bの形にすればいい。

解答 ②　「彼女は美人というよりもかわいい」

例題4

次の文の空所に入る最も適当なものを1つ選び，番号で答えよ。

I love him all (　　) for her faults.

① the more　　② more　　③ most　　④ better

CHECK! 🖐　all the＋比較級「その分だけいっそう…」

解説 直前のallに注目。All more, all most, all betterでは意味をな

さない。〈all the ＋ 比較級〉の形になるよう the more を選ぶ。なお，直後の for her faults は理由を示す表現で，これが〈all the ＋ 比較級〉を使うことをわからせてくれる。

解答 ①　「欠点があるからそれだけよけいに彼女を愛している。」

例題 5

日本文とほぼ同じ意味になるように，空所に適当な語を入れよ。

知人が増えれば，それだけ会う時間がなくなる。

　The more people you know, (　　) (　　) time you have to see them.

CHECK!　The ＋ 比較級～, the ＋ 比較級…「～すればするほどいっそう…」

解説　この文が The more で始まっていることに注意。more はもちろん many の比較級で，know の目的語である people が The more に引っ張られて前に出ている。このような語順が成立するためには，〈The ＋ 比較級～, the ＋ 比較級…〉の構文にするしかない。入れるべき比較級は，「時間が少なくなる」とあるから little の比較級 less。

解答　the, less

例題 6

次の文の空所に入る最も適当なものを 1 つ選び，番号で答えよ。

I didn't even speak to her, (　　) discuss your personal problems with her.

　①　much less　　②　still more　　③　much more

　④　less than

CHECK!　否定文, much[still] less ～「まして～ない」

解説　まず less than では前後がつながらない。残る 3 つの比較では，空所の前が否定文であることが決め手になる。still more と much more は前が肯定文のときに使う。基本形通りになる much less が正解。

解答　①　「私は彼女と話しもしなかった。まして，あなたの個人的な問題について彼女と話し合うことなどしていない」

例題7

次の文で誤りがあれば訂正せよ。

No sooner had she said it when she realized her mistake.

CHECK! 　no sooner～than … 「～するとすぐに…」

解説　これは基本形と照らし合わせれば，whenが間違いであることがすぐにわかる。当然thanにしなければならない。

解答　when→than「彼女はそれを言ったとたんに自分の間違いがすぐにわかった」

例題8

(1)と(2)がほぼ同じ意味になるように，次の文の空所に入る最も適当なものを1つ選び，番号で答えよ。

(1)　Well, it was really foolish of her to do such a thing.

(2)　Well, (　　) known better than to do such a thing.

　① 　she has　　② 　she had been　　③ 　she had

　④ 　she should have

CHECK! 　know better than to～「～しないぐらいの分別がある」

解説　時制から考えて①の現在完了はおかしいし，②③の過去完了も基準となる過去の一時点を表す語句がないから不可。残る④だが，これはshould have＋過去分詞「～すべきだったのに」の形。know better than to～を合わせると，「～しないくらいの分別はあるべきだったのに(実際はなかった)」となって，(1)の「ばかだった」とほぼ同じ意味になる。

解答　④ 　「(1)そう，彼女がそんなことをしたのは本当にばかだった。／(2)そう，彼女はそんなことをしないくらいの分別はあってしかるべきだったのに」

3　no more … than～など

●基本形●

(1)　①　no more … than～＝not … any more than～「～と同様に…でない」

② no less … than～「～と同様に…だ」

(2) ① no more than + 数詞「たった～だけ」(= only)

② not more than + 数詞「せいぜい～」(= at most)

③ no less than + 数詞「～も」(= as much as)

④ not less than + 数詞「少なくとも～」(= at least)

◆いわゆる "クジラの公式"

次の例は，no more … than～の説明に頻繁に用いられるものである。

A whale is <u>no more</u> a fish <u>than</u> a horse is.

(クジラが魚でないのは馬が魚でないのと同様である)

まず，than の後を見ると horse is と肯定形になっている。これは「馬が魚である」という内容を表すのだが，これは明らかに事実ではない。ここが重要で，"than の後には，形は肯定形でも事実でない事柄がくる" というのが第1のポイントである。

次に，more という比較級が使われているのは，than 以下の事実でない事柄に比べれば普通ならこちらの方が程度が上になることを示すが，その前に no がついている。この no の働きを考える際に前提として押さえておきたいことは，比較級の前に数値を置くことで比較されている両者の "差" を表すことができる，という点である。

I am <u>two years</u> younger than my brother. (私は兄より2歳年下です)

そこで，no が0という数値を表すことから，"no は両者の差が0であること，すなわち両者は同程度であることを示す" という第2のポイントが導き出される。

以上のことを例文に当てはめると，「『馬が魚である』という事実でないことに比べれば，『クジラが魚である』の方が程度は上のはずだが，その差を実際に調べてみたら何と0で，両者は同程度でしかない」となり，これを簡潔に表現すると，「クジラが魚でないのは馬が魚でないのと同様である」となるのである。

例題 1

空所に入る最も適当なものを選べ。

I am no (　　　) able to operate this machine than he is.

① far ② much ③ very ④ more

CHECK! no more … than～「～と同様に…でない」

解説 空所の前の no，文の終わりの方の than に注目して，no more … than～の形にするしかない。

解答 ④「私は彼と同様，この機械を操作することはできない」

例題2

日本文とほぼ同じ意味になるように，文の空所に入る最も適当なものを1つ選び，番号で答えよ。

私は10,000円しか持っていない。

I have (   ) more than 10,000 yen.

① not ② much ③ far ④ no

CHECK! no more than + 数値「たった～だけ」

解説 「～しか」という日本文と空所の後の more than から，〈no more than + 数値〉にすればよい。

解答 ④

例題3

次の文の空所に入る最も適当なものを1つ選び，番号で答えよ。

It is true that love is important. Still, money is (   ) important.

① much ② little ③ no more ④ no less

CHECK! no less … than～「～と同様に…だ」

解説 much は原級を修飾できないし，〈little + 形容詞〉という形もない（〈a little + 形容詞〉ならある）ので，①②は不可。前文の内容から than love is が省略されていると考えて，no more か no less になる。no more だと「金も同様に重要でない」となって，前の「愛情は重要だ」に合わない。no less なら「金も同様に重要だ」となってうまくつながる。

解答 ④「なるほど愛情は重要だ。だが，お金もそれと同様に重要だ」

例題 4

次の日本文とほぼ同じ意味になるように，空所に適当な語を入れよ。

彼女は30分そこそこで帰ってくるでしょう。

She will come back in (　　) (　　) than half an hour.

CHECK!　〈not more than + 数詞〉「せいぜい〜」(= at most)

解説　「30分そこそこ」とは「いくらかかってもせいぜい30分」と考えればよい。すると，〈not more than + 数詞〉が使える。

解答　not, more

例題 5

(1)と(2)がほぼ同じ意味になるように，空所に適当な語を入れよ。

(1)　She has at least five children.

(2)　She has (　　) (　　) than five children.

CHECK!　〈not less than + 数詞〉「少なくとも〜」(= at least)

解説　空所の後にthanがあり，(1)の文が「彼女には子供が少なくとも5人はいる」という意味であることから，〈not less than + 数詞〉「少なくとも〜」とすればほぼ同じ意味になる。

解答　not, less　「彼女には子供が少なくとも5人はいる」

例題 6

(1)と(2)がほぼ同じ意味になるように，空所に適当な語を入れよ。

(1)　You cannot shake my resolution just as you cannot make the sun turn back.

(2)　You can (　　) (　　) shake my resolution (　　) you can make the sun turn back.

CHECK!　〈no more … than 〜〉「〜と同様に…でない」

解説　(1)は接続詞asを用いて「あなたが〜できないように，あなたは…できない」という意味になっている。これは「〜できないのと同様に…できない」とうことだから，〈no more … than 〜〉とほぼ同じ意味。

解答　no, more, than　「あなたは太陽を引き返させることができないのとちょうど同じように，私の決意をぐらつかせることはできない」

例題 7

(1)と(2)がほぼ同じ意味になるように，空所に適当な語を入れよ。

(1) He saved as much as ten thousand dollars.

(2) He saved no (　　) than ten thousand dollars.

CHECK! 〈no less than + 数詞〉「〜も」(= as much as)

解説 as much asは数の多さを強調するときに使い，no less thanとほぼ同じ意味になる。

解答 less 「彼は1万ドルも貯めた」

例題 8

(1)と(2)がほぼ同じ意味になるように，空所に適当な語を入れよ。

(1) She is quite as kind as her sister.

(2) She is (　　) (　　) kind than her sister.

CHECK! no less … than〜「〜と同様に…だ」

解説 空所の後にthanがあり，(1)の文が「同じくらい親切だ」という肯定であることから，no less … than〜に当てはめればよい。

解答 no, less 「彼女は姉とまったく同じくらい親切だ」

文法・語法　動詞

ポイント

1　自動詞と他動詞

●基本形●

(1)　他動詞＋名詞

(2)　自動詞＋前置詞＋名詞

◆動詞は大別して2種類ある

　　動詞には目的語をとる他動詞と，目的語をとらない自動詞がある。

(1)　We reached Boston three days ago.

(2)　We arrived at Boston three days ago.

　　(私たちは3日前ボストンに着いた)

　　意味は同じなのに構造が異なることに注目しよう。(1)の動詞reachは他動詞なので，目的語の名詞Bostonが直後に続いているが，(2)の動詞arriveは自動詞なので，名詞をそのまま直後に置くことはできず，〈前置詞＋名詞〉という修飾要素の形にして続けているのである。

例題 1

不要な箇所が1つある。その番号を答えよ。

①I ②liked ③in ④the way ⑤she ⑥organized ⑦the meeting.

CHECK!　他動詞＋名詞

解説　likeは他動詞なので，直後がin the wayでは基本形に沿っていない。前置詞inを消せばlike the wayとなり，〈他動詞＋名詞〉となる。

解答　③　「彼女がその会合を主催したやり方に私は好感を持った」

例題 2

次の文の空所に入る最も適当なものを1つ選び，番号で答えよ。

Jim was so tired that he (　　) down and slept.

①　lay　　②　lied　　③　lain　　④　laid

CHECK!　lieは自動詞で，layは他動詞である。

61

解説 自動詞lie(横になる・ある)と他動詞lay「～を置く・～を横にする」の区別は頻出。また、それぞれの活用がlie-lay-lain-lying, lay-laid-laid-layingで非常に紛らわしいので正確に覚えておこう。空所の直後のdownが副詞であることから、目的語となる名詞が存在しないことがわかる。したがって、自動詞lieの過去形layが正解。

解答 ① 「ジムはとても疲れていたので横になって眠った」

例題3

次の文の空所に入る最も適当なものを1つ選び、番号で答えよ。

Bill (　) the room.

① entered　　② entered to　　③ entered into

④ entered onto

CHECK! enter「～に入る」は他動詞。

解説 enterが他動詞であると知っていれば、基本形通りになる①enteredが選べるはず。

解答 ① 「ビルはその部屋に入った」

2　第2文型S＋V＋C

●**基本形**●

S＋V＋形容詞または名詞　V＝「～になる」型,「～のまま」型,五感型

◆**第2文型をとる動詞**

(1)　「～になる」型…become, get, grow, come, go, turn, run, fall, prove, turn out

(2)　「～のまま」型…be, keep, remain, stay, lie

(3)　五感型…look「～に見える」, seem「～に見える・思われる」, appear「～に見える・思われる」, sound「～に聞こえる」, taste「～の味がする」, smell「～のにおいがする」, feel「～に感じる」

◆**補語になれる語, 句, 節**

(1)　主格補語になれるのは、名詞(句・節), 形容詞(句), 分詞など

(2) すべてS(主語) = C(主格補語)の関係が保たれている。Mr . Harrison is my English teacher. (ハリソン氏 = 私の英語の先生), John kept quiet during the class. (John = quiet), Mary looked happy to see you. (Mary = happy)。

例題 1

次の文の空所に入る最も適当なものを1つ選び，番号で答えよ。

The parents seem (　　) about the grades on their child's report card.

① angry 　　② angrily 　　③ to anger 　　④ to be anger

CHECK! S + V + 形容詞

解 説 「怒っているように思われる」という日本語から副詞のangrily を選んではいけない。seemは第2文型の動詞だから，基本形通りに形容詞 angryを選ぶ。④がto be angryであれば形容詞句として補語になり得る がto be angerでは不可。

解 答 ① 「その両親は子どもの通信簿の成績について怒っている様子 だ」

例題 2

次の文の空所に入る最も適当なものを1つ選び，番号で答えよ。

Luckily the weather (　　) fine.

① turned up 　　② came to 　　③ turned out

④ changed into

CHECK! turn out (to be) + C = prove (to be) + C 「結局Cになる・C だと判明する」

解 説 空所の後が形容詞fineであることから，第2文型をとる動詞を選ぶ。 選択肢の中ではturned out しかない。

解 答 ③ 「幸運なことに，天気はよくなった」

例題 3

次の文の空所に入る最も適当なものを1つ選び，番号で答えよ。

Natsuko (　　) elegant in her new black suit.

　① sounds　　② grows　　③ looks　　④ sees

CHECK! sound＋C「Cに聞こえる」，grow＋C「(次第に)Cになる」，look＋C「Cに見える」

解説 空所の後が形容詞であることを確認。④see(s)は他動詞で第2文型をとらないから消去。服を着たときにどうなのかを考えれば，look「～に見える」を選べるだろう。

解答 ③ 「新しい黒のスーツを着て，ナツコは優雅に見える」

3　第4文型S＋V＋IO＋DO

●基本形●

　S＋V＋名詞A＋名詞B

◆第4文型とは

　後に目的語となる名詞が2つくる動詞を第4文型の動詞という。名詞Aを間接目的語(IO)，名詞Bを直接目的語(DO)という。

　第4文型をとる動詞の代表例は，buy，give，lend，send，show，tell，teach などである。

例題 1

次の文の空所に入る最も適当なものを1つ選び，番号で答えよ。

The music (　　) me a headache. It's so old-fashioned.

　① catches　　② feels　　③ gives　　④ shows

CHECK! give＋A＋B「AにBを与える」

　show＋A＋B「AにBを見せる・示す」

解説 空所の後の構造を見ると，me と a headache という2つの名詞が並んでいるので，第4文型の基本形である。「その音楽は私に頭痛を与える」→「その音楽を聞くと私は頭痛がする」と考え，③gives を選ぶ。

解答 ③ 「その音楽を聞くと頭痛がする。あまりに流行遅れだ」

例題 2

次の文の空所に入る最も適当なものを1つ選び，番号で答えよ。

Carelessness may (　　) you your life.

① cause ② cost ③ put ④ take

CHECK! cost + A + B「AにBを費やさせる・犠牲にさせる」

cause + A + B「AにBを引き起こす・もたらす」

take + A + B「AにとってB(時間・労力など)を必要とする」

解 説 空所の後に2つの名詞が並んでいるので，第4文型の動詞を選ぶ。③putは第4文型をとらないので不可。②costを選ぶと「不注意があなたに命を失わせるかもしれない」となって文意が通る。

解 答 ② 「不注意はあなたの命取りになるかもしれない」

例題 3

次の文の空所に入る最も適当なものを1つ選び，番号で答えよ。

Could you (　　) me a few minute? I've something to ask of you.

① save ② spare ③ make ④ help

CHECK! spare + A + B「AにB(時間・金など)を割く・分けてやる」

save + A + B「AからBを省く」

make + A + B「AのためにBを作る」

解 説 helpは第4文型を取らないから消去。「私に時間を少し割いてくれませんか」と考えて，②spareを入れる。

解 答 ② 「少しお時間をいただけませんか。お尋ねしたいことがあるのです」

4　第5文型Ｓ＋Ｖ＋Ｏ＋Ｃ(その1)

●基本形●

(1) Ｓ＋Ｖ＋Ｏ＋形容詞・名詞

(2) Ｓ＋Ｖ＋Ｏ＋現在分詞

(3) Ｓ＋Ｖ＋Ｏ＋過去分詞

◆第5文型の特徴

・〈O＋C〉の間に意味の上で〈主語＋述語〉の関係が成立する。

・Cの位置に分詞がくる場合,「Oが～する(している)」という能動関係ならば,Cは現在分詞,「Oが～される」という受動関係ならば,Cは過去分詞になる。

例題 1

次の文の空所に入る最も適当なものを1つ選び,番号で答えよ。

Don't you think it (　　) that he is not here?

　　① strange　　② strangely　　③ stranger

CHECK! 　S＋V＋O＋形容詞

解 説 think＋O＋C「OがCであると思う」という意味。「それが奇妙である」という〈主語＋述語〉の関係を押さえ,基本形に合わせて形容詞strangeを選ぶ。なお,itはthat以下を受ける形式目的語である。

解 答 ① 「彼がここにいないのは奇妙だと思いませんか」

例題 2

次の文の空所に入る最も適当なものを1つ選び,番号で答えよ。

I'm sorry to have kept you (　　) so long.

　　① waited　　② to wait　　③ waiting　　④ wait

CHECK! 　S＋V＋O＋現在分詞

解 説 keepが第5文型をとる動詞であることを確認し,〈O＋C〉及び〈主語＋述語〉の関係を考える。すると,「あなたが待っている(待つ)」という能動関係なので,現在分詞waitingを選べばよい。

解 答 ③ 「こんなに長くお待たせして申し訳ありません」

例題 3

次の文の空所に入る最も適当なものを1つ選び,番号で答えよ。

Yukiko left no letter (　　).

　　① unanswered　　② unanswering　　③ to answer

　　④ answering

CHECK! 　S＋V＋O＋過去分詞

解説　要するに「ユキコはすべての手紙に返事を出した」とすればよい。動詞leftに注目すると，〈leave＋O＋C〉「OがCである状態を放置する」の第5文型が見えてくるはず。手紙とanswer「～に返事する」の関係は，A letter was answered.という受動関係になるので，過去分詞unansweredが正解。

解答　①　「ユキコはどの手紙も返事を出さずに放っておくことはなかった」

5　第5文型S＋V＋O＋C(その2)・使役動詞

●基本形●

make[let, have]＋O＋原形・過去分詞

◆使役動詞という名称

使役動詞という名称は，make, let, haveを〈S＋V＋O＋原形〉の形で使ったときに，「Oに～させる」という"使役"の意味を表すからである。

◆Cに過去分詞がくるとき

Cが原形となるのは〈O｜C〉の間に「OがCする」という能動関係が成立するときで，「OがCされる」という受動関係のときは，Cが過去分詞(letの場合はbe＋過去分詞)となる。

I had my hat blown off. (私は帽子を吹き飛ばされた)

例題1

日本文とほぼ同じ意味になるように，空所に適当な語を入れよ。
私は子供たちに好きなようにさせておきます。

I (　　) my children have their own way.

CHECK! 　let＋O＋原形「Oに～させてやる」

解説　空所の後の動詞の原形haveに注目すれば，〈S＋V＋O＋原形〉の形になることがわかる。あとは文意から"許可・容認"の意味合いを持つ使役動詞letを入れればよい。

67

解答 let

例題2

次の文の空所に入る最も適当なものを1つ選び，番号で答えよ。

His glasses (　　) him look older by ten years.

　①　give　　②　make　　③　keep　　④　get

CHECK!　make＋O＋原形「Oに～させる」

解説　目的語himの後に動詞の原形lookがきているので，使役動詞makeを選ぶ。他の選択肢は〈S＋V＋O＋原形〉の形をとらない。

解答　②　「彼はメガネをかけると10歳は老けて見える」

例題3

次の文の空所に入る最も適当なものを1つ選び，番号で答えよ。

When I visited Paris last summer, I could hardly make myself (　　) in French.

　①　to understand　　　②　understand

　③　understanding　　　④　understood

CHECK!　make＋O＋過去分詞「Oが～される状況にする」

解説　動詞がmakeだからといって，機械的に原形understandを選ばないこと。〈O＋C〉の関係を考えると，「私自身が理解する」では何を理解するのか不明。ここでは「私自身が理解される」と受動関係でとらえるのが正しい。したがって過去分詞understoodが正解。make oneself understoodは「自分の言うことを相手に理解させる」という意味の慣用的な表現。

解答　④　「昨年の夏にパリを訪れたとき，私はほとんどフランス語で話が通じなかった」

例題4

次の文の空所に入る最も適当なものを1つ選び，番号で答えよ。

I'm having my house (　　) at the moment, so could you come over next Friday instead?

① be painted　② paint　③ painted　④ to paint

CHECK! have + O + 過去分詞「Oを〜してもらう・させる・される」

解説　paint は「〜にペンキを塗る」という意味の他動詞だから，〈O + C〉の関係は「家がペンキを塗られる」という受動関係になる。よって，過去分詞 painted を選べばよい。

解答　③　「今，家にペンキを塗ってもらっているので，代わりに今度の金曜日に来てくれませんか」

例題 5

次の文の空所に入る最も適当なものを1つ選び，番号で答えよ。

I will (　) the flowers.

① have her to water　② have her water
③ have her watered　④ have her watering

CHECK! have + O + 原形「Oに〜してもらう・させる」

解説　water に「〜に水をやる」という意味の他動詞の用法があることを知らないと難しい。ここは「彼女が花に水をやる」という能動関係から，〈have + O + 原形〉の形になっている②を選ぶ。

解答　②　「花に水をやるのを私は彼女にさせるつもりだ」

6　第5文型S＋V＋O＋C(その3)・知覚動詞

●基本形●

知覚動詞 + O + 原形・現在分詞・過去分詞

◆考え方は同じ

see，hear などの知覚動詞も，Cの位置に原形をもってくることができる。原形・現在分詞・過去分詞の区別は，やはり〈O + C〉の関係で決まる。

例題 1

次の文の空所に入る最も適当なものを1つ選び，番号で答えよ。

My mother was happy to see her guest (　　) her cakes gladly.

① eaten ② eats ③ to eat ④ eating

CHECK! 知覚V＋O＋現在分詞「Oが〜しているのをVする」

解説 知覚動詞seeが用いられているから，目的語の後に置く動詞の形は原形不定詞(動詞の原形)，現在分詞(動詞のing形)，過去分詞のいずれかとなり，④eatingが現在分詞であてはまる。②で迷うかもしれないが，eatsで三人称単数現在のsがついており，現在形ではあるが原形不定詞ではないので基本形にあてはまらない。

解答 ④ 「私の母は自分のケーキをお客さんが嬉しそうに食べているのを見て喜んだ」

例題2

次の文の空所に入る最も適当なものを1つ選び，番号で答えよ。

I felt the floor (   ) beneath my feet.

① to move ② move ③ have shaken ④ shaked

CHECK! 知覚V＋O＋原形「Oが〜するのをVする」

解説 知覚動詞feelが使われているので，基本形と照らし合わせると②moveしかない。あとは〈O＋C〉の「床が動く」という能動関係を確認すればよい。

解答 ② 「私は足の下で床が動くのを感じた」

例題3

次の文の空所に入る最も適当なものを1つ選び，番号で答えよ。

Have you ever heard that song (   ) in French?

① sang ② sing ③ singing ④ sung

CHECK! 知覚V＋O＋過去分詞「Oが〜されるのをVする」

解説 知覚動詞hearが用いられており，形の上では②③④いずれもあてはまるので，〈O＋C〉の関係から判断する。「歌が歌われる」という受動関係から，過去分詞の④sungが正解。

解答 ④ 「あの歌がフランス語で歌われるのを聞いたことがありますか」

文法・語法 時制

ポイント

1 未来を表す現在形

●基本形●

時・条件の副詞節を導く接続詞＋S＋現在形のV〜

◆ 現在形で未来のことを表す用法

I'll return the money when I <u>see</u> you next Sunday.

(今度の日曜に君に会ったときにそのお金を返すよ)

時・条件を表す副詞節の中では，未来のことを現在形で表す。この規則は，「主節が未来を表しているから，副詞節まで単純未来のwillを使わなくてもいい」という考え方が根底にある。つまり，単純未来のwillを使わないということに重点があるので，現在完了を使うこともある。

This work will become easy when you <u>have had</u> more experience.

(もっと経験を積んだら，この仕事は簡単になるだろう)

例題 1

次の文で誤りがあれば訂正せよ。

I'm going to do my homework when I will get home this afternoon.

CHECK! 時・条件の副詞節を導く接続詞＋S＋現在形のV〜

解 説 「今日の午後家に帰る」のは未来のことだが，これは接続詞whenに導かれた，do my homework にかかる副詞節。したがって，基本形に合わせてwillは使わず現在形のgetにする。

解 答 will get→get 「今日の午後家に帰ったら宿題をするつもりです」

例題 2

次の文で誤りがあれば訂正せよ。

If anyone happens to call me up while I will be out shopping, please ask the person to call me again in the evening.

CHECK! 時・条件の副詞節を導く接続詞＋S＋現在形のV〜

71

| 解 説 | while「〜する間」は，時の副詞節を導く接続詞。そこでwill be ではなく，現在形のamにする。 |

| 解 答 | will be→am 「私が買物に出ている間に誰かがたまたま電話をしてきたら，夕方までにまた電話してもらえるようにその人に頼んでください」|

2 進行形

●基本形●

be + 〜ing (動作動詞)

◆ 動作動詞と状態動詞

動詞には動作を表すものと状態を表すものがあるが，進行形は動作が進行中であることを表すのが基本だから，状態動詞は進行形にしないのが普通である。

例題 1

次の文の空所に入る最も適当なものを1つ選び，番号で答えよ。

"Where is Peggy?" "She (　　) a bath."

　①　is taking　　②　take　　③　takes　　④　took

CHECK! 「〜している最中」

| 解 説 | 前のセリフの動詞が現在形なので，is takingかtakesにしぼられるが，現在形takesでは「習慣的に風呂に入る」ということになってしまう。「風呂に入っているところ」としたいので，進行形のis takingが正しい。|

| 解 答 | ① 「ペギーはどこにいるの？」「お風呂に入っているよ」|

例題 2

文法上，正しくない英文を選べ。

　①　We were having a good time then.

　②　We were having a nice car last year.

　③　We were having a party about this time last year.

72

④ We were having some tea when he came.

CHECK! be + ～ing (動作動詞)　状態動詞は進行形にしない

解説　すべてhaveが使われているが，それぞれ意味が異なる。①は「(楽しいときを)過ごす」，②は「持っている」，③は「(パーティーを)開く」，④は「(お茶を)飲む」。「持っている」のhaveは状態動詞なので進行形にできない。過去形のhadを用いるべき。

解答　②

3　完了形

●基本形●

(1)　現在完了形…have + 過去分詞
① 現在に至るまでの完了・経験・継続などを表す。
② 動作の継続を表すには現在完了進行形〈have been ～ing〉にする。

(2)　過去完了形…had + 過去分詞
① 過去の一時点に至るまでの完了・経験・継続などを表す。
② 過去の一時点よりも前に起こったことを表す。
③ 動作の継続を表すには過去完了進行形〈had been ～ing〉にする。

(3)　未来完了形…will have + 過去分詞
① 未来の一時点に至るまでの完了・経験・継続などを表す。
② 動作の継続を表すには未来完了進行形〈will have been ～ing〉にする。

例題 1

(1)と(2)がほぼ同じ意味になるように，空所に適当な語を入れよ。

(1)　Mary got sick two weeks ago.　She is still in bed.

(2)　Mary (　　) (　　) sick in bed for two weeks.

CHECK! have + been + 形容詞：現在に至るまでの継続

解説　「2週間前に病気になって，今でも寝込んでいる」ということは，「現在に至るまでの2週間，病気の状態が続いている」ということ。よって，現在完了形を用いて表現できる。has got としてしまうと，「病気に

73

なった」という"完了"になるので注意。

解答 has, been 「メアリーは2週間病気で寝込んでいる」

例題 2

次の文で誤りがあれば訂正せよ。

Ten years passed since I met you last.

CHECK! 期間 + have passed since + S + 過去形〜「Sが〜して以来…が過ぎた」= it is + 期間 + since + S + 過去形〜「Sが〜して以来…になる」

解説 since〜は「〜以来(今まで)」という"現在に至るまで"の時間枠を教えてくれる語句なので, 過去形のpassedは不自然。現在完了にする。

解答 passed → have passed 「私が最後にあなたに会ってから10年がたった」

例題 3

次の文の空所に入る最も適当なものを1つ選び, 番号で答えよ。

"Tom is late. We (　　) an hour now." "Yes, I wonder if anything has happened to him."

① are waiting ② were waiting ③ have been waiting

④ had been waiting

CHECK! have been + 〜ing : 現在に至るまでの動作の継続

解説 nowに惑わされてare waitingを選ばないこと。Nowは現在が基準であることを明らかにしてくれるだけ。その前にan hourがあるので, 「現在に至るまで1時間待っている」ということで, 現在完了進行形にするのが正しい。

解答 ③ 「トムは遅いなあ。もう1時間も待ってるぞ」「そうだな, あいつに何かあったんじゃないか」

例題 4

あとの文の下線部のうち誤っているものを1つ選び, 番号で答えよ。

My brother ①has finished ②writing ③the report last night, and now he will begin ④to read some books on management.

CHECK! 明らかに過去の一時点を示す語句があるときは過去形

解説 last nightは明らかに過去の一時点を示すので，has finishedという現在完了形は使えない。過去形のfinishedが正しい。

解答 ① 「私の兄は昨夜レポートを書き終えた。そして今度は経営の本を読み始めるつもりだ」

例題 5

次の文の空所に入る最も適当なものを1つ選び，番号で答えよ。

They ( ) many large buildings in Osaka when I first arrived in 1959.

① aren't building ② hadn't built

③ haven't built ④ don't build

CHECK! had + 過去分詞：過去の一時点に至るまでの事柄

解説 when I … arrived～で示される過去の一時点が基準となる。これだけで②以外の選択肢は選べなくなる。ここでの過去完了は，「それまで建っていなかった」と読み取ればいい。

解答 ② 「私が1959年に初めて大阪に着いたときには大きなビルはあまり建っていなかった」

例題 6

次の文の下線部のうち誤っているものを1つ選び，番号で答えよ。

①After ②this next trip, I ③have been to Paris three times, and I want to ④make more trips.

CHECK! will have + 過去分詞：未来の一時点に至るまでの経験

解説 After this next trip「今度の旅行が終わったら」とあるので未来が基準になる。したがって現在完了形は間違い。will have beenとするのが正しい。

解答 ③ 「今度の旅行がすんだら，私はパリに3回行ったことになる。そして私はもっと旅がしたい」

文法・語法 助動詞

ポイント

1 基本助動詞の注意点

●基本形●

(1) cannot「〜のはずがない」　must「〜に違いない」
　　may「〜かもしれない」

(2) would「(どうしても)〜しようとした」

(3) used to〜「昔は〜した」：現在との対比

(4) ought to〜 = should　否定形は ought not to〜

(5) had better + 原形「〜した方がよい」
　　否定形は had better not + 原形

例題 1

次の文の空所に入る最も適当なものを1つ選び，番号で答えよ。

You (　　) walk around in such a place at night.

　① had better not　　② had not better

　③ had better not to　　④ didn't have better

CHECK! had better not + 原形「〜しない方がいい」

解説 助動詞 had better の否定形〈had better not + 原形〉を知っていれば苦もなく①が選べる。

解答 ①　「夜にそんなところをうろうろしない方がいい」

例題 2

次の文の空所に入る最も適当なものを1つ選び，番号で答えよ。

She (　　) be over thirty. She must still be in her twenties.

　① can　　② can't　　③ oughtn't　　④ must

CHECK! can't「〜のはずがない」, must「〜に違いない」

解説 2つ目の文の「彼女はまだ20代に違いない」から考えて，「30を超えているはずがない」とすればよい。

解答 ②　「彼女は30過ぎのはずはない。まだ20代に違いない」

例題 3

次の文の空所に入る最も適当なものを1つ選び，番号で答えよ。

Linda doesn't dance much now, but I know she (　　) a lot.

①　was used to　　②　used to　　③　would　　④　would have

CHECK! 　現在との対比を示すused to～「昔は～した」

解説 　前半に「今はあまりダンスをしない」とあるのがポイント。「今は～だが昔は～だった」という文脈ではwouldではなくused to～を用いる。①のwas used toは「～に慣れていた」という意味で，toは前置詞なので注意が必要。

解答 ②　「リンダは今ではあまりダンスをしないが，昔はよくしたものだ」

2　助動詞＋have＋過去分詞

●基本形●

(1)　cannot have＋過去分詞「～したはずがない」

(2)　must have＋過去分詞「～したに違いない」

(3)　may have＋過去分詞「～したかもしれない」

(4)　should[ought to] have＋過去分詞「～するべきだったのに」

　　should not[ought not to] have＋過去分詞「～するべきではなかったのに」

(5)　need not have＋過去分詞「～する必要はなかったのに」

例題 1

次の文の空所に入る最も適当なものを1つ選び，番号で答えよ。

Look, the whole garden's white. It (　　) during the night.

①　must snow　　　　　②　must be snowing

③　must have snowed　　④　must have been snowed

CHECK! 　must have＋過去分詞「～したに違いない」

解説 ①や②では現在のことになるから文意が不自然。〈must have + 過去分詞〉の③を入れれば,「夜の間に雪が降ったに違いない」となって,自然な英文となる。なお,snow は自動詞で受動態にはならないから④は不可。

解答 ③ 「ほら,庭じゅう真っ白だよ。夜の間に雪が降ったに違いない」

例題 2

次の文の空所に入る最も適当なものを1つ選び,番号で答えよ。

I (   ) that picture, but I hardly remember I have.

① can draw   ② may have drawn

③ may had drawn   ④ may draw

CHECK! may have + 過去分詞「～したかもしれない」

解説 後で「覚えがない」と言っているので,can draw や may draw では現在の意味になって矛盾する。したがって〈may have + 過去分詞〉の形になっている②を選び,「描いたかもしれないが覚えがない」とする。

解答 ② 「私がその絵を描いたかもしれないが,ほとんど覚えがない」

3 助動詞を含む慣用表現

●基本形●

(1) cannot help ～ing = cannot but + 原形「～せずにいられない」

(2) cannot ～ too + 形容詞・副詞「どんなに～してもしすぎることはない」

(3) may well + 原形「～するのももっともだ」

(4) may[might] as well + 原形～(as …)「(…するより)～した方がよい・(…するくらいなら)～した方がましだ」

(5) would rather + 原形～(than …)「(…するよりも)～したい」

例題 1

次の文の空所に入る最も適当なものを1つ選び，番号で答えよ。

I would (　　) die than live in a miserable condition.

① better　　② happier　　③ more　　④ rather

CHECK! would rather ＋ 原形〜 than … 「…するよりも〜したい」

解説 空所の後のwouldと直後の原形die，さらにthanに目をつけて，〈would rather ＋ 原形〜 than …〉に当てはめればよい。

解答 ④ 「惨めな状態で生きるくらいなら私は死んだ方がましだ」

例題 2

次の文の空所に入る最も適当なものを1つ選び，番号で答えよ。

If you say that you cannot (　　) doing something, you mean you cannot prevent or avoid it.

① but　　② have　　③ help　　④ restrain

CHECK! cannot help 〜ing 「〜せずにいられない」

解説 後半の「それを防げない，または避けられない」と同様の意味になるようにする。空所の前のcannot，直後の〜ing形から〈cannot help 〜ing〉の形にすればよい。

解答 ③ 「人が何かをせざるを得ないと言うときには，それを防げない，あるいは避けられないという意味である」

例題 3

(1)と(2)がほぼ同じ意味になるように，空所に適当な語を入れよ。

(1) He may (　　) be against the plan.

(2) He has good reason to be against the plan.

CHECK! may well ＋ 原形「〜するのももっともだ」

解説 may well ＋ 原形＝have good[every] reason to〜の書き換えはしっかり記憶しておくこと。後者は文字通りに「〜するだけの十分な根拠を持っている」という意味。

解答 well 「彼がその計画に反対するのももっともだ」

例題 4

次の文の空所に入る最も適当なものを1つ選び，番号で答えよ。

You ( ) as well throw away the money as lend it to him.

① can ② should ③ must ④ might

CHECK! 〈might as well + 原形 + as〉…「…するくらいなら〜した方がましだ」

解 説 〈might as well + 原形 + as …〉の形に当てはめる。

解 答 ④ 「彼にお金を貸すぐらいなら捨てた方がましだ」

例題 5

次の文の空所に入る最も適当なものを1つ選び，番号で答えよ。

We cannot ( ) against injustice.

① but protest ② help but protesting

③ help protest ④ but protesting

CHECK! 〈cannot but + 原形〉「〜せずにいられない」

解 説 紛らわしい選択肢が並んでいるが，〈cannot help 〜ing〉および〈cannot but + 原形〉と照らし合わせて，①が正解。

解 答 ① 「私たちは不正には抗議しないわけにはいかない」

例題 6

次の文の空所に入る最も適当なものを1つ選び，番号で答えよ。

We ( ) be too careful in the choice of our books.

① ought not to ② may not ③ should ④ cannot

CHECK! cannot 〜 too + 形容詞・副詞「どんなに〜してもしすぎることはない」

解 説 形だけならどれも可能だが，too careful があることから，〈cannot 〜 too + 形容詞・副詞〉に当てはめてみると，「本を選ぶ際には，どんなに注意してもしすぎることはない」という意味の自然な英文ができる。

解 答 ④ 「本を選ぶ際には，どんなに注意してもしすぎることはない」

文法・語法 仮定法

ポイント

1 仮定法過去と仮定法過去完了の基本形

●基本形●

(1) 仮定法過去

　　If + S + V (過去形)…, S + 助動詞の過去形 + 原形〜

　　「(今)…なら〜だろうに」

(2) 仮定法過去完了

　　If + S + had + 過去分詞…, S + 助動詞の過去形 + have + 過去分詞〜

　　「(あのとき)…だったら〜だっただろうに」

(3) 未来を表す仮定法

　① If + S + should + 原形…, (主節は仮定法でも直接法でもよい)

　　「万一…したら〜だろう」

　② If + S + were to …, S + 助動詞の過去形 + 原形〜

　　「仮に…とすれば〜だろう」

例題 1

次の文の空所に入る最も適当なものを1つ選び，番号で答えよ。

If I had had much money, I would (　　) you.

　① have been paid　　② have pay　　③ been paid

　④ have paid

CHECK! If + S + had + 過去分詞…, S + 助動詞の過去形 + have + 過去分詞〜

解説 if節の中の動詞を見ると，had had と過去完了になっている。したがって，仮定法過去完了の基本形に合わせて，主節の動詞の形を決めればよい。仮定法過去完了の主節の動詞は〈助動詞の過去形 + have + 過去分詞〉だから，これに合うのは①か④。ただし，ここは受身ではおかしいので①は間違い。

解答 ④ 「私がお金をたくさん持っていたらあなたに払ったのだが」

例題 2

次の文の空所に入る最も適当なものを1つ選び，番号で答えよ。

If I ( ) wings now, I would fly away.

① am having ② had ③ had had ④ will have

CHECK! If + S + V (過去形)…，S +助動詞の過去形+原形〜

解説 主節の動詞がwould flyで〈助動詞の過去形＋原形〉だから，仮定法過去の基本形に当てはめればよい。すなわち，if節の中の動詞は過去形となるので，②hadが正解。

解答 ② 「今私に翼があれば飛んでいくのになあ」

例題 3

次の文の空所に入る最も適当なものを1つ選び，番号で答えよ。

If I were ( ) go abroad, I would go to France.

① on ② to ③ about ④ for

CHECK! If + S + were to …，S +助動詞の過去形+原形〜

解説 前がwereで後が動詞の原形goなので，〈If + S + were to …〉にする以外にない。他はただの前置詞だから，後に動詞の原形がくることは絶対にない。

解答 ② 「仮に外国へ行くとしたら，私はフランスへ行くだろう」

例題 4

次の文の空所に入る最も適当なものを1つ選び，番号で答えよ。

If it had not been for the medicine, I ( ) alive now.

① should not have been ② should not be
③ should not ④ should not have

CHECK! 仮定法過去完了と仮定法過去のミックス：If + S + had + 過去分詞…，S +助動詞の過去形+原形〜

解説 aliveは形容詞なので③④が不可なのはわかるだろう。問題はif節の動詞がhad〜beenと過去完了になっていることから，仮定法過去完

了の基本形だということで①を選ぶのは間違いだということ。なぜなら，主節にはnowがあって，"現在"の事柄を述べているからだ。現在のことを表すなら，仮定法過去にすべきなので，〈助動詞の過去形＋原形〉の形になっている②が正解。

| 解答 | ② 「その薬がなかったら，私は今ごろ生きてはいないだろう」 |

2 倒置によるifの省略

●基本形●

(1) If＋S＋were～⇒Were＋S～

(2) If＋S＋had＋過去分詞～⇒Had＋S＋過去分詞～

(3) If＋S＋should＋原形～⇒Should＋S＋原形～

◆ifがなくても仮定法

仮定法過去，仮定法過去完了のどちらにおいても，条件節のifが省略されることがある。このとき，条件節の主語と動詞(助動詞)の語順に倒置が生じる。

If I were there, I would help him.

Were I there, I would help him.

(もし私がそこにいれば，彼を助けてあげるのだが)

＊仮定法過去の倒置は，if節にbe動詞や助動詞があるときにしか生じないので注意すること。

If I had had money yesterday, I would have bought the book.

Had I had money yesterday, I would have bought the book.

(昨日お金を持っていたらその本を買ったのに)

例題 1

次の文の空所に入る最も適当なものを1つ選び，番号で答えよ。

(   ) in your position, I would have hung up the phone in anger.

① While I was   ② If I were

③ Thought I had been   ④ Had I been

CHECK! If＋S＋had＋過去分詞～⇒Had＋S＋過去分詞～

解 説 主節の動詞が〈助動詞の過去形＋have＋過去分詞〉で仮定法過去完了であることを押さえる。すると①③は論外だし，②も動詞がwereでは仮定法過去なので不可。残る④は，If I had been⇒Had I beenという基本形を思い浮かべればよい。

解 答 ④ 「私があなたの立場だったら，私は怒って電話をたたきつけただろう」

例題 2

次の文の空所に入る最も適当なものを1つ選び，番号で答えよ。

(　　) I to tell you all the story of my life, one week would not be enough.

　① Am　　② Are　　③ Have　　④ Were

CHECK! If ＋ S ＋ were 〜⇒Were ＋ S 〜

解 説 Iの後にto tellがきているが，通常ではなりえない形。そこで主節の動詞が〈助動詞の過去形＋原形〉であることから，仮定法過去の文だと判断し，If I were to tell 〜⇒Were I to tell 〜と考えてWereを選ぶ。

解 答 ④ 「仮に私が自分の人生の話をすべてあなたに話すとしたら，1週間では不十分であろう」

3　仮定法を含む重要構文

●基本形●

(1)　I wish[If only] ＋ S ＋ 仮定法「〜だったらなあ」

(2)　as if[though] ＋ S ＋ 仮定法「まるで〜かのように」

(3)　It is time ＋ S ＋ 仮定法過去「もう〜してよいころだ」

(4)　if it were not for 〜「〜がなければ」＝ without 〜，but for 〜

(5)　if it had not been for 〜「〜がなかったら」＝ without 〜，but for 〜

例題 1

(1)と(2)がほぼ同じ意味になるように，空所に適当な語を入れよ。

(1)　I'm sorry I cannot stay here longer.

(2)　I (　　) I could stay here longer.

CHECK! ✍　I wish + S + 仮定法「〜だったらなあ」

解説　「いられなくて残念だ」ということは，「ここにいられたらいいのに」ととらえることができる。よって，〈I wish + S + 仮定法〉にすればよい。

解答　wish　「(1)ここにもっといられなくて残念です。／(2)ここにもっといられたらなあ」

例題 2

次の文の空所に入る最も適当なものを1つ選び，番号で答えよ。

It's about time you (　　) a Shakespearean play.

　①　are seeing　　②　have seen　　③　saw　　④　will see

CHECK! ✍　It is time + S + 仮定法過去「もう〜してよいころだ」

解説　〈It is time + S + 仮定法過去〉に当てはめるだけ。なお，about は「もうそろそろ〜」という感じを出す。

解答　③　「君ももうそろそろシェイクスピアの劇を観てもいいころだ」

例題 3

(1)と(2)がほぼ同じ意味になるように，空所に適当な語を入れよ。

(1)　Without water, nothing could live.

(2)　If (　　) (　　) (　　) for water, nothing could live.

CHECK! ✍　if it were not for 〜 = without 〜「〜がなければ」

解説　「〜がなければ」の書き換えパターンを押さえていれば簡単。主節の動詞を見て仮定法過去だと判断できれば，〈if it were not for 〜〉に当てはめればよい。

解答　it, were, not　「水がなければ何も生きられない」

例題 4

日本文とほぼ同じ意味になるように，空所に適当な語を入れよ。

もっと早く来たら，彼はぼくの妹に会えたのに。

( ) ( ) ( ) earlier, he could have seen my sister.

CHECK! 〈If＋S＋had＋過去分詞〉⇒〈Had＋S＋過去分詞〉

解説 まず，主節の動詞の形〈助動詞の過去形＋have＋過去分詞〉から，仮定法過去完了にすることを確認。すると，If he had come 〜とするのがふつうだが空所が足りない。そこで倒置によるifの省略を利用し，Had he come とすれば空所の数と一致する。

解答 Had, he, come

例題 5

次の文の空所に入る最も適当なものを1つ選び，番号で答えよ。

( ) another chance, he would do his best.

　① Be given he should 　　② Given he should be

　③ He should be given 　　④ Should he be given

CHECK! 〈If＋S＋should＋原形〉⇒〈Should＋S＋原形〜〉

解説 ①や②のような語順は英語にはない。③はふつうの文ならいいが，ここでは後ろとつながらない。④はIf he should be given が元の形で，そこから倒置によるifの省略をしたものだと見ることができる。

解答 ④ 「もう一度チャンスが与えられたら，彼はベストを尽くすだろう」

例題 6

次の文の空所に入る最も適当なものを1つ選び，番号で答えよ。

A better bridge could have been built ( ).

　① if they assisted us 　　② had it been for their help

　③ having had them help us 　　④ had we had their assistance

CHECK! 〈If＋S＋had＋過去分詞〉⇒〈Had＋S＋過去分詞〉

解説 主節が仮定法過去であることから，空所には仮定法過去完了が入ることがわかる。②はhad it not been for their helpであれば，if it had not been for〜「〜がなかったら」の倒置形によるifの省略をしたものと考えられるが，notが抜けているので間違い(notがあっても意味的に不適)。④はif we had had their assistance「もし彼らの援助があれば」が元の形で，そこから倒置によるifの省略をしたもの。これを選べば文意も通るので④が正解。

解答 ④ 「彼らの援助があれば，もっとよい橋が造れたことだったろうに」

例題7

(1)と(2)がほぼ同じ意味になるように，空所に適当な語を入れよ。

(1) I'm sorry you didn't let me know the news.

(2) I wish you (   ) (   ) me know the news.

CHECK! 〈I wish + S + 仮定法〉「〜だったらなあ」

解説 「私に知らせてくれなかったのは残念だ」＝「私に知らせてくれていたらなあ」と考える。そして，これは「過去」の話なので仮定法過去完了にする。

解答 had, let 「(1) あなたが私にそのニュースを知らせてくれなかったのは残念だ。／(2) あなたが私にそのニュースを知らせてくれていたらなあ」

例題8

次の文の空所に入る最も適当なものを1つ選び，番号で答えよ。

It is high time you (   ) a new enterprise.

① start ② started ③ will start

④ will have started

CHECK! 〈It is time + S + 仮定法過去〉「もう〜してよいころだ」

解説 〈It is time + S + 仮定法過去〉に当てはめると，過去形の②が正解とわかる。このhighは「もうとっくに」という感じを出す。

解答 ② 「君は新しい事業を始めてもよい時期だ」

例題9

(1)と(2)がほぼ同じ意味になるように，空所に適当な語を入れよ。

(1) But for your timely rescue, the child would have been drowned.

(2) If (　　) had not been (　　) your timely rescue, the child would have been drowned.

CHECK! if it were not for ～ = but for ～「～がなければ」

解説 「～がなければ」の書き換え問題である。

解答 it, for 「君がタイミングよく助けなかったら，その子は溺れていたことだろう」

文法・語法 不定詞

ポイント

1 It is＋形容詞＋of__ to～

●基本形●

　It is＋形容詞＋of__ to～＝__is＋形容詞＋to～「～するとは__は…だ」

◆不定詞の意味上の主語は"for__"が基本

　It is necessary for me to study French everyday.

　(私はフランス語を毎日勉強する必要がある)

　上の例文では，for meがなければto studyの意味上の主語がなくなり，一般的なことを述べているにすぎない文になる。

◆ofかforか

　〈It is＋形容詞＋for__ to～〉「__が～することは…だ」が行為に対する客観的評価を表すのに対し，〈It is＋形容詞＋of__ to～〉は行為を行った人に対する，話者の主観的評価・判断を表す。したがって，"of__"の前には，人の性質・人柄などを表す形容詞がくるという点が重要である。一方，"for__"の前には，行為の性質を表す形容詞がくる。

　It is impossible for him to solve the problem.

　(彼がこの問題を解くことは難しい)

　It is kind of you to give me the book.

　(本をくれるとはあなたは親切だ→本をくださってありがとう)

例題 1

　次の文の空所に入る最も適当なものを1つ選び，番号で答えよ。

　It was careless (　　) you to forget your homework.

　　① for　　② of　　③ with　　④ to

CHECK!　It is＋形容詞＋of__ to～「～するとは__は…だ」

解説　careless「不注意な」は人の性質を表す形容詞。よって〈It is＋形容詞＋of__ to～〉の構文に当てはめればよい。

89

解 答 ②　「宿題を忘れるとは君は不注意だったね」

例題 2

次の文の空所に入る最も適当なものを1つ選び，番号で答えよ。

It is necessary (　　) this advice.

　① 　you following　　　② 　your following

　③ 　of you to follow　　④ 　for you to follow

CHECK! 　〈It is + 形容詞 + for ＿ to ～〉「＿が～することは…だ」

解 説 　necessary「必要な」は行為の性質を表す形容詞。したがって〈It is + 形容詞 + for ＿ to ～〉「＿が～することは…だ」の構文の方を用いる。

解 答 　④　「あなたはこの忠告に従う必要がある」

2　不定詞の形容詞的用法

●基本形●

名詞 + (for ＿) to ～ + 前置詞「(＿が)～する／すべき／するための名詞」

◆名詞が to ～に後続する前置詞の意味上の目的語になる関係

　不定詞の形容詞的用法において，不定詞が前置詞を伴うため，不定詞が前置詞をぶら下げた形に見えることがある。この場合は，被修飾語の名詞が意味上で前置詞の目的語の関係になっている。

　I had no house to live in.

　(私には住む家がなかった)

　この前置詞は一見必然性がないように思えるが，落とすと間違いになるので気をつけよう。

例題 1

次の文で誤りがあれば訂正せよ。

There weren't any passengers for us to talk to.

CHECK! 　名詞 + (for ＿) to ～ + 前置詞

解 説 　この文の最後に前置詞 to があって目的語がないことに注意。この形に慣れていないと，to を落としてしまったり，to の後に余計な目的語

を入れてしまったりするが，それは間違い。この to talk to は直前の名詞 passengers を修飾する形容詞的用法の不定詞で，この文には文法的に悪いところはない。

解答 誤りなし 「私たちが話をできる乗客は誰もいなかった」

例題 2

(1)と(2)がほぼ同じ意味になるように，空所に適当な語を入れよ。

(1) I have no pencil with which I can write.

(2) I have no pencil (　　) write (　　).

CHECK! 名詞 + to 〜 + 前置詞

解説 I can write with a pencil という文からの変形を考える。write の前に空所が1つだけあることから，to write と不定詞にするしかない。2つ目の空所に何が入るかというと，元の文で pencil は前置詞 with の目的語だったのだから，〈名詞 + to 〜 + 前置詞〉の形になるように with を入れればよい。

解答 to, with 「私は書くのに使う鉛筆を持っていない」

3 不定詞を含む重要構文

●基本形●

(1) 程度・結果を表す構文

① too + 形容詞・副詞 + to 〜 「〜するにはあまりにも…」(程度)・「非常に…なので〜することができない」(結果)(≒ so + 形容詞・副詞 + that S cannot 〜)

② 形容詞・副詞 enough to 〜 ≒ so + 形容詞・副詞 + as to 〜 「非常に…なので〜する」(結果)・「〜するほど…」(程度)

(2) 目的を表す構文

in order to 〜 = so as to 〜 「〜するために」(≒ so that S may[can, will] 〜)

in order not to 〜 = so as not to 〜 「〜しないように」(≒ so that S may[can, will] not 〜)

次の文の空所に入る最も適当なものを1つ選び，番号で答えよ。

The wall wasn't (　　) dogs out.

① high enough to keep 　　② so high as keep

③ higher than to keep 　　④ so high that can keep

CHECK! 形容詞・副詞 + enough to～「～するほど…」(程度)

解説 〈形容詞・副詞 + enough to～〉の基本形に当てはまる①が正解。②はasの後ろがto keep，④はthat節に主語があれば正解となりうる。

解答 ① 「その壁は犬を締め出しておくには高さが足りなかった」

例題 2

次の文の空所に入る最も適当なものを1つ選び，番号で答えよ。

I'm not so stupid as (　　) its great beauty.

① deny　② to deny　③ denying　④ to denying

CHECK! so + 形容詞・副詞 + as to～「～するほど…」(程度)

解説 so stupid asの語順と選択肢を照らし合わせて，〈so + 形容詞・副詞 + as～〉の形を選べばよい。

解答 ② 「私はその偉大な美を否定するほど愚かではない」

例題 3

次の文の空所に入る最も適当なものを1つ選び，番号で答えよ。

He found that the stone was too heavy (　　).

① for him to lift 　　② for him to lift it

③ so that he couldn't lift it 　　④ that he couldn't lift it

CHECK! too + 形容詞・副詞 + to～「～するにはあまりにも…」(程度)

解説 空所の直前がtoo heavyなので，〈too + 形容詞・副詞 + to～〉に合わせて①か②。一見すると他動詞lift「～を持ち上げる」の目的語itがある②がよさそうだが，itがthe stoneを受けるとすると「その石はそれを持ち上げるには重すぎる」となって，おかしい。このように，主語が意味上で不定詞の目的語になる場合はそれを置いてはならず，①が正解である。

解答 ① 「彼はその石は重すぎて自分には持ち上げられないとわかった」

例題4

次の英文の中から正しいものを1つ選べ。

① I bought a second car in order for my son to learn to drive.
② I bought a second car in order my son to learn to drive.
③ I bought a second car in order that my son to learn to drive.
④ I bought a second car so as for my son to learn to drive.

CHECK! in order to ～ = so as to ～「～するために」(目的)

解説 まず，③の in order that は後ろに S ＋ V がこなければならないので不可。他の3つは一応 in order to ～または so as to ～の形で，そこに不定詞の意味上の主語を置こうとしたもの。in order to ～の場合は，原則通り for ～を to ～の直前に置いてもよいが，so as to ～ではそれができない。よって①が正解。

解答 ① 「私は息子が車の運転を身につけられるよう2台目の車を買った」

例題5

(1)と(2)がほぼ同じ意味になるように，空所に適当な語を入れよ。

(1) His thoughts were so complicated that we couldn't understand him.

(2) His thoughts were (　　) complicated (　　) understand.

CHECK! 〈too ＋ 形容詞・副詞 ＋ to ～〉「非常に…なので～することができない」(結果) (≒〈so ＋ 形容詞・副詞 ＋ that S cannot ～〉)

解説 〈too ＋ 形容詞・副詞 ＋ to ～〉「非常に～なので…することができない」と，〈so ＋ 形容詞・副詞 ＋ that S cannot ～〉の書き換えはあまりにも有名。ただし，(2)の〈too ＋ 形容詞・副詞 ＋ to ～〉の文の主語が，to ～の目的語も兼ねていることに注意しよう。understand them とはならないことに注目。

解答 too, to 「彼の考えはあまりに複雑で理解できなかった」

93

例題 6

次の英文の中から正しいものを1つ選べ。

① I shut the door quietly to not wake the baby.

② I shut the door quietly not so to wake the baby.

③ I shut the door quietly so that not wake the baby.

④ I shut the door quietly so as not to wake the baby.

CHECK! so as not to～ = in order not to～「～しないように」(目的)

(≒ so that S may[can, will] not～)

解説 so as to～の否定形は，so as not to～となる。これに当てはまるのは④のみ。

解答 ④ 「私は赤ん坊を起こさないようにドアを静かに閉めた」

4 "結果"の不定詞

●基本形●

(1) … only to～「…したがその結果～しただけだった」

(2) … never to～「…だが(その結果)二度と～しなかった」

(3) live to be～「～まで生きる」

例題 1

次の文の空所に入る最も適当なものを1つ選び，番号で答えよ。

He went out of his way to consult the well-known doctor, (　　) to fail to see him.

① but ② only ③ even ④ for

CHECK! … only to～「…したがその結果～しただけだった」

解説 前半の「わざわざ診てもらいに行った」と to fail 以下の「会えない」の関係を考えると，「行った結果会えなかった」と考えるのが自然。よって，"結果"を表す only to～にする。but や even では "目的" の意味になってしまうので不自然。

解答 ② 「彼はわざわざ有名な医者に診てもらいに行ったが，結局会えずじまいだった」

例題 2

(1)と(2)がほぼ同じ意味になるように，空所に適当な語を入れよ。

(1)　My grandmother lived until she was ninety-nine.

(2)　My grandmother lived (　　) (　　) ninety-nine.

CHECK!　live to be〜「〜まで生きる」

解説　「99歳まで生きた」という意味なので，live to be〜で表せる。

解答　to, be　「私の祖母は99歳まで生きた」

5　完了不定詞　to have ＋過去分詞

●基本形●

It seems that ＋ S ＋ V (現在形)⇒S seem to〜

It seems that ＋ S ＋ V (過去形)⇒S seem to have ＋過去分詞

◆時のずれを表す完了不定詞

　不定詞は，単純不定詞・完了不定詞という形をとることにより，本動詞との時間的関係を表すことができる。完了不定詞(to have ＋過去分詞)は，本動詞が表す「時」よりも「以前の時」を表す。

例題 1

(1)と(2)がほぼ同じ意味になるように，空所に適当な語を入れよ。

(1)　It seems that he read the letter.

(2)　He seems to (　　) (　　) the letter.

CHECK!　It seems that ＋ S ＋ V (過去形)⇒S seem to have ＋過去分詞

解説　readが現在形ならreadsとなるはずなので，このreadは過去形だとわかる。すると，seemsが現在形だから，明らかに"時のずれ"がある。よって基本形通りに変形し，〈S seem to have ＋過去分詞〉の形にする。

解答　have, read　「彼はその手紙を読んだようだ」

文法・語法 動名詞

ポイント

1 動名詞を目的語にとる動詞

●基本形●

(1) 動名詞を目的語にとるが，不定詞を目的語にとらない動詞

admit, avoid, consider, deny, enjoy, escape, finish, give up, imagine, mind, miss, postpone, practice, put off, resist, stop など

(2) 目的語が動名詞か不定詞かで意味が変わる動詞

① remember ～ing「～したのを覚えている」
remember to～「忘れずに～する・～するのを覚えている」

② forget ～ing「～したのを忘れる」
forget to～「～するのを忘れる」

③ try ～ing「試しに～してみる」
try to～「～しようと(努力)する」

④ regret ～ing「～したことを後悔する・～することを残念に思う」
regret to～「残念ながら～する」

⑤ want[need] ～ing「～される必要がある」
want to～「～したい」
need to～「～する必要がある」

例題 1

次の文の空所に入る最も適当なものを1つ選び，番号で答えよ。

Would you mind (　　) the door?

① to open　　② about opening　　③ on opening

④ opening

CHECK! mind ～ing「～するのを嫌がる・気にする」

解説 mindが動名詞のみを目的語にとる動詞であることを知っていれば，それだけで解決。なお，Would you mind ～ing?は「～していただ

けませんか」と丁寧に依頼をする表現。

| 解 答 | ④ 「ドアを開けていただけませんか」

例題2

次の文の空所に入る最も適当なものを1つ選び，番号で答えよ。

We considered (　　　) but finally decided against it.

① go　　② to go　　③ going　　④ about to go

CHECK! consider ～ing「～しようかと考える」

| 解 説 | considerは動名詞のみを目的語にとる動詞。

| 解 答 | ③ 「私たちは行こうかと考えたが結局やめることに決めた」

例題3

次の文の空所に入る最も適当なものを1つ選び，番号で答えよ。

Please remember (　　　) off the lights before you leave.

① turning　　② to turn　　③ turn　　④ turned

CHECK! remember to～「忘れずに～する」

| 解 説 | rememberは目的語が動名詞か不定詞かで意味が違うので文意を考えなければいけない。ここはbefore you leave「出る前に」とあることから，「明かりを消す」のはこれから先のことだとわかる。remember～ingは「～したことを覚えている」なので不可。「忘れずに消してください」となるように，remember to～の形に当てはめる。

| 解 答 | ② 「出発前に明かりを忘れずに消してください」

例題4

次の文の空所に入る最も適当なものを1つ選び，番号で答えよ。

The boy is a bit unwell and wants (　　　) after.

① for looking　　② in looking　　③ to look　　④ looking

CHECK! want ～ing「～される必要がある」

| 解 説 | 動詞がwantだからto lookと短絡的にしてはいけない。look after「～の世話をする」では「その男の子が世話をしたい」となって意味自体もおかしいし，文法的にもafterの目的語がなくて不可。一方，

97

want ～ingは，主語が動名詞または後続する前置詞の意味上の目的語を兼ねるので，ここにlookingを入れると「その男の子は世話をされる必要がある」となって文意が通る。

解答 ④ 「その男の子は少し身体が弱いので世話をしてあげる必要がある」

2 動名詞の一般的な問題

●基本形●

(1) 前置詞の目的語は動名詞　不定詞は不可

(2) 動名詞の意味上の主語…所有格／目的格＋～ing「…が～すること」

(3) 動名詞の否定形…not ～ing

(4) 完了動名詞…having＋過去分詞⇒述語動詞が表す時よりも前の事柄を表す。

例題1

次の文の空所に入る最も適当なものを1つ選び，番号で答えよ。

We are all looking forward (　　) you and your family.

① see　② seeing　③ to see　④ to seeing

CHECK! 前置詞＋動名詞：look forward to ～ing

解説 look forward to～「～を楽しみに待つ」のtoは前置詞なので，～には名詞か動名詞がくる。したがってto seeingが正解。

解答 ④ 「私たちはあなたとご家族に会うのを楽しみにしています」

例題2

次の文の空所に入る最も適当なものを1つ選び，番号で答えよ。

I don't mind leaving at six o'clock. (　　) up early.

① I used to getting　② I was used to get

③ I'm used to get　④ I'm used to getting

CHECK! 前置詞＋動名詞：be used to ～ing

解説 be used to～「～に慣れている」のtoも前置詞。よって～の位置に動名詞を使っている④が正解。

解答 ④ 「6時に出発でもかまいません。早起きには慣れていますから」

例題3

(1)と(2)がほぼ同じ意味になるように，空所に適当な語を入れよ。

(1) There was proof that he had cheated in the exam.

(2) There was proof of (　　) (　　) (　　) in the exam.

CHECK! 所有格／目的格 + ～ing

解説 「彼がカンニングをしたという証拠」と言うのに，(2)では前置詞of を使って表すという問題。前置詞の後ろに続くのは動名詞だから，having cheatedとし，主語のheは動名詞の意味上の主語になるので，所有格のhisあるいは目的格のhimにしてhavingの前に置けばよい。

解答 his[him], having, cheated 「彼が試験でカンニングをしたという証拠があった」

3 動名詞を含む慣用構文

●基本形●

(1) It is no use[good] ～ing 「～しても無駄だ」

(2) There is no ～ing 「～することはできない」

(3) on ～ing 「～すると・～するとすぐに」

(4) be worth ～ing 「～する価値がある」 ＊主語が動名詞または後続する前置詞の意味上の目的語を兼ねる。

(5) be busy (in) ～ing 「～するのに忙しい」

(6) have difficulty (in) ～ing 「～するのに苦労する」

(7) spend + 時間・お金など + (in) ～ing 「～して時間・お金などを費やす」

(8) feel like ～ing 「～したい気がする」

(9) never[cannot] … without ～ing 「…すれば必ず～する」

(10) of one's own ～ing 「自分で～した」

(11) go ～ing 「～しに行く」

例題 1

次の文の空所に入る最も適当なものを1つ選び，番号で答えよ。

I don't feel (　　) this morning.

① like　　② like to eat　　③ like eating　　④ to eat

CHECK! feel like 〜ing「〜したい気がする」

解 説 feel like 〜ing「〜したい気がする」を知っていれば問題ない。

解 答 ③ 「今朝は食事をする気になれない」

例題 2

次の文の空所に入る最も適当なものを1つ選び，番号で答えよ。

This symphony is real masterpiece. I think it's worth (　　) over and over again.

① be listening to　　　② listening to

③ to be listened to　　④ to listen to

CHECK! be worth 〜ing「〜する価値がある」

解 説 be worth 〜ing「〜する価値がある」の知識だけで解決。

解 答 ② 「この交響曲は真の傑作だ。何度も聞く価値があると思う」

例題 3

次の文の空所に入る最も適当なものを1つ選び，番号で答えよ。

There is no (　　) spoilt children.

① satisfied　② satisfy　③ satisfying　④ satisfaction

CHECK! There is no 〜ing「〜することはできない」

解 説 There is no 〜ing に当てはめるだけ。他の選択肢では後の spoilt children とつながらない。

解 答 ③ 「甘やかされた子どもを満足させることはできない」

例題 4

(1)と(2)がほぼ同じ意味になるように，空所に適当な語を入れよ。

(1) As soon as you become a member, you will receive a membership card.

(2) (   ) (   ) (   ) (   ), you will receive a membership card.

CHECK! on ～ing「～すると，～するとすぐに」

解説 〈as soon as＋S＋V〉は「～するとすぐに」という意味。したがって，〈on ～ing〉に書き換えられる。

解答 On, becoming, a, member 「入会するとすぐに，会員証がもらえます」

例題 5

(1)と(2)がほぼ同じ意味になるように，空所に適当な語を入れよ。

(1) He always makes a lot of mistakes when he speaks Spanish.

(2) He can't speak Spanish (   ) making a lot of mistakes.

CHECK! cannot … without ～ing「…すれば必ず～する」

解説 (1)が「彼はスペイン語を話すとき，いつも多くの間違いをする」という意味だから，〈cannot … without ～ing〉で表現できる。

解答 without 「彼はスペイン語を話すとき，いつも多くの間違いをする」

例題 6

(1)と(2)がほぼ同じ意味になるように，空所に適当な語を入れよ。

(1) Is this a picture that you have drawn by yourself?

(2) Is this a picture of your (   ) (   )?

CHECK! of one's own ～ing「自分で～した」

解説 (1)は関係代名詞thatを用いて，「これはあなたが自分で描いた絵ですか」という意味を表している。「自分で～した」だから〈of one's own ～ing〉で書き換えられる。

解答 own, drawing 「これはあなたが自分で描いた絵ですか」

文法・語法 分詞

ポイント

1　分詞の形容詞的用法

●基本形●

(1)　名詞＋現在分詞「〜している／〜する名詞」

(2)　名詞＋過去分詞「〜された／〜される名詞」

◆名詞との関係

　　分詞を名詞の直前または直後に置いて，その名詞に対する修飾語として用いることができる。まず，位置が問題になるが，分詞が単独なら前，他の語句を伴えば後ろというのが原則である。

　　次に，現在分詞にするか過去分詞にするかだが，これは名詞との関係で決まる。つまり，意味の上で，"名詞が〜する／〜している"という能動関係が成立すれば現在分詞，"名詞が〜される"という受動関係が成立すれば過去分詞を用いるのである。

The man <u>standing</u> over there is Mr. Sato.

(あそこに立っている人が佐藤さんです)

On the moon there are some dark places <u>called</u> "seas".

(月には「海」と呼ばれる暗い場所がある)

例題 1

次の文の空所に入る最も適当なものを1つ選び，番号で答えよ。

This is a dog (　　) a horse.

①　resemble　　②　resembled　　③　resembling

④　to resemble

CHECK! 　名詞＋現在分詞「〜している／〜する名詞」

解説　resemble と a dog の関係を考えると，「犬が(馬に)似ている」という能動関係があるから，現在分詞の resembling が正解。

解答　③　「これは馬に似ている犬だ」

102

例題 2

次の文の空所に入る最も適当なものを1つ選び，番号で答えよ。

There is no milk (　　) in the bottles.

　① leave　　② having left　　③ leaving　　④ left

CHECK! 👉　名詞＋過去分詞「〜された／〜される名詞」

解説　「ミルクが残っている」と日本語で言うことから，③leavingを選んでしまうのが典型的な間違い。leaveは「残る」ではなく，「〜を残す」という意味の他動詞。よって「ミルクが残される」という受動関係でとらえるのが正しく，過去分詞の④leftを入れなければならない。

解答　④　「瓶にはミルクが少しも残っていない」

2　分詞構文

●基本形●

(1)　分詞構文の基本形

　　　〜ing (現在分詞) …, S＋V〜「(Sは)…して，SはVする」

　　　〜ed (過去分詞) …, S＋V〜「(Sは)…されて，SはVする」

　　　⇒分詞の意味上の主語はSと一致。

(2)　独立分詞構文

　　　S'＋〜ing (現在分詞) …, S＋V〜「S'が…して，SはVする」

　　　S'＋〜ed (過去分詞) …, S＋V〜「S'が…されて，SはVする」

　　　⇒分詞の意味上の主語はSと異なる。

(3)　完了形の分詞構文

　　　(S'＋) Having＋過去分詞…, S＋V〜

　　　⇒Vが表す時よりも前の事柄を表す。

(4)　分詞構文を用いた慣用句

　　　(S'＋) Not＋分詞…, S＋V〜

　　　⇒分詞を否定するnotは分詞の直前に置く。

(5)　generally speaking「概して言うと」，talking of〜「〜と言えば」，judging from〜「〜から判断すると」など⇒意味上の主語は特定されない。

103

◆あいまいな分詞構文

　分詞を用いてその場の状況を漠然と表し，主文につなぐ形を分詞構文という。主文との意味関係は文脈によって決まるが，接続詞を用いた副詞節と比べるとあいまいな表現で，解釈する場合に，はっきり"時"や"理由"を表すとわかるときは問題ないが，そうでない場合はあっさりつなげてしまうのがよい。

　また，現在分詞か過去分詞かは，意味上の主語との関係が能動関係か受動関係かで決まる。

Looking down from the plane, I could see the east coast of the island.
(飛行機から見下ろすと，島の東岸が見えた)

Surrounded by the sea, Japan has a mild climate.
(海に囲まれていて，日本は温和な気候である)

例題 1

次の文の空所に入る最も適当なものを1つ選び，番号で答えよ。

(　　) nothing better to do, I read the paper over again.

　① Has　　② Had　　③ Have　　④ Having

CHECK! 　〜ing (現在分詞)…，S＋V〜「(Sは)…して，SはVする」

解説 　Has，Had，Haveでは，後ろのI read〜とつながらない。Havingを入れれば分詞構文の基本形となる。

解答 　④　「他にもっとよい，することがなかったので，私は新聞を何度も読んだ」

例題 2

次の文の空所に入る最も適当なものを1つ選び，番号で答えよ。

(　　) from a distance, the building looks like an elephant.

　① Seeing　　② To see　　③ Seen　　④ Having

CHECK! 　〜ed (過去分詞)…，S＋V〜「(Sは)…されて，SはVする」

解説 　「遠くから見ると」という日本語から，Seeingを入れてはいけない。この場合，意味上の主語は文の主語に一致するからthe buildingである。すると，SeeingやHaving seeingでは「建物が見る〔見た〕」ことになっ

ておかしい。ここでは「建物が見られる」という受動関係なので，過去分詞のSeenが正解。

解答 ③ 「遠くから見ると，その建物はゾウのように見える」

例題3

次の文の空所に入る最も適当なものを1つ選び，番号で答えよ。

The car (　　), Mary went on to trim the shrubs.

① washing　② washes　③ wash　④ washed

CHECK! S'＋～ed（過去分詞）…，S＋V～「S'が…されて，SはVする」

解説 ①か④で分詞構文にするのだが，この場合，意味上の主語は直前に置かれている The car である。そこで，「車が洗われる」の受動関係となり，過去分詞の④washed が正解。

解答 ④ 「車を洗って，メアリーは生け垣の手入れにとりかかった」

例題4

次の文の空所に入る最も適当なものを1つ選び，番号で答えよ。

(　　) my homework, I finally could watch television.

① Being done　② Doing　③ Had done

④ Having done

CHECK! （S'＋）Having＋過去分詞…，S＋V～

解説 まず③は論外。①の受身もあり得ない。②Doingでは「宿題をやりながら」というような意味にとられかねない。よって，④Having done を選ぶ。これなら，時の前後関係がはっきりする。

解答 ④ 「宿題をやって，私はやっとテレビを見ることができた」

例題 5

次の文の空所に入る最も適当なものを1つ選び，番号で答えよ。

Alice, (　　) where to find the book, asked her mother where it was.

① not to know　　　② never to know

③ with no knowledge　　④ not knowing

CHECK! Not + 分詞…, S + V～

解説 ①や②の不定詞では"目的"の意味にしかとれないので，文意が通らない。③では意味不明。④not knowingは，位置が文中ではあるが，分詞構文の否定形通りで，全く問題ない。

解答 ④「アリスは，どこにその本があるのかわからなくて，母親に場所を尋ねた」

例題 6

次の文の空所に入る最も適当なものを1つ選び，番号で答えよ。

(　　) in haste, the pamphlet has many misprints.

① Printing　　② Printed　　③ Be printed

CHECK! 〈～ed (過去分詞) …, S + V〉「(Sは)…されて，SはVする」

解説 意味上の主語はthe pamphlet。そこで「パンフレットが印刷される」という受動関係を押さえて，過去分詞のPrintedを選べばよい。

解答 ②「急いで印刷したので，そのパンフレットにはたくさんの誤植がある」

例題 7

次の文の空所に入る最も適当なものを1つ選び，番号で答えよ。

(　　) in an easy style, the new book is well adapted for beginners.

① Having written　　② Writing　　③ Written

④ To write

CHECK! 〈～ed (過去分詞) …, S + V～〉「(Sは)…されて，SはVする」

解説 意味上の主語はthe new bookだから，「本が書かれる」という受動関係でないとおかしい。正解は過去分詞のWritten。

解答 ③「やさしい文体で書かれているので，その新しい本は初心者

向きだ」

例題 8

次の文の空所に入る最も適当なものを1つ選び，番号で答えよ。

All things (　　), he did well.

  ① consideration   ② considered   ③ considering

  ④ to consider

CHECK! 分詞構文を用いた慣用句：all things considered「あらゆることを考慮すると」

解説 独立分詞構文の形。前のAll thingsが意味上の主語になるから，「すべてのことが考慮される」という受動関係が成立。したがって過去分詞のconsideredを入れる。

解答 ② 「あらゆることを考慮すると，彼はよくやった」

文法・語法 接続詞

ポイント

1 時に関する重要表現

●基本形●

(1) ～するとすぐに

① as soon as + S + V ～ = the moment + S + V ～「SがVするとすぐに」

② S + had hardly[scarcely] + 過去分詞～ when[before] S' + 過去形…
= S + had no sooner + 過去分詞～ than S' + 過去形…
「Sが～するとすぐにS'は…した」

(2) It will not be long before + S + V ～「まもなくSはVするだろう」
It was not long before + S + V ～「まもなくSはVした」

(3) by the time + S + V ～「SがVするまでに(は)」

(4) since + S + V ～「SがVして以来」

(5) once + S + V ～「いったんSがVすると」

例題 1

次の文の空所に入る最も適当なものを1つ選び，番号で答えよ。

We had hardly started (　) it began to rain.

① after　② since　③ as　④ before

CHECK! S + had hardly + 過去分詞～ before S' + 過去形…「Sが～するとすぐにS'は…した」

解説 hardlyと動詞の過去完了形に注目して，「～するとすぐに」の基本形に合わせてbeforeを入れればいい。

解答 ④ 「私たちが出発するとすぐに雨が降りだした」

例題 2

次の文の空所に入る最も適当なものを1つ選び，番号で答えよ。

It won't be long (　).

① before spring comes   ② that spring will come
③ till spring will come   ④ when spring comes

CHECK! It will not be long before + S + V〜「まもなくSはVするだろう」

解説 〈It will not be long before + S + V〜〉に当てはめるだけの問題。他の選択肢では意味がとれない。

解答 ① 「まもなく春がくるだろう」

例題3

次の文の空所に入る最も適当なものを1つ選び，番号で答えよ。

Luckily, I have never been ill (   ) poverty came in at my door.

① before   ② since   ③ when   ④ till

CHECK! since + S + V〜「SがVして以来」

解説 主節の動詞が現在完了，空所の後の動詞が過去形であることに注意。beforeやwhenやtillではこの時制の関係に矛盾してしまう。sinceなら"過去のある時以来現在まで"という関係でうまくつながる。

解答 ② 「幸いにも，家が貧乏になってから私は病気一つしていません」

2 理由に関する重要表現

●基本形●

(1) becauseのほかに，since, as も理由を表すことがある。

(2) not … because + S + V「〜だからといって…ではない」

(3) now that + S + V「今や(もう)〜なので」

例題1

次の文の空所に入る最も適当なものを1つ選び，番号で答えよ。

Don't give up (   ) it is difficult.

① at   ② because   ③ that   ④ so

CHECK! not … because + S + V「〜だからといって…ではない」

解説 atは前置詞だから論外。また，thatやsoでは前後がつながらない。そこでbecauseを使うのだが，ここでは前のnotと呼応して，「～だからといって…ではない」という意味になる。

解答 ②　「難しいからといってあきらめてはいけない」

例題2

次の文の空所に入る最も適当なものを1つ選び，番号で答えよ。

(　　) he was late, he could not take the test.

①　Though　　②　Regardless　　③　Due to　　④　Since

CHECK! 理由を表すsince

解説 regardlessとdue toは接続詞ではないからまず消去。またthough「～だけれども」では「遅れたけれどもテストを受けられなかった」となりおかしい。一方，sinceは「～以来」だけでなく「～なので」と理由を表すこともあるので，これが正解となる。

解答 ④　「彼は遅刻したのでテストを受けられなかった」

3　目的を表す重要表現

●基本形●

(1)　so that + S + may[can, will] + V～「～するように」

(2)　for fear (that) + S + V「～しないように・～するといけないから」

(3)　lest + S + (should) 原形「～しないように・～するといけないから」

(4)　in case + S + V「～の場合に備えて・～するといけないから」

例題1

次の文の空所に入る最も適当なものを1つ選び，番号で答えよ。

Albert hid the letter under the carpet (　　) they wouldn't find it.

①　that　　②　in order　　③　so that　　④　unless

CHECK! so that + S + will not + V～「～しないように」

解説 「手紙を隠した」のは「彼らが見つけないようにするため」だと考えるのが自然。そこで基本形通りにすればよい。so thatの構文では中で

使われる助動詞も一つの目安になる。なお，②は in order that となっていれば正解。

| 解 答 | ③ 「アルバートはその手紙を，彼らに見つからないようにじゅうたんの下に隠した」

例題 2

日本文とほぼ同じ意味になるように，空所に適当な語を入れよ。

彼らは立ち聞きされるといけないから低い声で話した。

They talked in low tones for (　　) they should be overheard.

CHECK! for fear (that) + S + V 「～するといけないから」

| 解 説 | 「～といけないから」という日本文から基本形を思い浮かべ，直前の for に注目して，〈for fear (that) + S + V〉の形にする。

| 解 答 | fear

4 結果を表す重要表現

●基本形●

(1)　so + 形容詞・副詞 + that S + V
　　①「とても…なので～する」(結果)
　　②「～するほど…」(程度)

(2)　such + 名詞 + that S + V
　　①「大変な…なので～する」(結果)
　　②「～するほどの…」(程度)

例題 1

次の文の下線部のうち誤っているものを 1 つ選び，番号で答えよ。

The boy looked ①very funny that ②I couldn't ③help laughing ④at him.

CHECK! so + 形容詞・副詞 + that S + V 「とても…なので～する」(結果)

| 解 説 | このままでは接続詞 that の働きが不明。①の very を so にして，〈so

111

＋形容詞・副詞＋that S ＋ V〉の基本形にすれば文意も通って解決。

| 解答 | ① 「その少年はとてもこっけいに見えたので，私は彼を笑わずにはいられなかった」

例題2

次の文の空所に入る最も適当なものを1つ選び，番号で答えよ。

It was (　　) a hard test that we did not have time to finish.

　　① so　　② great　　③ such　　④ much

CHECK! 　such ＋ 名詞 ＋ that S ＋ V「大変な…なので～する」(結果)

| 解説 | 後ろに接続詞thatがあるので，greatやmuchでは前後がつながらない。そこでsoかsuchだが，空所の直後がa hard testとなっていることに注意。soなら直後に形容詞・副詞がこないといけないので，ここでは不可。そこで〈such ＋ 名詞 ＋ that S ＋ V〉の基本形にする。

| 解答 | ③ 「非常に難しいテストだったので，私たちは最後までやる時間がなかった」

5　譲歩を表す重要表現

●基本形●

(1)　though[although] ＋ S ＋ V「～だけれども」

(2)　形容詞・副詞 ＋ as ＋ S ＋ V「～だけれども」　＊asの代わりにthoughを置くこともある。

(3)　even if[though] ＋ S ＋ V「たとえ～しても」　＊ifだけでもこの意味になることがある。

(4)　whether ＋ S ＋ V　＊or notとともに使われることがある。

　　① 「～しようとしまいと」(譲歩)

　　② 「～するかどうか」(名詞節)

(5)　while ＋ S ＋ V

　　① 「～する間」　　② 「～するけれども」　　③ 「一方～」

例題 1

(1)と(2)がほぼ同じ意味になるように，空所に適当な語を入れよ。

(1) In spite of his hard work, he remained poor.

(2) (　) he worked hard, he remained poor.

CHECK! though[although] + S + V「～だけれども」

解説 in spite of～は「～にもかかわらず」という意味の群前置詞。「懸命に仕事をしたにもかかわらず」ということは，「懸命に働いたけれども」とできる。したがって譲歩の接続詞 though または although を入れればよい。

解答 Though[Although] 「彼は懸命に働いたけれども，貧しいままだった」

例題 2

(1)と(2)がほぼ同じ意味になるように，空所に適当な語を入れよ。

(1) Her sorrow was very deep, but she became calm in the end.

(2) Deep (　) her sorrow was, she became calm in the end.

CHECK! 形容詞 + as + S + V「～だけれども」

解説 形容詞 deep が文頭に出ていることがポイント。(1)が「彼女の悲しみは深かったが～」となっていることも合わせて考えると，〈形容詞 + as + S + V〉の形に当てはめる以外にない。

解答 as 「彼女の悲しみは深かったけれども，結局は心が落ち着いた」

例題 3

空所に適当な語を入れよ。

You will have to do it, (　) you like it (　) not.

CHECK! whether + S + V + or not「～しようとしまいと」(譲歩)

解説 最後に not があることに注目。これは whether～or not の形にするしか使いようがない。そうすると「好もうと好むまいと，それをしなければならない」という意味になって文意が通る。

解答 whether, or 「好むと好まざるとにかかわらず，君はそれをしなければならない」

6 その他の注意すべき表現

●基本形●

(1) 命令文，and～「…しなさい。そうすれば～」

　　命令文，or～「…しなさい。さもなければ～」

(2) thatの重要な用法

　① 名詞＋that S＋V「～するという名詞」

　② in that S＋V「～という点において」「～なので」

　③ except that S＋V「～という点を除いて」

(3) unless S＋V「～でない限り」

(4) as[so] far as S＋V「～する範囲内では」⇒「～する限り」

　　as[so] long as S＋V「～する時間内では」⇒「～する限り」「～さえすれば」

(5) 接続詞asの注意すべき用法

　①「～しながら・するにつれて」

　②「～するように・～する通りに」

　③ as＋S＋be「Sのあるがままに」

例題 1

次の文の空所に入る最も適当なものを1つ選び，番号で答えよ。

(　　) I know, he is very intelligent.

　① As far as　② Although　③ If

CHECK! as far as S＋V「～する限り」

解説 althoughやifでは意味が通らない。as far as S＋Vにすれば「私の知る限り」となる。

解答 ① 「私の知る限り，彼はとても知的です」

例題 2

(1)と(2)がほぼ同じ意味になるように，空所に適当な語を入れよ。

(1) Hurry, or you will be late.

(2) (　　) you hurry, you will be late.

CHECK! 命令文，or～「…しなさい。さもなければ～」

unless S + V「〜でない限り」

解説 (1)は〈命令文，or〜〉の形。「…しなさい。さもなければ〜」ということは「…しない限り〜」と読み換え可能。したがってunlessを用いる。

解答 Unless 「急がないと遅れるよ」

例題3

空所に適当な語を入れよ。

The belief is commonly held (　　) cancer is incurable disease.

CHECK! 名詞 + that S + V「〜するという名詞」(同格のthat)

解説 主文「その考えは一般に広く信じられている」だけだと，独立した一文としては意味を成さない。The beliefという抽象名詞の内容を具体的に示す必要があり，そういう場合に同格のthatを用いて，「that以下の考え」として説明することができる。that以下の情報に大きな重点が置かれている場合，しばしば問題文のように同格節(that以下)が後置され，説明対象の名詞から離れて置かれる点に注意。

解答 that 「癌は治療不可能だという考えが一般に信じられている」

例題4

次の文の空所に入る最も適当なものを1つ選び，番号で答えよ。

Human beings differ from animals (　　) they can speak and laugh.

① in that ② so that ③ by which ④ for fear

CHECK! in that + S + V「〜という点において」「〜なので」

解説 so thatやfor fearの「目的」構文は明らかにおかしい。また，by whichは先行詞がないから不適。〈in that + S + V〉の形にすれば，「言葉を使い笑うという点で人間と動物は異なる」という意味になる。

解答 ① 「言葉を使い笑うという点で人間と動物は異なる」

例題5

次の文の空所に入る最も適当なものを1つ選び，番号で答えよ。

One of the basic concepts of architecture is the idea (　　) buildings should fit into their surroundings.

① by which ② that ③ of ④ and

CHECK! 〈名詞＋that＋S＋V〉「〜するという名詞」(同格のthat)

解説 同格のthatを使えば、「建物は周囲にとけ込むべきだという考え」となり、文意が通る。

解答 ② 「建築の基本概念の1つは、建物は周囲にとけ込むべきだという考えである」

例題6

次の文で誤りがあれば訂正せよ。

I don't care if we have to stand here all afternoon, as far as we get to see Princess Diana when she comes out.

CHECK! 〈as[so] long as＋S＋V〉「〜する時間内では」→「〜する限り」「〜しさえすれば」

解説 as far as we get to see 〜「〜が見える範囲内では」では不自然。「見えさえすれば、ずっと立っていなければならないとしてもかまわない」となるように、as long asを用いるのが正しい。

解答 as far as→as long as 「ダイアナ妃が出てきたときに見えさえすれば、私たちは午後ずっとここに立っていなければならないとしてもかまわない」

例題7

次の文の空所に入る最も適当なものを1つ選び、番号で答えよ。

As far as ( )、the cost of the repair is not my responsibility.

① my concerning ② I concern
③ I concern myself ④ I am concerned

CHECK! 〈as[so] far as＋S＋V〉「〜する範囲内では」→「〜する限り」

解説 as far as S is concerned「Sに関する限り」という慣用表現である。

解答 ④ 「私に関する限り、その修理代は払う必要はない」

例題 8

次の文の空所に入る最も適当なものを1つ選び，番号で答えよ。

He is as lazy as you are, (　　) he gets up a little earlier than you.

① and that ② except that ③ in that ④ on that

CHECK! 〈except that ＋S＋V〉「～という点を除いて」

解説 except that を選べば，「彼が君より少し早く起きるという点を除いて」となり，文意が通る。

解答 ② 「君より少し早起きだという点以外は，彼は君と同じくらい怠惰だ」

例題 9

次の英文の空所に適当な語を入れよ。

We are rarely able to see those who are very close to us (　　) they really are.

CHECK! 〈as＋S＋be〉「Sのあるがままに」

解説 as they really are は「ありのままに」という副詞節で，文の動詞 see を修飾している。

解答 as 「私たちは，自分の非常に身近な人たちをありのままに見ることがめったにできない」

例題 10

次の日本文とほぼ同じ意味になるように，空所に入る最も適当な語を選べ。

彼が私たちの申し出を拒否したことは，私たちには非常な驚きでした。

(　　) he refused our proposal was a real surprise to us.

① If ② That ③ What ④ Which

CHECK! that は名詞節を導いて，「～ということ」という意味を表す。

解説 文の構造を確認すると，he refused という S＋V があり，さらに動詞 was がある。このままでは was に対する主語がないので，空所に入るのは，proposal までを was の主語となる名詞節にまとめる働きをするものでなければならない。しがたって，名詞節を導く接続詞の that が正解。

117

関係代名詞whatも名詞節を導くが，ここではwhat (= the thing which, that which)自体の働き場がないので不適切。

解答　②

例題 11

次の文の空所に入る最も適当なものを1つ選び，番号で答えよ。

I never saw Brandon again, (　　) was a pity.

　① which　　② what　　③ whom　　④ who

CHECK!　S + V ～，which + V ～

解説　前に人名があるからといってwhoを選んではいけない。a pityは「残念なこと」だから，人間が主語ではおかしい。「二度と会わなかった」ことが残念だ，と考えて，主節の全部を先行詞にするwhichを選ぶ。

解答　①　「私はブランドンに二度と会わなかったが，それは残念なことだった」

例題 12

次の文の空所に入る最も適当なものを1つ選び，番号で答えよ。

(　　) is often the case with geniuses, he often forgets the day of the month.

　① Which　　② Such　　③ So　　④ As

CHECK!　as is often the case with ～「～にはよくあることだが」

解説　カンマをはさんで節が2つ並んでおり，前の文ではisの主語になるものが必要な点で，関係詞節が前に出て前の文を導いている形と判断できるので，①か④の選択になる。問題文の場合は関係代名詞asの非制限用法で，asは後ろの文he often forgets…を受け，「それはよくあることなのだが，」と，主節に短いコメントをつける働きをしている。この働きはas特有のものでwhichにはないものであると同時に，whichは前の文しか受けることが出来ないので文頭に出ているこのようなケースでは使用できない。

解答　④　「天才にはよくあることだが，彼はしょっちゅう日付を忘れる」

例題 13

次の文で誤りがあれば訂正せよ。

We should read such books that will help us.

CHECK! such + 名詞 + as (+ S) + V ～「(Sが)Vするような名詞」

解 説 先行詞にsuchがついているときの関係代名詞はas。なおsuch ～ that + S + Vの構文は，主として形容詞のついた名詞をsuchで強調し，従属接続詞that以下に結果を記して因果関係を表現するもので，問題文にはあてはまらない。

解 答 that → as 「私たちは自分の助けになるような本を読むべきだ」

文法・語法 関係詞

ポイント

1 関係代名詞の基本

●基本形●

(1) 主格 who, which, that

① 先行詞 + who/which/that + V〜

＊who は先行詞が「人」, which は先行詞が「人以外」, that は両方OK。

② 先行詞 + who/which/that + $\boxed{\text{S + V}}$ + V〜

③ 先行詞(+ that) + S + be

(2) 所有格 whose

先行詞 + whose + 名詞(+ S) + be

(3) 目的格 whom, which, that

① 先行詞 + whom/which/that + S + V〜

＊whom は先行詞が「人」, which は先行詞が「人以外」, that は両方OK。

② 先行詞 + S + V〜 ＊①の関係代名詞を省略した形。

③ 先行詞 + 前置詞 + whom/which + S + V〜

④ 先行詞 + 名詞 + 前置詞 + whom/which(+ S) + V〜

◆主格の注意点

主格の関係代名詞は, 自分自身のまとめる節の中で主語(S)として働く。単純な形なら問題はないが, 基本形(1)の②では関係代名詞が $\boxed{\text{S + V}}$ の後の V に対する主語になることに注意。この場合, $\boxed{\text{S + V}}$ の V には「思う・言う」の類の動詞が来ることが多い。また, ③のように関係代名詞が主格補語として働くときは, that を用いる。

He came with a girl <u>who</u> $\boxed{\text{he said}}$ was his cousin.

(彼は自分のいとこだという女の子と一緒に来ました)

I got a totally false impression of the sort of man (<u>that</u>) he is.

(私は彼の人柄について全く誤った印象を持ってしまった)

◆所有格の注意点

所有格whoseについては，"whose＋名詞"でセットになることが大切で，このセットが主語や目的語などの働きをすることになる。

This book is intended for the people <u>whose</u> *mother tongue* is not English.

(この本は英語を母国語としない人々向けである)

◆目的格の注意点

目的格の関係代名詞は，他動詞の目的語として働く場合と，前置詞の目的語として働く場合の，大きく2つに分かれる。そして，前置詞の目的語になるときは，関係代名詞を節の先頭に出す場合，"前置詞＋関係代名詞"をセットにして先頭に出す場合，"名詞＋前置詞＋関係代名詞"をセットにして先頭に出す場合の3つのケースがある。

This is the office (<u>which</u>) he works *in*.

This is the office *in* <u>which</u> he works.

(ここは彼が勤めている会社です)

His room is lined with books, *none of* which he has read.

(彼の部屋には本が並んでいるが，彼はまだ一冊も読んでいない)

例題 1

次の文の空所に入る最も適当なものを1つ選び，番号で答えよ。

The guide (　　) was only ten years old.

① who took there 　　② who took us there

③ he took us there 　　④ took us there

CHECK! 先行詞(人)＋who＋V～

解 説 まず④を入れると，1つの英文に"つなぎの言葉"がなく，Vも2つ(tookとwas)あるという最悪の間違いになる。③はheとThe guideとがつながらず不可。①はtookの目的語がないのでダメ。②は基本形通りで「私たちをそこへ連れて行ったガイド」となる。

解 答 ② 「私たちをそこへ連れて行ったガイドはたった10歳だった」

121

例題 2

次の文の空所に入る最も適当なものを1つ選び，番号で答えよ。

The man (　　) wallet was stolen is a teacher.

① which　　② who　　③ whose　　④ whom

CHECK! 先行詞 + whose + 名詞 + V〜

解説 which や who や whom では，これらの働き場がないし，直後の wallet が単数・無冠詞なのもおかしい。whose を入れれば whose wallet がセットで S，was stolen が V となって問題ない。

解答 ③ 「財布を盗まれた男性は教師です」

例題 3

次の文の空所に入る最も適当なものを1つ選び，番号で答えよ。

This is Mr. Tanaka, (　　) you met last year.

① that　　② what　　③ which　　④ whom

CHECK! 先行詞 (人) + whom + S + V〜

解説 空所の後を見ると他動詞 met があるがその目的語がない。ということは空所に目的格を入れれば基本形に当てはまる。先行詞は人だから，whom が正解。なお，直前にコンマがあるので that は不可。

解答 ④ 「こちらは田中さんです。あなたは去年会っていますよ」

例題 4

次の文の空所に入る最も適当なものを1つ選び，番号で答えよ。

He is a famous novelist, about (　　) many books have been published.

① who　　② whom　　③ whose　　④ that

CHECK! 先行詞 (人) + 前置詞 + whom + S + V〜

解説 空所の直前にある前置詞 about の目的語が必要だから，who と that は消える。whose を入れると whose many books がセットとなるが，これを about の目的語とすると S がなくなってしまう。結局，目的格の whom を入れれば基本形通りで完成する。

解答 ② 「彼は有名な小説家で，彼について数多くの本が出版されている」

122

例題 5

次の文の下線部のうち誤っているものを1つ選び，番号で答えよ。

There are many ①species of wild flowers in North America, ②most of ③such smell ④very sweet.

CHECK! 先行詞(人以外)+名詞+前置詞+which(+S)+V〜

解説 このままでは2組のS+Vが"つなぎの言葉"もなく並んでいる。文意から考えて，such は wild flowers を指したいのだろうから，これを関係代名詞の which にしてやれば，前後がつながる。

解答 ③ 「北アメリカには多くの種の野生の花があり，その大部分はとても甘い香りがする」

例題 6

次の文の空所に入る最も適当なものを1つ選び，番号で答えよ。

He made a list of all the scientists (　　) he thought were important in the nineteenth century.

① who ② whom ③ whose ④ what

CHECK! 先行詞(人)+who+S+V〜

解説 空所の後にS+Vが見えているので，うっかりすると目的格の whom を選んでしまいがちなので注意。空所の後の構造を確認する。まず he thought というS+Vがあり，さらに動詞の were がある。このままでは were に対する主語がないので，主格の関係代名詞 who を入れ，基本形に合っていることを確かめればいい。what では意味をなさない。

解答 ① 「彼は19世紀において重要だと思われるすべての科学者の一覧表を作った」

例題 7

次の文の空所に入る最も適当なものを1つ選び，番号で答えよ。

The girl (　　) used to work for our company.

① you were talking to ② you were talking
③ who were talking to ④ whom you were talking

CHECK! 先行詞(人)+S+V〜 ＊関係代名詞の省略

解説 まず③はwhoが働き場を失っており，前置詞toの目的語もないから論外。残り3つの比較では，talkが自動詞であること，すなわち目的語をとらないことを出発点にして，そこから考えられるかがポイント。よって，②④は基本形に合わない。①は前置詞toの目的語がないように見えることが，目的格whomの省略を教えてくれる合図となる。

解答 ① 「あなたが話をしていた女性は，以前私たちの会社で働いていました」

2　関係副詞

●基本形●

(1) 時を表す名詞 + when + S + V～

(2) 場所を表す名詞 + where + S + V～

(3) the reason why + S + V「SがVする理由」

(4) how + S + V～ = the way (in which/that) + S + V
「SがVする方法」

◆関係副詞は副詞

　関係副詞によってまとめられる節が，先行詞に対する修飾語または補足説明になるという点は，関係代名詞と共通している。しかし，関係副詞は，その名が表すように副詞として働くことを忘れないこと。これは見方を変えれば，関係副詞の後に続くS + Vのところは文法的に欠けるところがない，ということになる。

I remember the house <u>where</u> I was born.

(私は自分の生まれた家を覚えている)

The day <u>when</u> we arrived was a holiday.

(我々が到着した日は休日だった)

例題1

次の文の空所に入る最も適当なものを1つ選び，番号で答えよ。

I would like to be a school teacher in the village (　　) I was born.

① that　② what　③ where　④ which

124

CHECK! 場所を表す名詞 + where + S + V～

解説 空所の後のI was bornには文法的に何も欠けるところがないから，関係代名詞を入れることはできない。そこで，直前の名詞villageは"場所を表す名詞"と考えられるので，関係副詞whereを選ぶ。I was born there.という文のthereが関係副詞のwhereに変わって前に出たものと見ればよい。

解答 ③ 「私は自分が生まれた村の教師になりたい」

例題 2

次の文の空所に入る最も適当なものを1つ選び，番号で答えよ。

Los Angels is one of the places (　　) I'd like to visit.

① where　　② which　　③ on which　　④ to which

CHECK! 関係副詞は"副詞"
関係代名詞は"代名詞"

解説 直前のplacesを見てwhereを選び，「私が訪れたい場所」と訳して何の疑問も抱かないようではまだ理解不足。空所の後のvisitは他動詞だから，関係副詞を入れるとvisitの目的語がないままになってしまう。つまり，visitの目的語になるものを入れなければならないので，目的格の関係代名詞whichが正解。

解答 ② 「ロサンゼルスは私の行きたい場所の1つです」

例題 3

日本文とほぼ同じ意味になるように，空所に適当な語を入れよ。
ここではそんなやり方はしません。

This is not (　　) (　　) we do things here.

CHECK! the way + S + V～「SがVする方法」

解説 与えられた日本文と英文の形から，「これは私たちがここで物事をするやり方ではない」と考える。空所が1つならhowだが，ここでは2つなのでthe wayを入れれば基本形通り。

解答 the, way

125

3　what

●基本形●

(1)　what + V～「Vするもの〔こと〕」　＊whatはSとして働く。

(2)　what + S + V～「SがVするもの〔こと〕」

　＊whatはV～のところに出てくる他動詞の目的語，前置詞の目的語，あるいは補語として働く。

(3)　関係形容詞

　what + 名詞(+ S) + V～「(Sが)Vするすべての名詞」　＊"what + 名詞"がSやOなどになる。

◆名詞節をまとめるwhat

　whatは，これまでの関係詞とは少し毛色が違う。それは，whatによってまとめられるかたまりが全体で1個の名詞と同じ働きをする点である。そして関係代名詞の場合はwhat自身が，関係形容詞の場合は"what + 名詞"が，その節の中で名詞として働くのである。

　What they told you is different from what they told me yesterday.

　(彼らが君に言ったことは，昨日私に言ったことと違う)

　He has made me what I am.　(今の私があるのは彼のおかげです)

　I use what little space there is.

　(私はわずかなスペースをすべて使っている)

　例題1

次の文の空所に入る最も適当なものを1つ選び，番号で答えよ。

(　　) seems easy at first often turns out to be difficult.

　①　It　　②　That　　③　What　　④　Which

　CHECK!　what + V～「Vするもの〔こと〕」

解説　whatを「もの・こと」と読むだけで処理していると，特に接続詞のthatとの区別が曖昧になる。この問題では，まず空所直後の動詞seemsに対する主語が必要であり，次に，その後にあるturns (out) に対する主語もなければならない。この2つの条件を満たすのはwhatしかない。接続詞thatは名詞節をまとめるだけで，節の中では何もしない。

126

解答 ③ 「最初は簡単に見えることが後で難しいとわかることがよくある」

例題 2

次の文の空所に入る最も適当なものを1つ選び，番号で答えよ。

This conclusion is based on a misunderstanding (　　) makes people good.

① about what　② all that　③ that which　④ to whom

CHECK! what + V〜「Vするもの〔こと〕」

解説 空所の直後だけを見ていると all that, that which もあり得るが，これでは all や that がこの文の中で働かない。about what ならば，what 〜 good が名詞節で前置詞 about の目的語となり，what 自身は makes の主語になるので，すべての語が働きを持つことになり，①が正解。

解答 ① 「この結論は，人々をよくするものについての誤解に基づいている」

例題 3

次の文の空所に入る最も適当なものを1つ選び，番号で答えよ。

The facts of nature are (　　) they are, but we can only view them through spectacles of our mind.

① so　② which　③ what　④ that

CHECK! what + S + V〜「SがVするもの〔こと〕」

解説 文意をとって考えようとすると非常に難しい問題。こんなときこそ形にこだわることが大切。まず，前の are に続く補語が必要であること，次に，後の動詞が are だから，この補語もないといけないこと，この2つを同時に解決してくれるものは何かと考える。すると what 以外ではどちらか一方しかやってくれないのに対し，what を入れると，what they are 全体が名詞節で前の are に続く補語となり，what 自身は they are という S + V に対する補語として働いてくれる。

解答 ③ 「自然の事実はその通りの姿であるが，我々は自分の心の色眼鏡を通してしかそれを見られない」

4 注意すべき as, which の用法

●基本形●

(1) as

① such + 名詞 + as(+ S) + V ～「(S が) V するような名詞」

② the same + 名詞 + as[that](+ S) + V ～「(S が) V するのと同じ名詞」

③ as is often the case with ～「～にはよくあることだが」

＊ as は主節の全部または一部を先行詞にする関係代名詞。

(2) which

主節の全部または一部を先行詞にする関係代名詞。

⇒ S + V ～, which (+ S) + V ～

◆ as の使いどころ

先行詞に such, the same がつくと，関係代名詞 as が用いられる。The same の場合，as を使うと同種のものを表し，that を使うと同一のものを表すと言われるが，実際にはそれほど厳密な区別はない。

I have never heard such stories as he tells.

(彼が言うような話は聞いたことがない)

This is the same watch as I lost.

(これは私がなくしたのと同じ時計だ)

また，as には主節の全部または一部を先行詞にする用法がある。

As is usual with old people, my grandfather gets up very early.

(老人には珍しくないことだが，私の祖父はとても早起きだ)

As is often the case with students, they borrow each other's notebooks.

(学生には良くあることだが，彼らはノートの貸し借りをしている)

◆コンマの後の which には要注意

関係代名詞の which がコンマの後に置かれて，主節の全部または一部を先行詞にする場合がある。as にも同様の用法があるが，as は位置が比較的自由で挿入的に用いられるのに対し，which は必ず主節の後という特徴がある。また，この which が関係形容詞として用いられることもあ

る。

I tried to get out of the business, <u>which</u> I found impossible.
(私は仕事をやめようとしたが，それは不可能だとわかった)
I was told to go there not by train but on foot, <u>which</u> advice I followed.
(私は列車でなく徒歩で行くように言われ，その忠告にしたがった)

例題 1

次の文の空所に入る最も適当なものを1つ選び，番号で答えよ。
There are few places downtown for parking, (　　) is really a problem.
　① what　　② where　　③ which　　④ who
CHECK!　　S＋V〜，which＋V〜

解 説　空所の直後が動詞isなので主格の関係代名詞を入れることになるが，whatではこれを導く名詞節の働き場がなく，whoは前に人を表す名詞がないのでいずれも無理。結局whichが正解で，このwhichは主節全部を先行詞としている。

解 答　③　「繁華街には駐車する場所が少なく，これは本当に問題だ」

例題 2

次の文の空所に入る最も適当なものを1つ選び，番号で答えよ。
(　　) is usual with young people nowadays, he can't do without comics.
　① Such　　② As　　③ Like　　④ So
CHECK!　　as is usual with〜「〜には普通のことだが」

解 説　コンマをはさんで2組S＋Vがあるから"つなぎ言葉"が必要で，しかもisの主語になるものだから，関係代名詞のas以外にない。とはいえ，as is usual with〜を知っていれば苦もなく正解が得られる。

解 答　②　「近ごろの若者には普通のことだが，彼はマンガなしではやっていけない」

129

文法・語法　前置詞

ポイント

1　基本前置詞の重要用法

●基本形●

(1)　at

　①　at＋場所の一点　　②　at＋時の一点　　③　at＋数値の一点

(2)　by

　①　by＋差を表す数量

　　　by＋期限を表す日時

　②　(a)　by＋無冠詞の名詞／by＋～ing／「つかむ・引っ張る」の類
　　　　　のV＋O＋by the＋Oの一部分

　　　(b)　by the＋単位

(3)　for

　①　方向・利益・賛成

　②　(a)　目的・追求・交換，代理・代用，対応

　　　(b)　「～として(は)・～の割には」⇒for all～

　③　理由　　④　期間

(4)　from

　①　起点⇒出所・期限，原因，材料　　②　分離⇒区別・相違

(5)　in

　①　(a)　in＋広がりのある場　　(b)　in＋衣類　　(c)　in＋方角

　②　(a)　in＋幅のある時間　　(b)　in＋所要時間・経過時間

(6)　of

　①　(a)　位置の分離⇒within＋距離・時間＋of～

　　　(b)　除去・剥奪　　(c)　出所・起源⇒構成要素

　②　(a)　主格　　(b)　所有格⇒所属・部分

　③　目的格　　④　同格

(7)　on

130

① (a) 接触 (b) 支点・支え (c) 依存
(d) 根拠・基礎 (e) 継続(状態)・進行(状態)

② (a) on＋日⇒on＋特定の日の朝昼晩
(b) 「～すると(すぐに)」

(8) to
① 到達(地点) ② 結果⇒to one's＋感情を表す名詞
③ 程度・範囲 ④ 付着 ⑤ 一致・符合

(9) with
① (a) 所有・携帯 (b) 道具⇒with all～ (c) 同伴
(d) 同時 (e) 付帯状況⇒with＋X＋Y
(f) 原因・理由
② (a) 関係・関連 (b) 結合 (c) 調和 (d) 相手

例題 1

次の文の空所に入る最も適当なものを1つ選び，番号で答えよ。

There is a picture (　　) the wall.

① above ② over ③ on ④ up

CHECK! "接触"のon

解説 「壁に絵がかかっている」と考えるしかない。これは「絵」と「壁」が"接触"していることになる。したがって"接触"のonを用いればよい。

解答 ③ 「壁に絵が掛かっている」

例題 2

次の文の空所に入る最も適当なものを1つ選び，番号で答えよ。

The soldiers threw down their arms and ran away (　　) all directions.

① to ② in ③ for ④ through

CHECK! "方角"のin

解説 空所の後のdirectionsという名詞に注目して，"方角"のinを入れる。

解答 ② 「兵士たちは武器を捨ててちりぢりばらばらに逃げた」

例題 3

次の文の空所に入る最も適当なものを1つ選び，番号で答えよ。

What were you doing (　　) about 6 yesterday?

① at　② for　③ on　④ to

CHECK! "時の一点"のat

解説 空所の後の6は「6時」以外には考えられない。そこで「6時(ごろ)に」という時刻を言うのだから，"時の一点"を表すatが正解。

解答 ①「昨日の6時頃は何をしていましたか」

例題 4

次の文の空所に入る最も適当なものを1つ選び，番号で答えよ。

What are you going to do (　　) Saturday evening?

① at　② into　③ on　④ in

CHECK! 特定の日の朝昼晩につくon

解説 「土曜の午後には」とすればいい。単なるeveningだったらin the eveningとなるが，Saturdayという修飾語がついているのでinは使えない。基本的だが非常によく問われるところ。

解答 ③「土曜の午後には何をするつもりですか」

例題 5

次の文の空所に入る最も適当なものを1つ選び，番号で答えよ。

That bus will get her to Osaka (　　) five hours.

① at　② for　③ in　④ with

CHECK! "経過時間・所要時間"のin

解説 空所の後がfive hoursなので，atやwithはあり得ない。forを入れると"期間"を表すことになるが，これでは文意が通らない。inを入れれば「5時間後に」となって文意が通る。

解答 ③「そのバスに乗れば彼女は5時間後には大阪に着くだろう」

例題 6

あとの文の空所に入る最も適当なものを1つ選び，番号で答えよ。

He bought a new camera (　　) twenty thousand yen.

　① by　　② for　　③ in　　④ with

CHECK! "交換" の for

解説 「2万円でカメラを買った」とは，「2万円」と「カメラ」を "交換" したということ。よって，"交換" の for が正解。

解答 ②　「彼は新しいカメラを2万円で買った」

例題 7

次の文の空所に入る最も適当なものを1つ選び，番号で答えよ。

Mary is older than her sister (　　) five years.

　① for　　② in　　③ by　　④ above

CHECK! "差" の by

解説 文意から考えて，空所の後の five years は Mary と her sister の年齢の "差" だと考えるのが自然。よって，"差" を表す by が正解。

解答 ③　「メアリーは妹より5歳年上です」

例題 8

次の文の空所に入る最も適当なものを1つ選び，番号で答えよ。

Isn't it cold (　　) this season right now?

　① to　　② in　　③ for　　④ of

CHECK! 「～としては・～の割には」の for

解説 空所の後が season だからといって in を入れてはダメ。これでは文意が通らない。for this season とすると「この季節にしては」となって正解。

解答 ③　「今この季節にしては寒くありませんか」

例題 9

次の文の空所に入る最も適当なものを1つ選び，番号で答えよ。

(　　) my surprise, no one knew the result.

　① To　　② With　　③ At　　④ For

CHECK! to one's + 感情を表す名詞「…が～したことには」

解説 空所の後の my surprise を見て〈to one's ＋ 感情を表す名詞〉の形に当てはめ，「私が驚いたことに」とすればよい。

解答 ① 「驚いたことに，誰もその結果を知らなかった」

例題 10

次の文の空所に入る最も適当なものを1つ選び，番号で答えよ。

A lady (　　) a white dress attended the party.

 ① with ② in ③ at ④ on

CHECK!👈 "着用" の in

解説 空所の後の dress に注目して "着用" の in を用いれば，「白いドレスを着た女性」という自然な意味になる。

解答 ② 「白いドレスを着た女性がパーティに出席した」

例題 11

次の文の空所に入る最も適当なものを1つ選び，番号で答えよ。

This color is not (　　) my taste.

 ① like ② with ③ to ④ on

CHECK!👈 "一致・符合" の to

解説 taste に「趣味・好み」という意味があることを知っていれば，正解を得るのは難しくない。「この色」と「私の趣味」がどういう関係にあると言いたいのか考えればよい。"一致・符合" の to を入れて「私の趣味に合わない」とすれば解決。

解答 ③ 「この色は私の趣味に合わない」

例題 12

次の文の空所に入る最も適当なものを1つ選び，番号で答えよ。

Don't speak (　　) your mouth full when you are at the table.

 ① for ② in ③ to ④ with

CHECK!👈 "付帯状況" の with：with ＋ X ＋ Y「X が Y の状態で」

解説 空所の後が〈名詞 ＋ 形容詞〉という語順になっていることに注意。for, in, to ではこの語順の説明がつかないし，文意も通らない。your mouth full のところに「口がいっぱいだ」という"主語＋述語"の関係があることを確認し，〈with＋X＋Y〉の形に当てはめると，「口が(食べ物で)いっぱいの状態で」と読める。

解答 ④ 「食事をしているとき，口にものを入れたまましゃべってはいけません」

例題 13
次の文の空所に入る最も適当なものを1つ選び，番号で答えよ。
They sell meat (　) kilo at the shop.
　① by the　② with a　③ at a　④ for the
CHECK! by the＋単位を表す語「〜単位で」

解説 kilo が"単位を表す語"であることに注目して，〈by the＋単位を表す語〉の形に当てはめる。

解答 ① 「その店では1キロいくらで肉を売っている」

2　注意すべき前置詞の用法

●基本形●

(1) above 〜ing「〜するには高潔すぎる・〜するのを恥とする」

(2) against
　① 「〜に逆らって」　　② 「〜に反対して」⇔for「〜に賛成して」
　③ 「〜によりかかって」　④ 「〜を背景として」

(3) among
　① 「3つ以上のものの間に」　＊between「2者間」
　② 「〜の中の1つ」

(4) beside「〜のそばに」と besides「〜に加えて」の区別

(5) beyond「〜の能力・限界を超えて」

(6) but＝except「〜を除いて」

(7) during＋特定の期間　＊for＋時の長さを表す語

(8) into＋"変化"を表す語

(9) over＋飲食物「〜を食べながら・飲みながら」

(10)　through
　　①　媒介・手段　　②　原因・理由　　③「～を終えて」
(11)　until, till「～までずっと」(継続)　＊by「～までに」(期限)

例題 1

次の文で誤りがあれば訂正せよ。

John will have finished his work until then.

CHECK!　"継続"のuntil, "期限"のby

解説　「終える」と言っておきながら，until then「その時までずっと」はおかしい。「終える」という行為が"継続"するわけがないからだ。ここはuntilではなく"期限"のbyを用いて「その時までに(は)」としなければならない。

解答　until→by　「ジョンはその時までには仕事を終えているだろう」

例題 2

次の文の空所に入る最も適当なものを1つ選び，番号で答えよ。

Strawberries are made (　) jam.

　　①　of　　②　in　　③　from　　④　into

CHECK!　"変化"のinto

解説　まず，inは全く意味をなさない。また"構成要素"のofや"材料"のfromも明らかにおかしい。ここではイチゴがジャムになる，すなわち"変化"するのだから，intoが正しい。

解答　④　「イチゴは加工されてジャムになる」

例題 3

次の文の空所に入る最も適当なものを1つ選び，番号で答えよ。

The sight was beautiful (　) description.

　　①　across　　②　behind　　③　beyond　　④　over

CHECK!　beyond「～の能力・限界を超えて」

解説　descriptionは「記述・描写・表現」という意味。across, behind, overでは意味が取れないのに対し，beyondを入れれば，「描写の限界を

超えている」→「とても言い表せない，筆舌に尽くしがたい」となって文
意が通る。

解答 ③ 「その光景は言葉にできないほど美しかった」

例題 4

次の文の空所に入る最も適当なものを1つ選び，番号で答えよ。

We were waiting for him (　) a cup of coffee.

　　① to　　② on　　③ at　　④ over

CHECK! over＋飲食物「～を食べながら・飲みながら」

解説 空所の後の「コーヒー」に着目して，〈over＋飲食物〉の形に当て
はめる。「コーヒーを飲みながら待っていた」と解釈できればOK。

解答 ④ 「私たちはコーヒーを飲みながら彼を待っていた」

例題 5

次の文の空所に入る最も適当なものを1つ選び，番号で答えよ。

Such an honest man is (　) telling lies.

　　① above　　② over　　③ past　　④ without

CHECK! above ～ing「～するには高潔すぎる・～するのを恥とする」

解説 空所の後が～ingであることに注意。overやpastはこの形をとら
ない。残る2つだが，withoutでは「嘘をつくことなしに」で，それでど
うなのかわからないから不可。よってabove ～ingの形にするのが正解。
above ～ingは，人格がその行為をする程度を超越しているということ。

解答 ① 「ああいう正直な人は決して嘘をつかない」

例題 6

次の文の空所に入る最も適当なものを1つ選び，番号で答えよ。

I'm (　) people driving big cars.

　　① sorry　　② about　　③ against　　④ afraid that

CHECK! "反対" のagainst

解説 sorryやafraid thatは後がS＋V構造になっていなければならな
いので選べない。また，aboutでは何のことかさっぱりわからない。残

るはagainstだが，ここではdrivingを動名詞と見ることがポイント。すると peopleはdrivingの意味上の主語となり，全体で前置詞againstの目的語として働く。「人々が大きい車を運転することに反対である」という意味で，これが正解。

解答 ③ 「私は人々が大きい車を運転するのには反対だ」

例題7

次の文の空所に入る最も適当なものを1つ選び，番号で答えよ。

(　　) this time next year he will have returned from Kuwait.

① By　② Through　③ To　④ Until

CHECK! by「〜までに」(期限)

解説 ByかUntilのどちらかだが，「戻る」という行為を"継続"することはできないからUntilは使えない。"期限"のByを用いて「来年の今頃までには戻っているだろう」とする。

解答 ① 「来年の今頃までには，彼はクウェートから戻ってきているだろう」

例題8

次の文の空所に入る最も適当なものを1つ選び，番号で答えよ。

The accident was (　　) her control.

① with　② over　③ behind　④ beyond

CHECK! beyond「〜の能力・限界を超えて」

解説 beyondを入れて，「彼女が制御できる限界を超えていた」とする。

解答 ④ 「その事故は彼女には防ぎようがなかった」

例題9

(1)と(2)がほぼ同じ意味になるように，空所に適当な語を入れよ。

(1)　The supermarket is open all days except Sunday.

(2)　The supermarket is open Monday (　　) Saturday.

CHECK! except「〜を除いて」/ (from) A through B「AからBまで」

解説 (1)「そのスーパーは日曜以外は毎日開いている」から，(2)「その

138

スーパーは月曜から土曜まで開いている」とすればよい。「AからBまで」という言い方には，from A to B, from A till B, from A through Bなどがあるが，このうち，fromを省略できるのは，from A through Bの形のみ。

解答 through 「(1) そのスーパーは日曜以外は毎日開いている。」「(2) そのスーパーは月曜から土曜まで開いている」

例題 10

次の文の空所に入る最も適当なものを1つ選び，番号で答えよ。

Water turns (　) ice at 32° F.

① into　② off　③ out　④ up

CHECK! into +“変化”を表す語

解説 水が氷に“変化”するのだから，intoが適切である。

解答 ① 「水は華氏32度で氷になる」

例題 11

次の文の空所に入る最も適当なものを1つ選び，番号で答えよ。

She is (　) cheating in examinations.

① above　② over　③ under　④ up

CHECK! above ～ing「～するには高潔すぎる・～するのを恥とする」

解説 〈above ～ing〉の形にすれば，「彼女はカンニングをするような人ではない」となり，文意が通る。

解答 ① 「彼女は試験でカンニングをするような人ではない」

例題 12

(1)と(2)がほぼ同じ意味になるように，空所に適当な語を入れよ。

(1) Are you in favor of the policy or not?

(2) Are you (　) or (　) the policy?

CHECK! for「～に賛成して」⇔against「～に反対して」

解説 in favor of～は「～を支持して・～に賛成して」という意味。したがって，“賛成”のforと“反対”のagainstを入れればよい。

解答 for, against 「あなたはその政策に賛成ですか, 反対ですか」

3 群前置詞

●基本形●

according to「～にしたがって・～に応じて・～によれば」／apart from, aside from「～は別として・～はさておき」／as for「～に関しては」／as to「～について」(≒about)／at the cost[expense, price] of「～を犠牲にして」／at the risk of「～の危険を冒して」／because of, on account of, owing to, due to「～のために」(原因・理由)／by means of「～によって」／for the purpose of, with a view to「～のために」(目的)／in addition to「～に加えて」(= besides)／in case of「～の場合には・～の場合に備えて」／in favor of「～に賛成して・～を指示して」／in spite of「～にもかかわらず」(= despite)／instead of「～しないで・～の代わりに」／in the face of「～に直面して・～をものともせず」／on behalf of「～に代わって・～を代表して・～のために」／regardless of「～に関係なく」／up to「～に達して・～の責任で」

例題 1

次の文の空所に入る最も適当なものを1つ選び, 番号で答えよ。

I don't think her grammar is (　) standard.

①　beyond　　②　on to　　③　under　　④　up to

CHECK! up to「～に達して」

解説 日本語のレベルで考えるとbeyondやunderなどでもよさそうな気がするが, 残念ながらstandardとの相性が悪くて入れられない。また, on to「～の上へ」は空間的な意味でしか使われない。結局up toを入れて「標準に達している」とするのが正しい。

解答 ④ 「彼女の文法の力は標準に達しているとは思わない」

例題 2

次の文の空所に入る最も適当なものを1つ選び, 番号で答えよ。

(　) the team the captain accepted the trophy made of silver.

① On account of　　② Because of　　③ On behalf of

CHECK! on behalf of「〜を代表して」

解説 on account of, because of はともに"原因・理由"を表すから，この場面では無理。on behalf of なら「チームを代表して…」と文意が通る。

解答 ③ 「チームを代表してキャプテンが銀製のトロフィーを受け取った」

例題 3

次の文の空所に入る最も適当なものを1つ選び，番号で答えよ。

All gases accelerating the greenhouse effect are believed (　　) human activities.

① due to　　② to be　　③ being　　④ instead of

CHECK! due to「〜のために」(原因・理由)

解説 ③は文法的に不可。②を入れると「気体が人間の活動である」となって意味不明。また instead of「〜の代わりに」も文意が通らない。「人間の活動が原因」となるように due to を選ぶ。

解答 ① 「温室効果を加速しているすべての気体は人間の活動が原因だと信じられている」

例題 4

次の文の空所に入る最も適当なものを1つ選び，番号で答えよ。

In the Japanese educational system, students are encouraged to do group projects at the (　　) of individual achievement.

① expense　　② defect　　③ neglect　　④ disregard

⑤ risk

CHECK! at the expense of「〜を犠牲にして」

解説 形から①か⑤にしぼられるが，individual achievement は危険なものではないから risk は選べない。expense を入れて「個人の目標達成を犠牲にして」としてやればよい。

解答 ① 「日本の教育制度では，学生は個人の目標達成を犠牲にして集団の計画を実行するよう促される」

141

例題 5

次の文の空所に入る最も適当なものを 1 つ選び，番号で答えよ。

He always did well at school (　　) having his early education interrupted by illness.

① on account of 　　② in spite of

③ in addition to 　　④ even though

CHECK! 　in spite of「～にもかかわらず」

解説 「学校の成績がいい」ことと「初期の教育を中断された」ことは明らかに逆接の関係だから，in spite of がぴったり。

解答 ② 「彼は幼いころ，勉強を病気で中断しなければならなかったにもかかわらず，いつも学校の成績がよかった」

例題 6

次の文の空所に入る最も適当なものを 1 つ選び，番号で答えよ。

He came to inspect the house (　　) buying it.

① in the event of 　　② with a view to

③ with reference to 　　④ on account of

CHECK! 　with a view to「～のために」(目的)

解説 「家を調べに来た」というのだから，with a view to を入れて，「買う目的で」とすればよい。なお，in the event of は「(万一)～の場合には」，with reference to は「～に関して」という意味。

解答 ② 「彼はその家を買う目的で調べに来た」

例題 7

次の文の空所に入る最も適当なものを 1 つ選び，番号で答えよ。

A young man who has failed his exam (　　) laziness has asked me to give him some advice.

① according to 　　② on account of

③ at the same time 　　④ instead of

CHECK! 　on account of「～のために」(原因・理由)

解説 「怠惰」は「試験に落ちた」ことの"原因・理由"であるから，on

account ofを選ぶ。

解答 ② 「怠けていて試験に落ちた青年が私に助言を求めてきた」

例題 8

次の文の空所に入る最も適当なものを1つ選び，番号で答えよ。

Go out and have a good time once in a while (　　) just studying all the time.

① instead of　　② in spite of　　③ in case of　　④ despite

CHECK! instead of「～しないで・～の代わりに」

解説 「外へ出て楽しむ」ことと「ずっと勉強ばかりする」ことは同時にはできない。このように，両立不可能な2つの事柄の一方について「～しないで」というときには，instead ofを用いる。

解答 ① 「いつも勉強ばかりしていないで，ときどき外出して楽しみなさい」

例題 9

次の文の空所に入る最も適当なものを1つ選び，番号で答えよ。

(　　) taking the regular tests we have to hand in a long essay.

① Above all　　② As well　　③ Behind　　④ In addition to

CHECK! in addition to「～に加えて」(= besides)

解説 ①と②は副詞なので，taking以下とつながらないから不可。また，Behindでは意味をなさない。In addition toを選んで，「定期の試験を受けることに加えて論文も提出しなければならない」とする。

解答 ④ 「私たちは，定期試験を受けることに加えて，論文も提出しなければならない」

例題 10

次の文の空所に入る最も適当なものを1つ選び，番号で答えよ。

Any child has the right to an education (　　) creed, race, or nationality.

① apart from　　② in the face of　　③ regardless of

CHECK! regardless of「〜に関係なく」

解説 regardless ofを入れて,「信条, 人種, 国籍に関係なく, 教育を受ける権利がある」とするのが自然。

解答 ③ 「どんな子供も, 信条, 人種, 国籍に関係なく教育を受ける権利がある」

例題 11

次の文の空所に入る最も適当なものを1つ選び, 番号で答えよ。

( ) his parents, nobody would defend the suspect.

① But for   ② In place of   ③ Apart from

④ On behalf of

CHECK! apart from「〜は別として・〜を除いて」

解説 ①But for「〜がなければ」にひっかかりそうだが, これではその裏の事実として「両親がいるからみんなが弁護する」ことになっておかしい。③Apart fromは「〜は別として・〜を除いて」だから, これが正解。②In place of「〜の代わりに」, ④On behalf of「〜を代表して・〜のために」では意味をなさない。

解答 ③ 「両親を除いて, 誰もその容疑者を弁護しないだろう」

例題 12

次の文の下線部のうち誤っているものを1つ選び, 番号で答えよ。

Many people ①believe that every crime, ②in spite of the
③circumstances, should be ④severely punished.

CHECK! regardless of「〜に関係なく」

解説 in spite ofは「〜にもかかわらず」なので, このままでは「あらゆる犯罪は, 状況にもかかわらず, 厳しく罰せられるべき」という不自然な意味になる。したがって, in spiteが誤り。ここではregardless of「〜に関係なく」を用いるべきである。

解答 ② 「あらゆる犯罪は, その状況とは関係なく, 厳しく罰せられるべきだと考える人が多い」

例題 13

次の英文の下線部とほぼ同じ意味を持つ語を選べ。

She <u>is in favor of</u> his opinion.

① ignores ② dislikes ③ supports

CHECK! in favor of「〜に賛成して・〜を支持して」

解説 in favor ofは「〜に賛成して・〜を支持して」という意味。したがって，③supports「支持する」を選ぶ。なお，このin favor ofを1語の前置詞で書き換えるなら，for「〜に賛成して」になることも覚えておく。

解答 ③ 「彼女は彼の意見を支持している」

第２章

英作文

英作文　和文英訳

ポイント

　和文英訳では「日本文化」, そして「英語教育」といったトピックを扱ったものが目立つ。「日本文化」に関連した和文英訳では, 日本語でよく聞く慣例的な言い回しを英語でいかに表現するかが問われるため, 英語で書かれた日本文化案内や観光ガイドなどを精読しておくとよい。英文法や構文の知識を問うオーソドックスな和文英訳問題では, 着実に出題者が狙う構文を使って文章作りをすることが大切。また「英語教育」に関する英訳では, 日本語をそのまま英語にしようとせずに, 平易な英語に直して考えるトレーニングを重ねることが有効だ。

例題 1

次の(1), (2)の日本文を, それぞれ適切な英文に書きかえよ。

　Nowadays, many people have come to recognize that it is very important for foreigners to understand another country's culture if they would stay long and enjoy their lives. Here, let me talk about one of cultural things in Japan. (1)「お正月が, おそらく伝統的な日本の暦の中で最も重要な行事のひとつであることは疑いの余地のないところです。」Preparations start before New Year's Day. (2)「人々は, やりかけの仕事はやり遂げ, 仕事場をきれいにすることになっています。」The idea is that New Year's Day should be a clean break from the last year.

　CHECK! 　まずは和文をよく読み, 文脈に合った英語の構文が思い浮かべられるようにすることが大切。例題1では, 和文が翻訳調であるため英文を思い起こしやすい。

解答例

(1)　There is no doubt that New Year is one of the most important events in the traditional Japanese calendar.

(2)　People ought to finish the work in hand, and clean their workplaces.

解説

　(1)では，日本文に沿って「最も重要な行事のひとつ」「疑いの余地のない」を使った英文を作成するのが最も堅実な方法。doubtの後は必ずthatで文をつなぐこと。ifやwhetherを使わないように注意。「疑いの余地のない」を「確かである」と考え，It is certain that 〜としてもよい。「お正月」は，文脈から考えて「新年の行事」を指しているのでNew Yearとする。特に元日(1月1日)を指す場合はNew Year's Day，大晦日はNew Year's Eve，正月休みはNew Year's holidaysとして覚えておくと便利。

　(2)では，「することになっています」をうまく英語にするのがポイント。解答例では「〜するのが当然のこととされている」といったニュアンスをought toで表現している。ought toは，should よりもやや強く，mustよりはやや弱い意味合いを持つ。またbe expected to，あるいはやや口語的になるがbe supposed toを使って「することになっている」と表現することもできる。「きれいにする」は，cleanが最も広く使える言葉。拭き掃除などを含め「清掃」を意味する。「整頓する」という意味合いでput in orderを使うこともできる。(2)におけるほかの解答例としては，People are expected to complete their work, and put their workplaces in order. など。

例題2

次の日本文を，英訳せよ。

「2月に行われる節分は日本の伝統的な年中行事のひとつです。人々は，邪気を払い，福を呼び込むために，寺や神社，家などで豆まきの儀式を行います。節分は日本中で行われますが，国民の祝日ではありません。」

CHECK! 　「〜するために」を見て不定詞の構文を思い浮かべられるようにする。また「邪気を払う」「福を呼び込む」など日本語で耳慣れた表現をいかにシンプルな英語に書き換えられるかが重要となる。

解答例

Setsubun held in February is one of the traditional annual events in Japan. People perform a ritual of bean-throwing at temples, shrines and at home to chase away evil spirits and invite fortune. This ritual is performed across the country, but Setsubun is not a national holiday.

解 説

「邪気を払う」は,「悪いものを追い出す」のように簡単な日本語に言い換えて考えるのがコツ。たとえばevil spirits以外にもmisfortune, bad luckなどを使うこともできる。反対に「福を呼び込む」については「良いものを招く」と考えて, fortuneのほかにhappiness, good luckなどを使ってもよい。「儀式を行う」は,ほかにpractice a ceremonyと表現することも可。日本の年中行事や習慣に関する出題は多いので, traditional(伝統的), annual event(年中行事), a national holiday(国民の祝日)などの頻出語句を使った文章作りに慣れておくとよい。

例題 3

次の日本文を, 英訳せよ。

「日本人は大晦日に年越しそばを食べ, 長寿を祈願します」

CHECK! 「～を祈願する」の言い回しは, 日本の年中行事を取り上げた和文英訳・自由英作文で頻出するので, 押さえておくこと。

解 答 例

On New Year's Eve, people in Japan eat toshikoshi-soba, a buckwheat noodle dish, and pray for longevity.

解 説

長寿はlongevity。あるいはlong lifeと言い換えても可。日本の年中行事を説明する英作文問題としては,「初詣」「七夕」「七五三」「お盆」などがよく取り上げられている。「長寿」に関係するものとしては, 年越しそばのほかに七五三の千歳飴がある。また祈願する内容としては「家内安全」(pray for one's health and happiness)が一般的だが,「商売繁盛」(success in business),「交通安全」(safety)なども頭に入れておくと応用がきく。また「子どもの成長を祝う」(celebrate children's growth)なども合わせて覚えておきたい。

例題 4

次の日本文を英訳せよ。

「こたつは，日本でよく見られる暖房器具である。電気ヒーターが内側についたテーブルで，テーブルは厚い布団でおおわれている」

CHECK!✍ 「日本特有」と思われるものを英語で説明する問題は，英語圏の生活状況で何に匹敵するかを想像しながら言葉を選ぶことが大切。たとえば「布団」ならば「ブランケット」と考えるとよい。

解答例

Kotatsu is a heating device commonly found in Japan. It is a table with an electric heater attached to the inner part of the table and is covered by a thick blanket.

解説

伝統行事と並んでよく出題されるのが，日本の文化に根ざした「もの」や「習慣」，「伝統芸能・工芸」などの説明文。これまでに，衣食住に関するものでは，「畳」「着物」「赤ちょうちん」「銭湯」，習慣に関するものでは「お中元・お歳暮」，伝統芸能・工芸に関するものでは「歌舞伎」「相撲」「こけし」などの出題が見られる。書店の洋書コーナーには，英語で日本文化を説明した本が並んでいるので，一読し，どのような言い回しが使われているかを研究しておくとよい。

例題 5

次の日本文を英訳せよ。

「歌舞伎は日本の伝統的な演劇で，その起源は江戸時代にさかのぼります。すべての歌舞伎役者は男性で，何人かの役者は女性の役を演じるのを専門にしています」

CHECK!✍ 「その起源は〜にさかのぼります」という表現を身につけておきたい。

解答例

Kabuki is a traditional Japanese theater whose origin dates back to the Edo period. All the Kabuki actors are men and there are some actors who are specialized in playing female roles.

解説

「~にさかのぼる」は，dates back to~。be specialized in~で，「~を専門としている」「~に特化している」の意味。「~時代」と歴史区分を言う場合には，Heian period，Edo periodのように通常periodを使う。

例題6

次の下線部の日本文を，適切な英文に書きかえよ。

Ichi-go ichi-e literally means one time, one meeting. 人々はしばしばひとつひとつの出会いがいかに貴重なものであるかを思い起こすためにこのことわざを使います。 It is particularly associated with the Japanese tea ceremony. In tea ceremony, it means that each tea meeting is unique. The message of this proverb is "Treasure every encounter, for it will never recur."

CHECK! 日本文化を説明する問題の中には，ことわざに関する問題もある。有名なことわざは，英語で説明できるようにしておきたい。

解答例

People often use this proverb to remind themselves how precious each encounter is.

解説

一期一会の意味を英語を使って説明する際に外せないキーワードは，encounter(遭遇・出会い)。「一生に一度の出会い」= once-in-a-lifetime encounter，「今回限り」= for this time only，「またとない」= never again，「人生に一度きりのチャンス」= one chance in a lifetimeなどを知っておけば自由英作文でこのことわざに関する出題があっても強い。

例題7

　　　　　　　にあてはまることわざを英語で入れよ。

「アメリカから来たALTの先生に日本のことわざを英訳して紹介したら，とても興味を持ったようだった。たとえば日本で「そんなの朝飯前さ」ということわざは，アメリカでは　　(1)　　となる。「時は金なり」は英語でもまさに　　(2)　　。この言葉は実はアメリカの政治家

ベンジャミン・フランクリンが広めた格言だとか。興味深かったのは,日米でまったく逆の意味を表すことわざがあったことだ。日本では,「出る杭は打たれる」 (3) というが,アメリカでは (4) (きしむ車輪に油が注がれる)。両国に住む人々の考え方の違いがことわざに現れていて大変おもしろかった。」

CHECK! よく耳にする日本語のことわざの英訳は頭に入れておくとよい。

解答

(1) It's a piece of cake.

(2) Time is money.

(3) The stake that sticks up will be pounded [hammered] down.

(4) The squeaky wheel gets the grease.

解説

日本語のことわざで英語の定訳があるものやそれに関連する有名な英語のことわざは押さえておきたい。また,たとえば,「明日は明日の風が吹く」なら Tomorrow is another day. というふうに日本のことわざの意味を英語で説明できるように練習をしておくとよい。中には一石二鳥のように英語が語源のものもある。

・温故知新　Learn a lesson from the past.

・蛙の子は蛙　Like father, like son.

・猫に小判　Pearls before swine.

・習うより慣れろ　Don't learn something, but get accustomed to it.

・学問に王道なし　There is no royal road to learning.

・一石二鳥　To kill two birds with one stone.

例題 8

次の日本語を英語に直せ。

1. 私の説明でわからないところがあれば,その都度遠慮なく質問していいですよ。

2. 列車の中で,携帯電話が鳴ることほど気に障ることはない。

3. 自分の名前を好きだろうが嫌いだろうが,それは私たちのアイデンテ

ィティーの本質的な部分である。私たちはそれを一生持ち続け，その
ことにある種の安らぎを覚える。結婚後も夫の名字を名乗るより元の
名前を名乗りたいと思う女性がいるのも驚くべきことではない。

CHECK! 一般的な話題を取り上げた和文英訳の問題。「遠慮なく〜して
ください」「〜ほど〜なものはない」「〜であろうがなかろうが」「驚く
べきことではない」などの決まり文句を表現する構文をしっかり押さ
えること。

【解答例】

1. Please do not hesitate to ask any questions at any time if there is
anything you don't understand in my explanation.

2. Nothing is more bothering than a ringing cell phone in a train car.

3. Whether we like our own names or not, they are an essential part
of our identity. We live with our names for all our lives and we feel
some kind of security by doing so. It is not surprising to find a woman
who wants to use her maiden name rather than her husband's family
name after she has got married.

【解説】

　1の「遠慮なく〜してください」はPlease do not hesitate 〜とするのが
一般的。英文ビジネスレターでの定型句。

　2では「〜ほど〜なものはない」でNothing is more 〜 thanの構文を
使って英文を作る。「気に障る」はbotheringのほかannoyingなど。

　3のポイントは「〜であろうがなかろうが」を表すWhether or notを，
「驚くべきことではない」はIt is not surprising to 〜を使う。いわゆる
「旧姓」にあたる英語はmaiden name。

　和文の中に「和文英訳」の定型句や構文が見えるときは，その構文を
使った文章作りを最優先するのが賢明。

【例題9】

あとの日本語を英訳せよ。

1. 若い頃に受けた印象ほど鮮やかに心に残るものはない。

2. 私はこの辺りの地理には明るくない。だれか道案内をしてくれる人は

いませんか。

3. あの英語指導助手はまるで日本人のように話す。日本に来てまだ1年にしかならないそうだが，今度会ったら上達の秘訣を聞いてみよう。

CHECK! これも例題8と同様，和文英訳でよく使われる構文や定型句をしっかり押さえる。「～ほど～なものはない」「この辺りの地理には明るくない」「まるで～のように」に注目。

解答例

1. Nothing remains more vividly in one's mind than the impression one gets in the early days of his/her life.

2. I am a stranger here. Is there anyone who can show me the way?

3. That assistant English teacher speaks as if she were Japanese. I hear that she has been in Japan only for a year. I am going to ask her the secret of mastering the language when I see her next time.

解説

1はNothing is more ～ thanの構文。日本語の文章の語感から一般論として語っていると受け取れるので，主語にoneあるいはweを用いて英文を考えると作文がしやすくなる。

2では，I am a stranger hereで「この辺りの地理に明るくない」の意。

3はまず「まるで～のように」をas if を使って英訳することが大切。またas if he was Japaneseではなくwereを使うことを忘れずに。「～だそうだ」と伝聞を表現する場合によく使われるのがI hear that ～の文。「～の秘訣」は，the secret of ～というのが英語の決まり文句になっている。

例題 10

次の文章中の下線部を英訳せよ。

(1) 毎年，多くのALTが来日し，各地の学校に着任する。日本に来たばかりのALTの悩みの1つは，生徒に「質問は」と尋ねても，生徒が何も言わないでいることである。

(2) アクション・リサーチは，教員にとって自身の日々の実践を見つめなおす非常に有益な方法になりうる。それは，ふつう教員の教室での実践を改善させるという理念のもとに行われる。この種のリサーチで

は，教員がこれまで悩まされてきた問題を，計画・実行・観察・改善の過程に踏み込んで検証することが要求される。

CHECK! 「悩み」「悩まされてきた問題」というフレーズを「悩む」という日本語にとらわれすぎずに英文にすることができれば，全体の文章を組み立てやすくなる。

解答例

(1) One of the difficulties that newly arrived ALTs face is that the students would not respond to their teacher when they are asked if they have any questions.

(2) In this type of research, teachers are required to investigate the problem which has been at issue by looking closely into the process of planning, implementation, observation and improvement.

解説

(1)では，ALTの「悩み」は，「ALTが直面する困難」と考えてみるとよい。またdifficultiesのほかに，problemsあるいはよりシンプルにthingsという言葉を選択することも可能。またface(直面する)以外には，trouble(手を煩わせる)，confuse(困惑させる)，puzzle(当惑させる)という言葉を考えてみることもできる。「生徒が先生に応答しない」ことが悩みであるという形になっているが，「ALTが生徒からの応答を得られない」ことが悩みであるという書きかたもできる。いずれの場合も悩みの内容を説明するthat以下の文章での主語を明確にしてシンプルにまとめることが大切。人称代名詞が文中で混乱しないようにする必要がある。(1)の解答例としては次のようなものも挙げることができる。

One of the things which confuse ALTs who have just arrived in Japan is that they would not get any response from their students when they ask if the students have any questions.

(2)では，「教員が悩まされてきた問題」を「解決されるべき，論点となってきた問題」と解釈している。(1)のALTの悩みが文化的な違いから来る「当惑」であるのに対して，(2)では，解決の道筋を模索しているがゆえに「悩まされている」という意味で，confuseやpuzzleなどの言葉を「悩み」に相当する言葉として使うことはできない。解答例では「検

証する」にinvestigateを用いているが，類語としてはexamine, study, 文脈によってdetermineがあるので覚えておくと便利。また「実行」「実践」にあたる言葉としてよく使われるのがimplement(名詞形でimplementation)。ほかにpracticeやactionなども文脈によって使うことができる。解答では，計画・実行・観察・改善のプロセスの中でimprovementを「改善」にあたる言葉として使っているが，adjustment(調整)も覚えておきたい言葉。

例題 11
次の1～4の日本文を英訳せよ。

1. 生徒が知っているか，推測できる語や句から始めて，授業中はできるだけ英語を使いなさい。

2. みんなが遠慮なく自分の意見を発表できるよう，友好的で協力的な教室の雰囲気作りをしなさい。

3. 必ず，生徒が自分の能力に自信がつくようなやり方ですべての活動が行われるようにしなさい。

4. 訂正しすぎないこと，そして完璧を期待しないこと。生徒に，間違うことを恐れないよう助言しなさい。

CHECK! 命令文の形を使って英文を作る。構文よりも日本文の内容を英文で表現することを重視して取り組みたい。

解 答 例

1. Use English in class as much as possible, starting with words and phrases that students know or can guess.

2. Create a friendly and cooperative classroom atmosphere so that students can express their thoughts and ideas without hesitation.

3. Make sure to conduct all activities in a way that students would be able to gain confidence in their abilities.

4. Avoid correcting too much. And also avoid expecting perfection. Advise students not to be afraid of making mistakes.

解 説

　2では「友好的」(friendly)，「協力的」(cooperative)をそのまま英語で

使うことができる。「みんなが遠慮なく自分の意見を発表できるよう」の部分については，so that everyone can feel comfortable with giving his/her opinions.なども解答例として考えられる。「遠慮なく」(without hesitation)を「安心して」(feel comfortable)としてみるなど，日本文で使われている単語だけにとらわれずに，内容に即した形で柔軟に考えたほうが，英文が出てきやすい。自分の知っている英語表現に近づくよう，まず「和文和訳」することが和文英訳のコツ。

3では「必ず」が「活動が行われるように」にかかっていると考え，解答ではMake sure to conductとしている。Be certain to doやEnsure to haveなどを用いてもよい。Alwaysという言葉を使うことも可。「〜なやり方」はin a way that[which] 〜で表す。

4は，Don't correct too much. Don't expect perfection.という形の文でもよい。「間違いを恐れるな」はDon't be afraid of (making) mistakes.が定型句なので覚えておくとよい。いずれの場合にも，和文英訳では，ベーシックな単語を使ったシンプルな文を作るよう心がけたい。

例題 12

次の1，2の日本文を英語に直せ。

1.「英語が使える」ようになるためには，文法や語彙などについての知識を持っているというだけではなく，実際にコミュニケーションを目的として英語を運用する能力が必要である。

2. このため，英語の授業においては，文法訳読中心の指導や教員の一方的な授業ではなく，英語をコミュニケーションの手段として使用する活動を積み重ね，これを通して，語彙や文法などの習熟を図り，「聞く」「話す」「読む」「書く」のコミュニケーション能力の育成を計っていく指導の工夫が必要である。

CHECK! この問題の2のように，問題文の日本語の文章が長い場合には，適宜，文章を区切って英文を作るとよい。

解答例

1. In order to be able to "make use of English", it is necessary not only to have a knowledge of grammar and vocabulary but also the

ability to use English for the purpose of actual communication.

2. Thus, in English classes, instruction mainly based on grammar and translation or teacher-centered classes are not recommended. Through the repetition of activities making use of English as a means of communication, the learning of vocabulary and grammar should be enhanced, and communication abilities in "listening", "speaking", "reading" and "writing" should be fostered. Such techniques for instruction are necessary.

解 説

　文部科学省が平成15年に発表した『「英語が使える日本人」の育成のための行動計画』からの出題。解答は，英訳版からの抜粋。英語での発表に目を通していることを示す意味では，できる限り表現やフレーズの定訳を頭に入れておきたい。一方で，類似問題や「英語教育」に関する自由英作文の出題を念頭に置いた場合には，こうしたトピックの文章を自ら英訳・英作文できる英語力をつけておきたい。

　その場で一から自分自身で英訳を始める場合，日本語の単語によりそった直訳英文から，内容を表現することを重視した英文作りまで，さまざまな解答例が考えられるが，1の場合は，まずnot only ～ but also ～の構文を使って英文を組み立てていく。「英語が使える」をそのまま英語にすればto be able to use Englishあるいは英語版にあるようにto be able to make use of Englishとなる。同様に「実際にコミュニケーションを目的として英語を運用する能力」は，字句どおりan ability to use English for the purpose of actual communicationとすることができるだろう。

　まったく自作で英訳した場合の解答例として次のようなものを挙げてみよう。

1. In order to "be proficient in English", it is necessary not only to have a good knowledge of grammar and vocabulary but also to enhance an ability to use English in practical communication.

2. Thus, in English classes, teachers need to employ an instructional approach that enables them to enhance students' communication skills in "listening", "speaking", "reading" and

"writing" while improving their grammar and vocabulary. That can be done by repetition of activities which emphasize English as a means of communication, not by grammar and translation exercises or lecture-based instructions.

Proficient は日本語では「熟達した」とされているが，English proficiency test という場合には，習熟度を測る実力テストといった意味合いでも使われる。使用例としては，He is proficient in English. He is proficient at speaking English. など。「基礎学力の向上」improve students' basic scholastic proficiency，「習熟度レベル」level of proficiency という形でも使われている。ほかに「英語がよく使える」という意味の have a good command of English といったフレーズも，覚えておくと類似の英作文問題で使うチャンスがあるかもしれない。

2では，「コミュニケーション能力の育成を図っていく指導の工夫が必要」「それは文法訳読中心の指導や教員の一方的な授業ではなく，英語をコミュニケーションの手段として使用する活動を積み重ねることによって可能となる」という形に文章を再構成して英文を作成している。文法問題や英文和訳問題などの練習問題は exercise。「教員の一方的な授業」は，「一方的に講義をする」と考えれば lecture-based instruction。「学ぶ側主体の」「生徒主導の」という言葉は student-centered teaching と言われることから，「教員の一方的な授業」を「教える側主体の」「教員主導の」という意味で teacher-centered teaching という言葉も使える。

「～の育成を図る」「～の習熟を図る」など，英語教育に関する和文英訳では，「生徒の能力を伸ばしていく」という意味の言葉が頻出する。この種の英単語のバラエティを増やしておくことは必須。strengthen, reinforce, enhance のほかに cultivate, foster など。語彙に関しては build up も使える。また「指導の工夫」についても，teaching method, teaching strategy, teaching approach, idea など内容によって言葉を選びたい。

ちなみに「英語が使える日本人」の英訳は Japanese with English Abilities。

例題 13

次の文を英訳せよ。

　「英語が使える日本人」の育成は，日々子どもに接する教員の実践を通して実現されるものであり，教員の指導力のあり方は極めて重要なものである。英語をコミュニケーションの手段として使用する活動を積み重ね，これを通して，語彙や文法などの習熟を図り，「聞く」「話す」「読む」「書く」のコミュニケーション能力の育成を図っていく授業を，普段から主に英語で展開するためには，英語教員に一定の英語力及び教授力が必要となる。

CHECK! 　例題12の応用編。頻出キーワードを駆使し，文章を区切って英文を練り上げよう。

解答例

Cultivating "Japanese with English Abilities" is realized through the practice of teachers who have daily contact with children. The teaching methods of such teachers are extremely important. A certain level of English ability and teaching ability is required of English teachers to conduct classes which aim to develop proficiency in terms of vocabulary and grammar through the repetition of activities where English is used as a means of communication and to foster communication abilities in "listening", "speaking", "reading" and "writing" through classes principally taught in English.

解説

　『「英語が使える日本人」の育成のための行動計画』の別の箇所からの抜粋。この計画には似たような表現が多用されているので丹念に英語版を読み，使われている言い回しを自分のものにすることが大切。

例題 14

次の文を英訳せよ。

　「生きる力」は「確かな学力」，「豊かな人間性」，「健やかな体」から構成され，これらの要素は独立して機能するのではなく，様々なかたちで複雑に作用し合っているのです。

161

CHECK! 「生きる力」をはじめとしたよく聞くキーワードを英語で頭に
入れておくこと。文章そのものは難しくない。

解答例

"Zest for living" consists of "firm academic ability", "rich humanity" and "health and physical strength". These elements don't function independently but interact with one another in various complicated ways.

解説

「生きる力」はZest for livingとして訳が定着しているので必ず押さえておきたい。ほかの3つは，「学力」= academic performance, academic achievement，「豊かな人間性」= well-rounded character，「健やかな体」= healthy body, mental and physical healthなど他の言葉で英訳することも可能。「複雑に作用し合う」を affect intricately with one another とすると有機的に複雑に影響しあっているというニュアンスが表現できるが，使い慣れた言葉で書けばよい。

例題 15

異なった文型を使って，次の内容を表す英文を2文ずつ書け。

① おひさしぶりです。

② その本はとてもおもしろかったです。

CHECK! 近年よく出題されている形式。「異なった文型」という条件を
守りながら文法的に誤りのない文を書く。

解答例

① I haven't seen you for a long time. / How have you been?

② I found the book very interesting. / The book was very interesting (to me).

解説

① I haven't seen you for a long time. は 第3文型。How have you been?は第2文型。

② I found the book very interesting. は 第5文型。 The book was very interesting (to me). は第2文型。

　ここで，英語の5文型をおさらいしておこう。

〈第1文型〉　S＋V

　Birds fly.　(鳥が飛ぶ)

　※文の要素が主語と動詞のみの構造。

〈第2文型〉　S＋V＋C

　Tom is a doctor.　(トムは医者です)

　※文の要素が主語と動詞と補語の構造。主語＝補語の関係が成り立つ。

〈第3文型〉　S＋V＋O

　I study math.　(私は数学を勉強する)

　※文の要素が主語と動詞と目的語の構造。

〈第4文型〉　S＋V＋O＋O

　My father gave me this book.　(私の父がこの本をくれた)

　※文の要素が主語と動詞と2つの目的語の構造。give，show などの限
　　られた動詞で用いられる。この文型は第3文型で言い換えられるこ
　　とが多い。My father gave me this book. は My father gave this
　　book to me. と言い換えられる。

〈第5文型〉　S＋V＋O＋C

　The news made us sad.　(その知らせは私たちを悲しませた)

　※文の要素が主語と動詞と目的語と補語という構造。目的語＝補語の
　　関係が成り立つ。make，name などの限られた動詞で用いられる。
　　この文型は第2文型に書き換えられることが多い。The news made
　　us sad. は We were sad at the news. と書き換えられる。

　以上の5文型を念頭におきつつ，英文を作る。注意しておきたいのは，
「前置詞＋名詞」の句は，目的語ではないということである。例えば，I
listen to music.(私は音楽を聞く)という文は，「を聞く」という日本語か
らmusicを目的語だと誤って考えてしまうことがある。しかし，「前置詞
＋名詞」の句は修飾句であって，文の要素にはならない。したがって，
この例文は第3文型ではなく，第1文型である。このような区別をしっか
りしておかないと，書いた英文が結果的に同じ文型になってしまってい
るという間違いをおかすことになるので注意が必要だ。

例題 16

異なった文型を使って，次の内容を表す英文を2文ずつ書け。

① 山田さんは英語を話すのが上手です。

② そのニュースを聞いて私はびっくりしました。

解 答 例

① Mr. Yamada speaks English well. / Mr. Yamada is a good speaker of English.

② I was surprised at the news. / The news surprised me.

解 説

① Mr. Yamada speaks English well. は 第3文型。Mr. Yamada is a good speaker of English. は第2文型。

② I was surprised at the news. は 第2文型。The news surprised me. は第3文型。

例題 17

次の文章中の下線部を英訳せよ。

優れた放送文化は宗教や民族の壁をも越えて人々の心をつかむ。それを生み出すことができるのは，自由な発想と高い志をもつ人と組織である。NHKの改革論議も，そのような放送文化の最も大切な根幹を見失わないようにしたい。

(毎日新聞『余録』)

CHECK! この問題のように，新聞のコラムの一節を英作文させる問題がしばしば出題される。

解 答 例

Brilliant broadcasting culture attracts people regardless of their religious or ethnic background. People and organization with free-minded thinking and strong ambitions can produce such culture.

解 説

まず，日本語で一番重要な骨組みを作ってみよう。「優れた放送文化は宗教や民族の壁をも越えて人々の心をつかむ」の部分の骨組みは「優れた放送文化は人々をひきつける」である。これはBrilliant broadcasting culture attracts people.となる。次の「それを生み出すことができるのは，自由な発想と高い志をもつ人と組織である」の部分の骨組みは「人と組織がその文化を生み出す」である。これはPeople and organization can produce the culture.となる。この骨組みに，修飾的な内容を加えていけば，解答例のような英文となる。

例題 18

次の文章中の下線部を英訳せよ。

　日本社会では，伝統的に，組織の意見が個人の考えよりも優先する傾向があり，いったん自分の立場が決まると個人的な意見を抑えなければならないという暗黙の規範もありました。

　他方，日本よりも個人主義的な傾向の強いアングロ・サクソンの文化では，組織の意見と個人の意見は区別され，個人的見解を述べる自由が保障されていたと言うことができそうです。

(本間正人『英語で鍛えるロジカルシンキング！』)

CHECK! 　日本語で書かれた抽象的な文章は長い場合が多い。英作文の際には短い文に区切った方が分かりやすい。

解答例

　In the Japanese society, traditionally an organization's opinion tended to be more important than an individual thought. There was an unspoken rule that people must hold an individual opinion once their position was decided.

解説

　解答例ではまず，下線部を「日本社会では，伝統的に，組織の意見が個人の考えよりも優先する傾向があった」と「いったん自分の立場が決まると個人的な意見を抑えなければならないという暗黙の規範もあった」に分けた。その上で抽象的な内容をできる限り平易な表現を使って書けばよい。「日本社会では，伝統的に，組織の意見が個人の考えよりも優先する傾向があった」は英語にしやすいように，「日本社会では伝統的に組織の意見の方が個人の考えよりも重要であるという傾向にあった」とする。細かな語感を伝えることを意識しすぎると，かえって全体として

意味不明な英文になってしまうことが多い。思い切って単純に言い切った方が高得点につながる。

例題 19

次の文章中の下線部を英訳せよ。

　<u>私はその人を常に先生と呼んでいた。だからここでもただ先生と書くだけで本名は打ち明けない</u>。これは世間を憚かる遠慮というよりも，その方が私にとって自然だからである。私はその人の記憶を呼び起すごとに，すぐ「先生」といいたくなる。筆を執っても心持は同じ事である。よそよそしい頭文字などはとても使う気にならない。

(夏目漱石『こころ』)

CHECK!　小説など文学的文章の一節を英語にするという出題も目立つ。原文(日本語)の意味の中心を，シンプルな英文で表現することが重要だ。

解答例

　I always called him *sensei*. So, I will not tell his name here but write just *sensei*.

解説

　文学的文章だからといって，英作文を文学的にする必要はない。日本語の意味をはっきりさせてから英文を作るようにした方が，解答の作成がスムーズになる。この文章で言えば，2つ目の「だからここでもただ先生と書くだけで本名は打ち明けない」という文は，①彼の名前は言わない，②先生とだけ書く，という2点が伝えるべき意味と言える。それをストレートに英語にすると解答例のようになる。シンプルにできるところはできるだけシンプルに書くことによって，分かりやすく誤りの少ない英文になる。例えば，「私はその人を常に先生と呼んでいた」の「その人」はthe personとするよりhimとした方がシンプル。また，「呼んでいた」で，わざわざ過去完了を使うよりは，単純にcalledと過去形にしてしまった方が分かりやすい。「先生」をどう英語にするか悩むところだ。直訳すればteacherだろうが，やや奇異だ。なぜならば，英語のコミュニケーションの中で，teacherと呼びかけることはないからだ。そこで日

166

本語をそのまま英文の中に入れることにする。その場合は，*sensei* のように斜字体にしておくとよい。

例題 20

次の文章中の下線部を英訳せよ。

　<u>子供は，烏賊というものを生れて初めて食べた。象牙のような滑らかさがあって，生餅より，よっぽど歯切れがよかった。</u>子供は烏賊鮨を食べていたその冒険のさなか，詰めていた息のようなものを，はっ，として顔の力みを解いた。うまかったことは，笑い顔でしか現わさなかった。

(岡本かの子『鮨』)

CHECK! 　「初めて」は for the first time を使う。このような決まり文句はきちんと覚えて使っていきたい。

解 答 例

　The child had a squid for the first time. It was smooth like ivory and much easier to bite off than a rice cake.

解 説

　「生餅より，よっぽど歯切れがよかった」が難しい。「餅よりも，ずっとかみ切りやすかった」と単純化して考えるとよいだろう。

英作文　自由英作文

ポイント

　英語科の自由英作文の出題内容は「理想の教師像」「ALT」「辞書の使い方」などと幅広い。また形式や難易度，字数制限にもばらつきがある。内容を把握して語彙の強化に努めたい。

例題1

平成29年3月に告示された「中学校学習指導要領　第2章　第9節　外国語」では，「生徒が英語に触れる機会を充実するとともに，授業を実際のコミュニケーションの場面とするため，授業は英語で行うことを基本とする。」と示されている。これを踏まえ，あなたが英語で授業を行うときに，気を付けるべきことについて，その理由も含めて，英単語50語以上70語以内で書け。

CHECK! 　学習指導要領解説に示されている内容をまとめるようにする。

解答例

　For the purpose of students' positive use of English, teachers should use English positively in their lessons. Teachers' positive use of English during lessons in principle leads to the chance of students' using English and the real scene of communication through English. What affects greatly to the students' positive use of English is the teachers' attitude for their use of English and their activity during their lessons. (67語)

解説

　設問で示された中学校学習指導要領の解説では，「生徒が積極的に英語を使って取り組めるよう，まず教師自身がコミュニケーションの手段として英語を使う姿勢と態度を行動で示していくことが肝心である」という記述がある。また，授業を基本的に英語で行うことのポイントは，「英語に触れる機会」と「実際のコミュニケーションの場面」であるとの記述もある。このような内容をまとめればよい。

例題 2

あなたが外国人に知ってもらいたい日本の慣習を一つ挙げ，その理由を説明しながら70語程度の英語で書け。

CHECK! 字数制限に気を付けて文章の構成を考えることが重要である。

解答例

I want foreigners to know about the Japanese practice of removing shoes before entering homes. Traditionally, Japanese homes have tatami mats as flooring, and we tend to sit on them to do our daily activities. So keeping our floor clean is necessary. In addition, we feel more relaxed and refreshed when we take off our shoes. If we go barefoot, I think that we will be healthier. I'm sure they will like this Japanese custom. (75words)

解説

解答例では，日本では家に入る時に靴を脱いで，家の中では伝統的に畳の上で生活することについて記述している。第2文のsitからactivitiesまでは，to live our daily lives on themとしてもよい。また，第3文は，Thus, we must keep our floor cleanでも可能である。このように記述した場合には74語になる。

例題 3

グローバル化社会を生きるうえで，あなたが英語の授業を通じて生徒に身につけさせたい資質や能力として最も大切だと思うものを，一つ挙げ，その理由を付けて80語以上の英語で意見をまとめよ。

CHECK! 中学校(平成29年3月告示)及び高等学校(平成30年3月告示)学習指導要領の外国語科の目標の共通部分は，「外国語によるコミュニケーションにおける見方・考え方を働かせ，外国語による聞くこと，読むこと，話すこと，書くことの言語活動」である。この観点が重要であり，そのための具体的な記述が問われている。

解答例

I think that receptivity is one of the most important qualities to possess for students living in today's globalized society.

Through globalization we have more opportunities to interact and communicate with people from various backgrounds. In order to foster and maintain good relationships in today's cultural diverse society, we must be receptive to other cultures, religions, customs, and in general be open to different ways of thinking, even when they differ from and challenge our own way of thinking, or even our core values.

For this reason, I think we should place a strong emphasis on promoting receptivity among our students through our English lessons. (105 words)

解　説

解答例では「受容性」を挙げている。「グローバル化した現代社会では，受容性が様々な文化的背景を持つ人々との相互理解に重要であり，異なる考え方を理解する助けになる。英語の授業を通じてそのことを強調していく。」と述べている。英文は，最初に結論を述べ，次にその理由を記述し，最後でまとめるという構成である。80語以上での記述が条件だが，上限は100語程度と考えてよい。

例題 4

授業で「自分の住んでいる町」というテーマで生徒にスピーチ原稿を作成させた。その原稿を使い，生徒同士の活動を通して文法や語彙・表現等を定着させるために，あなたならどのような授業を展開するか，具体例を挙げながら，あなたの考えを70語以上100語以内の英語で書け。

CHECK! 生徒が作成したスピーチ原稿を教材として使い，「文法や語彙を定着させる」ことが授業のねらいである。

解　答　例

I would do a pair work activity first. One student can give a speech to the other student and then change the roles. By doing so, both students will be able to use the grammar and expressions that they learned in class and deepen their understanding of them.

Next, I would move on to a group activity. This time students will have to speak to a larger audience and after the speech, he/she will be asked some questions. Through this interaction, they will have a better understanding of the grammar and expressions. (92 words)

(別解) I would record the students' presentations with a video camera and make DVDs of the presentations. After the students' presrntations, I would allow the class/them to watch all the DVDs together.

Students will be able to watch all the presentations including their own. By comparing thier presentations with others, they will be able to see the good points and bad points of their presentations. Other students will make some useful comments about the presentations. I think this will lead to a better understanding of grammar and expressions. (87 words)

解説

最初の解答例のキーワードは，pair work, the grammar and expressions, deepen their understanding, group activity, interaction, better understanding of grammar and expressionsである。まずはペアワークで内容を相互に理解して，次にグループワークでそれらについて共有し，理解を深める流れである。別解では，キーワードは，make DVDs of the presentations, watch all the DVDs together, By comparing their presentations with others, better understanding of grammar and expressionsである。全員の発表をDVDに録画して全員で見ることにより，自分と他の者との比較を通して理解を深める流れである。いずれの方法も，自分の発表を他者と比較する点がポイントである。そうすることで，理解がより深まるのである。

例題 5

次のテーマについて，賛成か反対の立場を明確にしてあなたの意見を90語程度の英語で述べよ。

　国際社会に生きる日本人として，生徒に英語によるコミュニケーション能力を身に付けさせることは重要である。

CHECK! 　英文エッセイの問題。条件は，①賛成か反対かをはっきり述

171

べること，②90語程度で書くことの2点。

解答例

　I think it's important to develop students' communication abilities in English. Globalization has been accelerating international competition and increasing the necessity of coexistence and cooperation with different cultures and civilizations. Students who are destined to survive such a world will have to have discussions with people from other countries on many occasions. They will be expected to maintain world peace by living in harmony with people from many nations and cultural backgrounds. This will be carried out by using English, which is used in most international conferences as an official language. (90語)

解説

　このような英作文形式で意見を述べる場合，内容の適切さ，論の展開及び分量，語彙・文法の適切さを考えて述べていく。特に論の展開が重要である。

例題6

次の英文を読み，あなたの意見を英語でまとめよ。なお，使用した語数を書け。

　Some people believe that children of different levels of academic achievement should be taught together. Do you agree or disagree with this statement? Write your opinion in English in about 80 words, giving at least one concrete example to support your opinion.

CHECK! 自分の意見を述べる英作文では，まず自分がどちらの立場に立つのかを必ず明らかにし，最後まで立場を変えずに述べなければならない。

解答例

(賛成の場合の解答例) I agree with this statement. I think teaching together makes no one feel inferior because the students are not divided into different groups according to their ability. Furthermore,

172

superior students may have some opportunities to teach inferior students, which enables both to understand better. A certain survey shows that in a class based on the degree of academic achievement, superiors tend to see their peers as inferior students, which leads to an undesirable relationship between them. Therefore, I agree with this statement. (82語)

(反対の場合の解答例) I disagree with this statement. I think dividing by level is a better way to improve students' abilities because they are taught according to their degree of academic achievement. Teachers can teach more effectively if students' abilities are almost the same, which enables teachers to teach more difficult content. Students will be satisfied with the method of teaching and gain confidence in their ability. Teaching together will deprive students of their eagerness to learn because they would get bored with the class. Therefore, I disagree with this statement. (88語)

解 説

　学力の熟達度が違う子どもたちを一緒に指導すべきかどうかについての問題である。この問題において賛成の場合，熟達度の高い生徒が低い生徒に教えることができ，相乗効果が得られること，反対の場合，教師としては学力が等質な子どもに指導した方が効果的であるということ，などが挙げられる。

例題 7

次の英文を読んで，自分の意見を100語程度の英語で述べよ。

　The education ministry has told the nation's prefectural boards of education to instruct primary and middle school authorities to ban students from bringing cell phones to school. It also has called for improvement in the education of morals related to communications.

　Many schools have taken similar steps. As of December 2008, 94 percent of publicly run elementary schools and 99 percent of publicly run middle schools prohibited students from taking cell phones to school. Twenty-four of the nation's 47 prefectural boards of education and 510 of the nation's 1,826 municipal boards of education have instructed school authorities to give students proper guidance on the use of cell phones.

What do you think about education ministry's policy? Please give two reasons with concrete examples to clarify your idea.

CHECK! ①賛成か，反対か，自分の立場をはっきり決める。②意見を最初に書き，次に理由を書く。

解 答 例

(賛成の場合の解答例) I agree with the idea. One reason is that cell phones are not necessary in the classroom. I'm sure that children who are addicted to their cell phones cannot pay attention in their classes while they are supposed to be studying.

Another reason is that the use of cell phones could cause trouble. Banning the use of cell phones at schools might reduce incidents of Web site bullying or lead to a decrease in the number of students falling victim to crimes.

We need to save children from addiction to cell phones and prevent them from becoming crime victims. That's why I agree with the ideas. (106語)

(反対の場合の解答例) I disagree with the idea. One reason is that cell phones could be effective in preventing children from falling victim to crimes. Some parents give their children cell phones because they are worried about their safety.

Another reason is that banning the use of cell phones at school is not likely to produce positive improvements. Although some people are worried about the rise in cases of bullying that is conducted through cell phones, I think that we should strive to make children more aware of how their words can harm others and how they can prevent themselves from becoming crime victims, rather than just banning students from bringing cell phones to school. (112語)

解 説

　携帯電話をめぐる規制に関して，自分の意見を英語で述べる問題である。解答例では賛成と反対の両方の立場を示している。教育界で問題となっている事柄は問題として使われることが多い。

例題 8

ネイティブスピーカーの活用はどのような意味で意義があるか。60語以内の英語で述べよ。

CHECK! learn living English (生きた英語を学ぶ) ／familiarize oneself with foreign languages and cultures (外国語や外国文化等に親しむ) ／motivation for English learning (英語学習へのモティベーション) を中心にまとめてみよう。

解 答 例

　A native speaker of English provides a valuable opportunity for students to learn living English and familiarize themselves with foreign languages and cultures. To have one's English understood by a native speaker, increases the students' joy and motivation for English learning. In this way, the use of a native speaker of English has great meaning. (55語)

解 説

　(日本語版原文)ネイティブスピーカーの活用は，生きた英語を学ぶ貴重な機会であるとともに，外国語や外国文化等に親しみ，自分の英語がネイティブスピーカーに通じたという喜びと英語学習へのモティベーション(動機づけ)を高めるなどの意味で，大きな意義を有する。

　「『英語が使える日本人』の育成のための行動計画」(英語版)からネイティブスピーカーについての部分をまとめた。ネイティブスピーカーやALTに関する出題は多い。基本的な考え方と，具体的な指導法などについて英語でまとめられるようにしておきたい。

例題9

高等学校のライティングの指導においては，手紙やeメールなどで，実際にコミュニケーションする機会をもうけるべきか。あなたの考えを，その理由とともに英文で説明せよ。ただし，以下の条件を守ること。

条件① 150語以内の英文で書くこと。

条件② 高校生が理解できる簡単な表現で書くこと。

CHECK! 論理の展開がはっきり分かるエッセイを書こう。

解答例

　Should English teachers give their students opportunities to have actual communications through such methods as English letters or emails? Some teachers might think they should make students work only on grammar exercises. However, I think actual communications are essential for fostering students' writing skills for two reasons : First, actual communications give students strong motivation for learning English writing. Students will think they are able to communicate in English when they get reply from English speakers. Such experience must give them confidence and motivation. Second, actual communications are very effective for learning English writing. Students will try to find a proper expression when they don't know how to express what they really want to say in English. After using the expressions they have found for themselves, they will never forget them. For these reasons, I think teachers should give their students real communication opportunities. (142語)

解説

(全訳)

　英語の教師は，手紙やeメールなどで実際にコミュニケーションする機会を生徒に与えるべきだろうか。生徒に文法の学習だけに取り組ませるべきだと考える教師もいるかもしれない。しかし，私は2つの理由から，実際のコミュニケーションは生徒のライティングの力を養うために不可欠だと考える。第一に，実際のコミュニケーションは，生徒たちに英文ライティングの学習への強いモティベーションを与える。英語を話

す人から返事をもらったときに，生徒たちは英語で意思の伝達ができる
んだと思うだろう。このような経験は彼らに自信とやる気を与えるに違
いない。第二に，実際のコミュニケーションは英文ライティングの学習
にとって大変効果的だ。生徒たちは，自分が本当に言いたいことを英語
で何と言えばよいか分からないときに，適切な表現を見つけようとする
だろう。自力で見つけた表現を使った後には，彼らはそれらを忘れるこ
とがないだろう。これらの理由から，教師は実際のコミュニケーション
の機会を生徒に与えるべきだと私は考える。

　英文エッセイの一般的なセオリーには次のようなものがある。

①　1文は8語〜18語

　　多少の例外があるにせよ，要するに「長すぎてはいけない」という
　　ことである。しばしば「英文エッセイはKissで」と言われる。Keep
　　it simple and short. ということである。

②　Introduction, Body paragraph, Conclusionの3部構成

　　導入部・主要部・結論，という3つの部分から構成する。そして，
　　それぞれの部分の役割や文の数が通常決まっている。通常，
　　Introductionは3〜4文，Body paragraphは6〜8文，Conclusion
　　は3〜4文である。Body paragraphは書く内容によって，2段落や3
　　段落になる。

　さて，問題は，教員採用試験の自由英作文での書き方である。この試
験の場合，語数制限が，多くて200語，たいていは100語程度である。
したがって，5〜10文程度しか書けない。ここで問題が起こる。5〜10
文程度では，上述した一般的なセオリーで，英文エッセイを書き切るこ
とが不可能という問題である。では，セオリーを無視して非論理的に書
けばよいかといえば，当然そうではないだろう。

　求められる書き方は，英文エッセイのセオリーを生かした論理的な書
き方である。以下に，例題9の解答をモデルとして，少ない語数での論
理展開の一例を説明する。

　例題9の解答は，1段落で9の文で書かれている。この9の文の中に，
通常の英文エッセイのIntroduction, Body paragraph, Conclusionの3
部構成を凝縮した。

Introduction

　通常の英文エッセイでのイントロダクションの役割は①「問い」の提示と，それに対する②「自分の結論」の提示である。一言で言うと，英文エッセイは，「問い」に対する「答え」を論理的に書く文章である。その「問い」が何であるかをまず，はっきり書く。通常，疑問文の形で冒頭に書かれる。この「問い」について，自分の結論以外の意見や事実を述べる文が後に続く。そして，自分の結論を書く。イントロダクションに「自分の結論」が書かれる点は非常に重要だ。例題9で見てみよう。

□「問い」の提示の文は以下である。

　Should English teachers give their students opportunities to have actual communications through such methods as English letters or emails? (英語の教師は，手紙やeメールなどで実際にコミュニケーションする機会を生徒に与えるべきだろうか)

□以下の文は，「問い」を受け，「自分の結論」への準備をする。

　Some teachers might think they should make students work only on grammar exercises. (生徒に文法の学習だけに取り組ませるべきだと考える教師もいるかもしれない)

□次が「自分の結論」を提示する文である。

　However, I think actual communications are essential for fostering students' writing skills for two reasons: (しかし，私は2つの理由から，実際のコミュニケーションは生徒のライティングの力を養うために不可欠だと考える)

※このように，いくつかの例を列挙する場合は文尾にコロン[:]を置き，順番に例を挙げていく。

Body paragraph

　通常の英文エッセイでの主要部の役割は，Introductionで示した自分の結論の理由を述べることである。通常はBody paragraphの段落は6〜8文で構成される。最初に，この段落で述べる内容をまとめたtopic sentenceが置かれ，それに続いて具体例がいくつかの文を使って述べられる。Body paragraphは連続した2から3程度の段落で書く。しかし，

178

教員試験は，語数制限から，このような方法でBody paragraphを書くことができない。そこで，topic sentenceをはっきり書き，それをサポートする文を簡潔に書く。例題9で見てみよう。

☐以下の文が1つ目のtopic sentenceである。第一の理由が書かれる。

First, actual communications give students strong motivation for learning English writing. (第一に，実際のコミュニケーションは，生徒たちに英文ライティングの学習への強いモティベーションを与える)

☐以下の2つの文は第一の理由をサポートする。

Students will think they are able to communicate in English when they get reply from English speakers. (英語を話す人から返事をもらった時に，生徒たちは英語で意思の伝達ができるんだと思うだろう)

Such experience must give them confidence and motivation. (このような経験は彼らに自信とやる気を与えるに違いない)

☐そして，2つ目のtopic sentenceで第二の理由が書かれる。

Second, actual communications are very effective for learning English writing. (第二に，実際のコミュニケーションは英文ライティングの学習にとって大変効果的だ)

☐以下の2つの文は第二の理由をサポートする。

Students will try to find a proper expression when they don't know how to express what they really want to say in English. (生徒たちは，自分が本当に言いたいことを英語で何と言えばよいか分からないときに，適切な表現を見つけようとするだろう)

After using the expressions they have found for themselves, they will never forget them. (自力で見つけた表現を使った後には，彼らはそれらを忘れることがないだろう)

Conclusion

☐結論の文は以下である。

For these reasons, I think teachers should give their students real communication opportunities. (これらの理由から，教師は実際のコミュニケーションの機会を生徒に与えるべきだと私は考える)

179

　少ない語数とはいえ，英文でのエッセイである以上，セオリーを生かした論理的な文章を書く練習をしておきたい。

例題 10

次のような場合にはどのようなClassroom Englishを使うか。英語で答えよ。

(1)　出席を取るとき。

(2)　この前の授業の復習をすることを知らせるとき。

(3)　教科書の89ページを開くように指示するとき。

(4)　このitは何を指すかをたずねるとき。

(5)　物語を聞いてあらすじを聞き取るように言うとき。

(6)　プリントを集める際に，名前が記入されているか確認させるとき。

CHECK!　Classroom Englishとは英語学習の際に主に，先生が生徒に対して指示を出す際に用いる英語表現のこと。シンプルで分かりやすい英語で指示することが大切だ。毎年のように出題されている問題なのでしっかり準備しておきたい。

解答例

(1)　I'm going to call the roll now.

(2)　Let's review the last lesson.

(3)　Open your textbook to page eighty-nine.

(4)　What does this "it" show?

(5)　I'll tell you a story. Please listen carefully to get the outline of it.

(6)　I'd like to collect your handouts now. Please make sure your names are on them.

解説

　(1)「出席を取る」はcall the rollが教室英語としては一般的。　(2)「復習する」はreview。　(3)「89ページを」はto page eighty-nine。toという前置詞の使い方を覚えておきたい。　(4)「指す」はshowやmeanが使える。　(5)「あらすじ」はoutline。　(6)「プリント」はhandout。このように，カタカナをそのままprintなどと英語にすると不自然になるものには十分注意が必要だ。

例題 11

次のような場合，英語でどのように声かけをするか。英語で書け。

(1) 欠席者を確かめたいとき。

(2) CDをしっかり聴くように指示するとき。

(3) 単語(difficult)の綴りをたずねるとき。

(4) 声が小さくて，聞き取れなかったとき。

(5) 必要なら辞書を使ってもよいことを伝えるとき。

(6) みんなの前でスピーチした生徒をほめるとき。

CHECK! 問題文を理解した上で，相手にどのような働きかけをすれば必要な情報が得られるかイメージし，英語だとどのように表現するか思い浮かべる。

|解 答 例|

(1) Is anyone absent today?

(2) Listen to the CD carefully.

(3) How do you spell "difficult"?

(4) Can you say it louder?

(5) You can use your dictionary if necessary.

(6) Your speech is very good. You did a great job.

|解 説|

(1) 「欠席する」はbe absentが一般的だ。欠席者の名前を確かめるならWho is absent?となる。 (2) 「〜を聴く」はlisten to。toを忘れずに。(3) 「綴る」は動詞spell一語で済む。「綴り」と名詞にして，"What is the spelling of "difficult"?" としてもよい。 (4) 「もっと大きく」はlouderである。 (5) 「必要なら」はif necessary。設問の場合，if you need toとしてもよい。 (6) 「よくできました」はa great jobでよい。

例題 12

生徒に対し英語で問いかけ，生徒に英語で答えさせる授業を行うものとする。以下のような状況でどのように英語で問いかけるか，6単語以内の英語で，先生のセリフを書け。

〈状況〉 生徒に何のスポーツが好きか聞き，生徒から答えを引き出した

い。ただし生徒は最初，What sport do you like?という質問を容易には理解できないものとする。解答はWhat sport do you like? で始め，先生のセリフのみを書け。

CHECK! 　「何のスポーツが好きですか」という質問自体を理解していない状況から，どのように質問を分からせるかがポイント。難しい単語や言い回しを使ったりすると，さらに分からなくなる点に注意が必要だ。

解答例

What sport do you like?

I like soccer.

What sport do you like?

Baseball? Basketball?

What sport do you like?

解説

　What sport do you like? が何についての質問なのかを分からせたいという状況だ。解答例では，まず，What sport do you like? と聞いた上で，先生自身がI like soccer. と答えている。これにより，生徒はsoccerという単語からスポーツが話題であることが理解しやすくなる。その上でWhat sport do you like? と再び聞き，今度はBaseball? Basketball? と具体例を挙げている。これによりさらに，「何のスポーツが好きですか」と聞かれていると理解しやすくなる。

例題 13

生徒に対し英語で問いかけ，生徒に英語で答えさせる授業を行うものとする。あとのような状況でどのように英語で問いかけるか，6単語以内の英語で，先生のセリフを書け。

〈状況〉　生徒に何の果物が好きか聞き，生徒から答えを引き出したい。ただし生徒は最初，What fruit do you like? という質問を容易には理解できないものとする。解答はWhat fruit do you like? で始め，先生のセリフのみを書け。

CHECK! 　「何の果物が好きですか」という質問自体を理解していない状

況から，どのように質問を分からせるかがポイント。

解答例

What fruit do you like?

I like oranges.

What fruit do you like?

Strawberries? Apples?

What fruit do you like?

解説

　例題12と同様の問題。What fruit do you like? が何についての質問なのかを分からせたいという状況だ。解答例では，まず，What fruit do you like? と聞いた上で，先生自身がI like oranges. と答えている。これにより，生徒はorangesという単語から果物が話題であることが理解しやすくなる。その上でWhat fruit do you like? と再び聞き，今度はStrawberries? Apples? と具体例を挙げている。これによりさらに，「何の果物が好きですか」と聞かれていると理解しやすくなる。

例題 14

不定詞を用いて自分の考えや気持ちを表現できることを目標とする単元において，授業の最後に「将来の夢」というテーマのスピーチ活動を設定しました。あなたなら，どのようなモデルスピーチを生徒に提示しますか。英語で答えよ。

CHECK! 　モデルスピーチの作成で注意したいのは，①使わせたい用法を含むこと，②生徒がまねをしやすいようなスピーチにすること，③文法的な誤りやスペルミスをしないことである。

解答例

　Hello, everyone. I want to be a teacher. I want to teach English in junior high school. I study English hard to speak English well.

解説

　モデルスピーチなので，生徒のレベルに合わせる必要がある。平易な単語，単純な文法の英文を作るように心がけたい。

(解答例の全訳)　皆さん，こんにちは。私は先生になりたいです。私は

中学校で英語を教えたいです。私は英語を上手に話すために英語を一生懸命勉強します。

例題 15

英語で自分の意見を主張できるようになることを目標とする単元において，授業の最後に「中学生が携帯電話を持つことについて」というテーマでエッセイを書くアクティビティーを設定しました。あなたなら，どのようなモデルエッセイを生徒に提示しますか。英語で答えよ。

CHECK! 　モデルであるので，生徒が理解しやすくまねしやすいということを重視して書くようにしたい。構成がはっきり分かる文章を書くことが一番重要だ。

解 答 例

　I think junior high school students should have cell phones. There are two reasons.

　First, cell phones are convenient. We can talk to one another about club activities or homework after school.

　Second, cell phones are useful. We can catch signals when an earthquake occurs.

　As a conclusion, junior high school students should have cell phones.

解 説

　意見を主張するエッセイなので，①最初に自分の意見を書く，②複数の理由を順序だてて書く，③最後に結論をまとめる，という構成で書くとよい。

(解答例の全訳) 　中学生は携帯電話を持つ方が良いと思います。理由は二つあります。

　第一に，携帯電話は便利です。クラブ活動や宿題について放課後お互いに話し合うことができます。

　第二に，携帯電話は役に立ちます。地震が起きたときシグナルを受けられます。

　結論として，中学生は携帯電話を持つべきです。

例題 16

高校生がSNS(ソーシャル・ネットワーキング・サービス)を利用することについて，良い面と悪い面の両方を挙げながら，あなたの考える改善策を150語程度の英語で書け。

CHECK! 時事的要素を含んだ問題である。読みやすく説得力のある英文にする。

解答例

These days, social networking services called SNS are becoming the main means of communication for high school students. There are both advantages and disadvantages to them using SNS.

One of the advantages is that SNS make it possible to communicate with all kinds of people easily. For example, some Japanese students exchange messages with foreign students through Facebook. They can learn about different cultures, and learn new opinions on common social issues.

On the other hand, there have been a lot of troubles caused by SNS. Some students get bullied on LINE, because it allows people to post terrible comments in a closed community. What's worse, others may get involved in illegal activities with adults through SNS.

Therefore, I believe that it is important for high school students to learn how to use SNS properly. Parents can discuss the rules and manners of using it with their children and schools can offer classes to teach them its risks. (158 words)

解説

　第1段落では高校生とSNSの現状について述べていて，導入となっている。第2段落では良い面(advantages)について述べている。ここでは，For example 以下で具体例を示している。第3段落では悪い面(disadvantages)について述べているが，disadvantage という単語は使わず，there から SNS までの文章で「悪い面」という意味を表している点に注意。また，Some 以下で第2段落と同様に具体例を述べている。第4段落では，I believe から properly までで結論を述べ，さらに Parents 以下

185

でその具体策を記述している。

例題 17

次のトピックについての立場を明らかにした上で，英語で自分の考えを述べよ。ただし，語数は80語以上とし，コンマ・ピリオド等は語数に含めない。また，使用語数を必ず記入すること。

Topic: "Volunteer work should be compulsory for high school students."

CHECK! まずは賛成か反対かの立場を明確にし，なぜそう主張するのか理由を明記することが必要である。

解 答 例

(賛成の場合の解答例) I agree with this statement. I have two reasons for this. First, high school students are old enough to care not only about themselves but also about other people. So, when a disaster or an emergency occurs, they can be a big help. In order to prepare for such situations, volunteer work would be a good way for high school students to foster the idea of caring about others and contributing to society. Second, through volunteer experience, high school students can acquire some skills and attitudes necessary for their future jobs and can also be a promising workforce in the future. In volunteer work, students should understand what is needed and cooperate with other people. Through volunteer work, every student can obtain the opportunity to learn such skills. For these reasons, I agree that all high school students should be forced to do volunteer work. (145語)

(反対の場合の解答例) I disagree with this statement. First, volunteer work should be done voluntarily when students want to help others or contribute to society. And when they do so, they can feel some joy. If students are forced to do the work, they may lose the joy of volunteering. Next, if volunteer work is compulsory, students will do it because teachers or schools tell them to do so, or the work is necessary for graduation. However, that is not what schools and teachers should do. What is important is that schools and teachers should teach students to make decisions on their own. Volunteer work is done on a voluntary basis and people who are not willing to do should not be forced to do it. For these reasons, I don't agree with the statement. (132語)

解 説

　解答例では賛否両方の英文が示されている。賛成の場合を検証してみると，まずはI agree with…で立場を明確にしている。次に，I have two reasons for thisと述べて主張の理由を記述している。さらに続けて，First及びSecond という表現で具体的な理由を記している。ここでは，Through volunteer workという書き出しで，いわば補足をしていると考えてよい。最後に，For these reasons以下でまとめている。日ごろから，さまざまなテーマにつき，賛否いずれの立場でも自分の考えをまとめられるように準備をしておくことが望ましい。特に学校活動や教育問題については，自分の意見をしっかり持っておく必要がある。

第3章

長文読解

長文読解　空所補充型

例題 1

次の英文は，2人の英語教員(Mr. Sato，Ms. Tanaka)とALT(Mr. Hill)の会話の一部である。あとの各問いに答えよ。

Mr. Sato : Today one of my students asked me the question, "Why do we have to study English?" I started teaching English at this senior high school in April. This was the first time I have been asked such a question. I was so confused, and I didn't know what to say.

Mr. Hil : So, what did you do?

Mr. Sato : Well. I said, "English is an important language for everyone, and you should study it."

Ms. Tanaka : Hmm... English is an important language.... I think you should have said something different. This is a difficult but inevitable question for English teachers. Mr. Hill, I heard you began to study Japanese when you were a junior high school student. Now you speak Japanese fluently. Why did you start studying Japanese in the first place?

Mr. Hill : Well, I like Japanese manga very much. At first, I read Japanese manga written in English. Then I wanted to read them in Japanese. That's why I started to study Japanese. Mr. Sato, why did you decide to study English and become an English teacher?

Mr. Sato : When I was a junior high school student, I talked with an ALT in an English class for the first time. My friends and I asked him some questions about his country. Of course, I made a lot of errors in the lesson, but he could still understand what I wanted to say in English. It was a lot of fun. Since then, I have enjoyed studying English.

I want to share my experience with a lot of students so that is why I became an English teacher.

Mr. Hill : Mr. Sato, you had a wonderful experience. You were able to communicate with someone in English, which gave you motivation, right?

Mr. Sato : Yes. I think [a] is important when students learn English.

Mr. Hill : That's true. I wanted to read Japanese manga in Japanese, so, I began to study Japanese. If students have better reasons for learning English, [1]. As for me, I was able to communicate with a lot of Japanese people about Japanese manga. I could also understand Japanese culture and different ways of thinking through communicating with Japanese people.

Mr. Sato : I see. When we learn foreign languages, we can experience different cultures and discover different ways of thinking.

Ms. Tanaka : When I became an English teacher, I didn't have chances to talk with ALTs during English lessons. Today, we have a lot. [2] now.

Mr. Hill : Of course, students can use more English now in lessons. They sometimes make errors, but they enjoy talking with me.

Mr. Sato : If they can communicate with others in English, they feel [b]. These students tend to be eager to use English in lessons.

Ms. Tanaka : The student who asked you that question today may not be good at English.

Mr. Sato : Exactly. That might be the reason why he asked that question.

Ms. Tanaka : Mr. Sato, what kind of English lessons do you want to

191

have for students who aren't good at English like him?

Mr. Sato : Well, I want to make English lessons that will [c] them to study English.

Ms. Tanaka : Do you have any ideas?

Mr. Sato : Yes. I think the only way for students to gain confidence is to keep making small efforts. [3]. For example, students could practice ordering pizza on the phone, or asking their friends to the movies. If they achieve these goals, they will be actively learning English.

Ms. Tanaka : Mr. Sato, that's a good idea. It would be better to put such activities in your English lessons.

Mr. Hill : I agree with you, too. I want to try this in our English lessons.

Mr. Sato : Thank you, Mr. Hill. If other students ask me that same question, I'll be able to answer it better.

問1 [a]～[c]に入る語の組合せとして最も適切なものを，次の1～4のうちから1つ選べ。

1 a purpose   b indifferent   c enchant
2 a motivation   b confident   c encourage
3 a motivation   b indifferent   c encounter
4 a purpose   b confident   c ensure

問2 [1]に入る最も適切なものを，次の1～4のうちから1つ選べ。

1 they will correct their errors whenever students make mistakes in English

2 they think about good communicative activities for foreign people

3 they conduct language activities in each lesson so that they can use English

4 they will be more likely to work hard and keep studying English

問3　[　2　]と[　3　]に入る最も適切なものを，それぞれ次の1〜6のうちから1つ選べ。

1　English teachers have to make their lessons unenjoyable

2　Speaking both English and Japanese would be better for students

3　Students can communicate in English with ALTs and English teachers

4　The bilingual experience appears to influence our ways of living in the past

5　English teachers should teach English grammar for better communication

6　To accomplish this, students should communicate in English using real world examples

解答

問1　2　　問2　4　　問3　[2]　3　　[3]　6

解説

問1　a　生徒が英語を学ぶときに大切だとサトウ先生が考えているのは，motivation「モチベーション」。

　　　b　生徒は他人と英語でコミュニケーションをとることができると，どのように感じるか。confident「自信に満ちた」。

　　　c　サトウ先生は，生徒に英語を勉強するよう促すような授業をしたいと考えている。encourage O to 〜「O が〜するよう励ます」。

問2　「生徒たちに英語を学ぶ十分な理由があれば」に続く文。4の「彼らはより一生懸命に取り組み，英語を学び続けるだろう」が適切。

問3　空所2の直前は，以前と比べると今は授業中に英語を話す機会が多いという文脈。3の「生徒たちはALTや英語教師と英語でコミュニケーションをとることができる」が正解。

　　　空所3の直後では，電話でピザを注文する練習や友人を映画に誘うなど具体的なコミュニケーションの場面例が挙げられている。よって6の「これを達成するために，生徒は実例を使い英語でコミュニケーションするべきだ」が正しい。

例題2

次の英文を読み，(1)〜(4)の問いに答えよ。

When Tom Shicowich's toe started feeling numb in 2010, he brushed it off as a temporary ache. At the time, he didn't have health insurance, so he put off going to the doctor. The toe became infected, and he got so sick that he stayed in bed for two days with what he assumed was the flu. When he finally saw a doctor, the ① immediately sent Shicowich to the emergency room. Several, days later, ② amputated his toe, and he ended up spending a month in the hospital to recover.

Shicowich lost his toe because of ③ of Type 2 diabetes as he struggled to keep his blood sugar under control. He was overweight and on diabetes ④ , but his diet of fast food and convenient, frozen processed meals had pushed his disease to life-threatening levels.

After a few more years of trying unsuccessfully to treat Shicowich's diabetes, his doctor recommended that he try a new program designed to help patients like him. Launched in 2017 by the Geisinger Health System at one of its community hospitals, the Fresh Food Farmacy provides healthy foods—heavy on fruits, vegetables, lean meats and low-sodium options—to patients in Northumberland County, Pennsylvania, and teaches them how to incorporate those foods into their daily diet. Each week, Shicowich, who lives below the federal poverty line and is food-insecure, picks up recipes and free groceries from the Farmacy's food bank and has his nutrition questions answered and blood sugar monitored by the dietitians and health care managers assigned to the Farmacy. In the year and a half since he joined the program, Shicowich has lost 60*lb., and his *A1C level, a measure of his blood sugar, has dropped from 10.9 to 6.9, which means he still has diabetes but it's out of the dangerous range. "It's a major, major difference from where I started from," he says.

194

"It's been a life-changing, lifesaving program for me."

Geisinger's program is one of a number of groundbreaking efforts that finally consider food a ⎡ ⑤ ⎤ part of a patient's medical care—and treat food as medicine that can have as much power to heal as drugs. More studies are revealing that people's health is the sum of much more than the medications they take and the tests they get—health is affected by how much people sleep and exercise, how much stress they're shouldering and, yes, what they are eating at every meal. Food is becoming a particular focus of doctors, hospitals, insurers and even employers who are frustrated by the slow progress of drug treatments in reducing food-related diseases like Type 2 diabetes, heart disease, hypertension and even cancer. They're also encouraged by the growing body of research that supports the idea that when people eat well, they stay healthier and are more likely to control chronic diseases and perhaps even avoid them altogether. "When you prioritize food and teach people how to prepare healthy meals, *lo and behold, it can end up being more impactful than medications themselves," says Dr. Jaewon Ryu, interim president and CEO of Geisinger. "That's a big win."

The problem is that eating healthy isn't as easy as popping a pill. For some, healthy foods simply aren't available. 【A】 So more hospitals and physicians are taking action to break down these barriers to improve their patients' health. 【B】 In cities where fresh produce is harder to access, hospitals have worked with local grocers to provide discounts on fruits and vegetables when patients provide a "prescription" written by their doctor; the Cleveland Clinic sponsors farmers' markets where local growers accept food assistance vouchers from federal programs like *WIC as well as state-led initiatives. 【C】 And some doctors at Kaiser Permanente in San Francisco hand out recipes instead of (or along with) prescriptions for their patients, pulled from the organization's Thrive Kitchen, which also provides

195

low-cost monthly cooking classes for members of its health plan. Hospitals and clinics across the country have also visited Geisinger's program to learn from its success. 【D】

But doctors alone can't accomplish this food transformation. (6)[but / that / healthier members / also / only / avoid / recognizing / live longer / not] expensive visits to the emergency room, insurers are starting to reward healthy eating by covering sessions with nutritionists and dietitians. In February, Blue Cross Blue Shield of Massachusetts began covering tailored meals from the nonprofit food program Community Servings for its members with congestive heart failure who can't afford the low-fat, low-sodium meals they need. Early last year, Congress assigned a first ever bipartisan Food Is Medicine working group to explore how government-sponsored food programs could address hunger and also lower burgeoning health care costs borne by Medicare when it comes to complications of chronic diseases. "The idea of food as medicine is not only an idea whose time has come," says Dr. Dariush Mozaffarian, a cardiologist and the dean of the Friedman School of Nutrition Science and Policy at Tufts University. "It's an idea that's absolutely essential to our health care system."

*lb : pound

*A1C : hemoglobin A1C

*lo and behold : look and see

*WIC : Special Supplemental Nutrition Program For Women, Infants, and Children

(TIME March 4, 2019　より引用)

(1)　本文中の～に入る語の組み合わせとして最も適当なものを次のA～Dから1つ選び，記号で答えよ。

	①	②	③	④
A	physician	surgeons	medications	complications

B	surgeons	physician	medications	complications
C	physician	surgeons	complications	medications
D	surgeons	physician	complications	medications

(2) 本文中の ⑤ に入る最も適当なものを次のA〜Dから1つ選び，記号で答えよ。

   A evaluative   B critical   C desperate   D negative

(3) 次の英文を入れるのに最も適当な箇所を本文の【A】〜【D】から1つ選び，記号で答えよ。

   And if they are, they aren't affordable.

(4) 下線部⑥の[　]内の語句を意味が通るように並べかえよ。ただし，文頭に来る語も小文字で示してある。

解答

(1)　C　　(2)　B　　(3)　A　　　(4)　Recognizing that healthier members not only live longer but also avoid

解説

食べ物が健康において果たす役割について述べている文章である。

(1) Shicowich氏はインフルエンザだと思い，2日間ベッドにいたと第1段落の3文目に述べられている。そのため，最初は①physician「内科医」に診てもらったことが推測される。しかし，すぐに緊急治療室に運ばれ，数日後足指を切断したとあるので，次に②surgeons「外科医」が診断を下したと考えられる。つまり，③complications「合併症」のために足指を失い，肥満で糖尿病の④medications「薬物治療」を行ったということがわかる。

(2) 第4段落の1文目にあるダッシュの前後が似た意味のことを述べている。ダッシュの直後は，「食べ物を，薬と同じくらいに治す効果があるものとして扱う」という意味である。そのため，⑤には「重要な意味を持つ」という意味のcriticalが入る。

(3) affordableとは「値段が手頃である」という意味。挿入すべき語句の"And if they are"の後ろには【A】の直前にあるavailableが省略されている。つまり「入手可能であったとしても，値段が手頃ではない」という意味の表現である。

(4) 下線部の後に主節が来ているが，下線部には副詞節を導く接続詞が
ない。そのため分詞構文を使う。not only ～ but also …を使って2つ
の動詞を結びつける。

例題3

次の(1)，(2)に示す二つの英文は，*Jeremy Harmer* が著書 *The Practice of English Language Teaching* で述べているものである。

(1) 次の英文は，"The CEFR levels" について説明している一部である。この英文を読んで，本文中の [＿＿＿] に当てはまる語句として最も適切なものを，あとの①～⑤から1つ選べ。

The CEFR levels

The Common European Framework of Reference (CEFR) was the result of collaboration between the Council of Europe and the Association of Language Testers in Europe (ALTE). It proposes a six-level frame of reference to describe [＿＿＿]. Originally designed to take account of the plurality of languages within Europe (the levels are equally applicable to any language), the CEFR has become widely referenced in many different parts of the world.

The six levels of the CEFR are A1 (breakthrough or beginner), A2 (waystage or elementary), B1 (threshold or intermediate), B2 (vantage or upper-intermediate), C1 (effective operational proficiency or advanced), and C2 (mastery or proficiency). They do not all describe equally long stretches of ability (which has led some to come up with labels such as B1 + , etc.) but what makes them special is that they are described not in terms of linguistic elements, but instead in terms of 'can do' statements, which describe what people are able to do with the language. Thus at the A1 level, a speaker 'can introduce himself/herself and others and can ask and answer questions about personal details such as where he/she lives, people he/she knows and things he/she has'.

At the B1 level, students 'can deal with most situations likely

---

to arise while travelling in an area where the language is spoken' whilst at the C1 level, they can 'express ideas fluently and spontaneously without much obvious searching for expressions' and 'can use language flexibly and effectively for social, academic and professional purposes'. When students have reached 'mastery or proficiency' (that is the C2 level) they can 'express themselves spontaneously, very fluently and precisely, differentiating finer shades of meaning even in the most complex situations'.

① what people are able to do with the CEFR
② what teachers at the different levels are able to teach
③ how students at the same levels are able to learn
④ how teachers at the same levels are able to teach
⑤ what students at the different levels are able to do

(2) 次の英文は，"Viewing and listening techniques" について説明している一部である。この英文を読んで，本文中の（　ア　）～（　エ　）に当てはまる語句の組合せとして最も適切なものを，あとの①～⑤から1つ選べ。

Viewing and listening techniques

All of the following viewing and listening techniques are designed to awaken the students' curiosity through prediction, so that when they finally watch a film sequence in its entirety, they will have some expectations about it, and will be eager to see if these are fulfilled.

〔省略〕

Freeze frame　At any stage during a video sequence, we can 'freeze' the picture, stopping the participants dead in their tracks. This is extremely useful for (　ア　) the students what they think will happen next or what a character will say next.

Partial viewing　One way of arousing the students' curiosity is to allow them only a partial view of the pictures on the screen. We can use pieces of card to cover most of the screen, leaving only the edges on view. Alternatively, we can put little squares of paper all over the screen and remove them one by one so that what is happening is only gradually revealed. Trying to work out exactly what is going on with such partial viewing encourages the students to (イ) the language they are hearing – and this forces them to listen very carefully.

〔省略〕

Pictureless listening(language)　The teacher covers the screen, turns the monitor away from the students or turns the brightness control right down. The students then listen to (ウ) and have to guess such things as where it is taking place and who the speakers are. Can they guess their age, for example? What do they think the speakers actually look like?

〔省略〕

Videotelling　We can ask the students to predict what they are going to see, based on clues we give them. We can then use their predictions to build up a story, which we use to introduce language. Next we show them the video clip to see if it (エ) their predictions and then have them tell the story of what they saw.

① ア asking　　イ summarise　　ウ a dialogue
　 エ matches
② ア proposing　イ contextualise　ウ an instruction
　 エ makes
③ ア proposing　イ summarise　　ウ a dialogue
　 エ makes
④ ア asking　　イ contextualise　ウ a dialogue
　 エ matches

⑤　ア　proposing　　イ　summarise　　　ウ　an instruction
　　エ　matches

解答

(1)　⑤　　(2)　④

解説

中程度の長さの英文を読んで，空所に入る表現や語(句)を選択する問題である。

(1)　CEFR(ヨーロッパ言語共通参照枠)についての英文である。CEFRの等級はA1，A2，B1，B2，C1，C2の6段階に分かれており，「can-do descriptors」を用いて，学習者がその言語で「具体的に何ができるか」を，レベル別に示している。

(2)　ビデオや映画等を視聴するテクニックについての説明文である。
　　ア　ビデオを途中で止めて何をするかという動詞の部分を答える問題である。　イ　聞いている言葉を場面や状況に当てはめるよう促す，という内容である。　ウ　この空所の同じ文に出てくるitやthe speakersという表現に注目する。ここでのitがウに入る言葉である。また，the speakersと複数になっているため，複数での対話であることがわかる。　エ　仮にmakesを入れると「生徒に予想をさせる」という意味になるが，このVideotellingの項の1文目でまず予測をさせ，それからその予測に基づいてストーリーを作るという記述がある。その後に何をするかを述べている部分であるから，さらにここから予測をさせるのは文脈に合わない。

例題 4

次の英文の空所に最も適するものをあとのア～コから選び，記号で答えよ。(選択肢の書き出しはすべて小文字にしてある)

The idea of "law" exists in every culture. All societies have some kind of law to keep order and to control the interactions of people with those around them. The laws of any culture tell people three things : what they can do (their rights), what they must do (their duties) and what they may not do (illegal actions). In addition, there are usually specific types of punishment for those who break the law.

Although all societies have laws, the idea of justice —(①) and how "wrong" should be punished—can differ widely. In most Western cultures, it is thought that punishing criminals will prevent them from committing other crimes. Also, it is hoped that the fear of punishment will prevent other people from committing similar crimes ; in other words, (②) because of fear of punishment. In most non-Western cultures, by contrast, punishment is not seen as a deterrent. Instead, great importance is placed on restoring balance in the situation. A thief, for example, may be ordered to return the things he has stolen instead of, as in Western societies, spending time in prison.

Another difference in the concept of justice lies in various societies' ideas of what laws are. In the West people consider "laws" quite different from "customs". In many non-Western cultures, however, (③). Thus, an action may be considered a crime in one country but be socially acceptable in others. For instance, although a thief is viewed as a criminal in much of the world, in a small village where there is considerable communal living and sharing of objects, the word thief may have little meaning. (④).

Most countries have two kinds of law: criminal and civil. People who have been accused of acts such as murder or theft are tried in the criminal justice system, while (⑤). The use of the civil system reflects the values of the society in which it exists. In the United States, (⑥), civil law has become "big business". There are over 700,000 lawyers in the United States, and many of them keep busy with civil lawsuits ; that is, (⑦). If a man falls over a torn rug in a hotel and breaks his arm, for instance, he might decide to take the hotel owners to court so that they will pay his medical costs. In a country like Japan, by contrast, there is very little use of the civil justice system. Lawsuits are not very popular in Japan, (⑧), and where people would rather reach agreements outside court.

202

In societies where courts and judges simply don't exist, self-help is necessary and socially acceptable in disputes. (　⑨　), the owner's friends and relatives may get together and help him get the animal back. In small villages, everyone, in a sense, becomes a judge ; in such societies, where people's neighbors are also friends, members of their families, or co-workers, (　⑩　). Social disapproval of people's activities can serve both as powerful punishment for and as a strong deterrent to crime.

(注)　deterrent：抑制力　　criminal law：刑事法　　civil law：民事法

ア．there is little separation of customs and laws

イ．where social harmony (peaceful agreement) is even more important than individual rights

ウ．what is "right" and "wrong"

エ．the opinions of the villagers are very important

オ．someone who has taken something without asking is simply considered an impolite person

カ．people who are considering a life of crime will decide against it

キ．if a cow has been stolen

ク．where personal, individual justice is considered very important

ケ．they work for people who want to bring legal action against others

コ．civil justice deals with people who are believed to have violated others' rights

解 答
①　ウ　　②　カ　　③　ア　　④　オ　　⑤　コ
⑥　ク　　⑦　ケ　　⑧　イ　　⑨　キ　　⑩　エ

解 説
①　直前の the idea of justice の説明にあたる文を選ぶ。
②　in other words「言いかえれば，つまり」があるので，その前の文の「処罰が怖いために犯罪を思いとどまる」という内容に近いものを選ぶ。
③　however があるので，前の文の内容と反対のものを選ぶ。

④　「『泥棒』という言葉が意味を持たない」という，直前の内容を補強している文がオ。

⑤　while「ところが一方」があるので，criminal justice と対立する civil justice を説明しているコを選ぶ。

⑥　the United States を先行詞にとれる関係副詞節はイとクの2つあるが，内容からクに決まる。

⑦　that is「つまり」があるので，前の文の lawyers の説明にあたるケを選ぶ。

⑧　あとに関係副詞 where の節があるので，ここも文法的に同じ形のイがきて，先行詞 Japan を修飾する。

⑨　文末に get the animal back があるので，動物を話題にしたキが入ると見当をつける。

⑩　セミコロンの前の内容と適合するのがエ。

全訳

　「法」の概念はどの文化にも存在する。すべての社会が，秩序を維持し，まわりの人々との相互作用を規制するある種の法を持っている。どの文化の法でも，人々に3つのことを示している。何をしてよいか(権利)，何をしなければならないか(義務)，何をしてはいけないか(違法な行為)ということである。加えて，ふつうは法を破る人に対する特別な処罰規定がある。

　すべての社会に法があっても，何が「正しい」か「正しくない」か，そして「間違い」はいかに罰せられるべきかといった，正義の概念にはかなりの違いがある。ほとんどの西洋文化では，犯人を罰すれば，彼らが別の犯罪を犯すことを防止できると考えられている。また，処罰の恐怖は他の人間が同じ罪を犯すことを防止するだろう，言いかえれば，犯罪者になることを考えている人間が，処罰を恐れて犯罪を思いとどまるだろうということが期待されている。対照的に，ほとんどの非西洋文化では，刑罰は抑止力として考えられていない。それよりも，状況の均衡を回復することに重点が置かれている。例えば，泥棒は，西洋社会のように監獄で時間を過ごす代わりに，盗んだ物を返すように命じられるだろう。

　正義の概念のもう一つの違いは，各社会での法とは何かという概念の

違いにある。西洋では，人々は「法」は「慣習」とはまったく異なると考えている。しかし多くの非西洋文化では，法と慣習の区別はほとんどない。そこで，ある社会では犯罪と考えられるものが，他の社会では許容されることがある。例えば，泥棒は世界の多くの地域では犯罪者であるが，共同生活と物の共有がかなり存在する小さな村では，泥棒という言葉がほとんど意味を持たないかもしれない。伺いをたてずに物をとった人は単に無作法な人間だと考えられるだけだ。

　たいていの国には，刑法と民法という2種類の法律がある。殺人や窃盗のような行為で告訴された人は，刑事法制度で裁かれるが，民事法制度では，他人の権利を侵害したと思われる人を扱う。民事法の適用はその社会の価値観を反映している。合衆国では，各人の個人的な正義が非常に重要であると考えられていて，民事法は「ビッグビジネス(大きな産業)」になっている。合衆国には70万人以上の弁護士がいて，多くが民事訴訟で，つまり他人に対して法的な訴えを起こしたい人たちのために働いていて，常に忙しい。例えば，もし人がホテルの破れた敷物の上でころんで腕の骨を折ったら，医療費の支払いを求めてホテルオーナーを裁判に訴えることを決心するだろう。日本のような国では対照的に，民事法制度を使うことがほとんどない。日本では，社会的な協調精神(平和的な解決)が個人の権利よりもはるかに重要であるため，訴訟はあまり一般的ではなく，裁判以外で合意に達することのほうが多い。

　法廷や裁判官がまったく存在しない社会では紛争において自力救済が必要で，社会的に容認されている。もし牛が盗まれたら，所有者の友人や親類が集まって，動物を取り戻すのを手伝うだろう。小さな村では，だれもが裁判官であると言ってもよい。そのような社会では，隣人が友人や家族や同僚でもあり，村人の意見がとても重要である。人々の行動に対する社会的非難は，犯罪に対して効果的な処罰になるし，強力な抑止力にもなる。

例題 5

次の会話文の空所に入る最も適当なものをそれぞれ選べ。

My uncle was just about the worst farmer that ever lived. He wanted to plant something to bring him cash and see it grow. I myself planted more than a hundred *pomegranate trees. I drove a tractor, too, and so did my uncle. My uncle just liked the idea of planting trees and watching them grow. Only they wouldn't grow. It was on account of the soil. The soil was desert soil. (①).

One day my uncle and I got out of the Ford roadster and began to walk over the dry earth. We continued to walk over the dry land. When we came to some holes in the earth my uncle stood over them.

"This land is my land," he said. "Who lives down there?"

"Prairie dogs."

"What are they?"

"Well, (②). They belong to the same family as squirrels and beavers."

"What are all these things doing on my land?"

"They don't know it's your land. They're living here the same as ever."

"Do you think I scared them or anything?"

"I don't know for sure."

"(③). I'm going to build a house here some day."

"I didn't know that."

"I'm going to build a magnificent house."

"It's pretty far away."

"It's only an hour from town."

"If you go fifty miles an hour."

"It's not fifty miles to town. (④)."

"Well, you've got to take a little time out for rough roads."

"I'll build me the finest house in the world. What else lives on this land?"

"Well, there are three or four kinds of snakes."

"Poisonous or non-poisonous?"

"(⑤). The rattlesnake is poisonous, though."

"Do you mean to tell me there are rattlesnakes on this land?"

"This is the kind of land rattlesnakes usually live on."

"How many?"

"Per acre? Or on the whole six hundred and forty acres?"

"Per acre."

"Well, (⑥). Maybe only two."

"How many is that to the whole place?"

"Well, let's see. Two per acre. (⑦)."

"What else have we got around here that's poisonous?"

"I don't know of anything else. All the other things are harmless. The rattlesnakes are harmless, too, (⑧)"

"All right, you walk ahead and watch where you're going. If you see a rattlesnake, don't step on it. I don't want you to die at the age of eleven."

"Yes sir. I'll watch carefully."

"I'm going to make a garden in this awful desolation."

"Yes sir."

"I know what my problems are, and I know how to solve them."

"How? Do you mean the prairie dogs or the rattlesnakes?"

"I mean the problems. Well, the first thing I'm going to do is hire some Mexicans and put them to work."

"Doing what?"

"Clearing the land. Then I'm going to have them dig for water. After we get water, I'm going to have them plow the land, and then I'm going to plant."

"Wheat?"

"Wheat?" my uncle shouted "(⑨)? Bread is five cents a loaf. I'm going to plant pomegranate trees. They're practically unknown in this country. Ten, fifteen, maybe twenty cents each. I have in mind planting several other kinds of trees."

"Peach? How about apricots? I hope the Mexicans don't have any trouble finding water. Is there water under this land?"

"Of course. The important thing is to get started. I don't suppose apple trees would grow on this kind of land."

"(⑩)."

He started the car and we drove off the dry land on the dry road. The car bounced about slowly until we reached the road and then we began to travel at a higher rate of speed on the way back home.

(注) pomegranate：ザクロ

① (a) It was very green　(b) It was like mud itself
　　(c) It was dry　(d) It seemed fresh and wet
② (a) they're something like rats
　　(b) they belong to the family of birds
　　(c) they're similar to crocodiles
　　(d) they look like snakes
③ (a) Whenever I knew, I scared them
　　(b) If I did, I didn't mean to
　　(c) Even if I scared them, they were safe
　　(d) Tell me what I did
④ (a) It's seventy　(b) It's more than sixty
　　(c) It's just sixty　(d) It's thirty-seven
⑤ (a) Mostly non-poisonous　(b) Almost all
　　(c) All of them　(d) Nearly poisonous
⑥ (a) I like to say there are about two per acre, progressively
　　(b) I think there are about three per acre, originally
　　(c) I'd say there are about three per acre, conservatively
　　(d) I suppose there are about two per acre, instinctively
⑦ (a) About eleven hundred as a whole
　　(b) Nearly thirty thousand at least
　　(c) Approximately four hundred at best

    (d)   About thirteen hundred of them

⑧ (a)   unless you step on them

    (b)   if you stand on the wrong place

    (c)   otherwise you walk on them

    (d)   in case you put your foot on the tail

⑨ (a)   Shall I deal with rice

    (b)   What do I want with wheat

    (c)   How should I plant potatoes

    (d)   Why do I have to eat bread

⑩ (a)   Yes, and I like fruits exceptionally

    (b)   I don't know what the important thing is

    (c)   I understand you're worrying about the Mexicans

    (d)   No, but I don't like apples anyway

解答

① (c)　　② (a)　　③ (b)　　④ (d)　　⑤ (a)

⑥ (c)　　⑦ (d)　　⑧ (a)　　⑨ (b)　　⑩ (d)

解説

① 前でdesert soilと言っている。

② あとに「リスやビーバーと同じ科」とある。

③ (b)が話の流れとして適切。did = scared them

④ 次に,「でこぼこ道の分は少し余計に時間がかかる」とあるので, 実際の距離は50マイルより少なくて, 1時間かかるとわかる。

⑤ あとの言葉で, ガラガラヘビだけが毒ヘビだとある。

⑥ あとでonly twoと繰り返しているので,「控え目に言って3匹くらい」という(c)が適当。

⑦ 少し前のせりふから, 土地全体が640エーカーとわかる。2匹×640 = 1280匹。

⑧ unless「～しなければ」 in case「もし～したら」

⑨ 直後に, パンを作っても儲からないと言っているので, 小麦のことは考えていないとわかる。

⑩ その前の「リンゴの木は育ったんだろう」というおじさんの言葉に対

する相づちなので，(d)が適切。

‖全訳‖

　私のおじさんはどうやらこの上なく最悪な農夫だった。彼は金儲けのために何かを植えて，それが育つのを見たいと思ったのだ。でも，100本以上のザクロの木を植えたのは私だった。私はトラクターも運転した。これはおじさんもやったが。おじさんは木を植えて，それらが成長するのをながめるという考えが気に入っていただけだった。しかし，結局はそれらはまったく育たなかった。土壌のせいだった。土が砂漠の土で，乾燥していたのだ。

　ある日，おじさんと私はフォードロードスターから降りて，乾いた土の上を歩き始めた。私たちは乾いた土地を歩き続けた。土中にいくつか穴が開いたところに来ると，おじさんはそれらを見下ろすように立った。
「この土地は俺の土地だ」と彼は言った。「だれがこの下に住んでいるんだ？」
「プレーリードッグだよ」
「それは何者か」
「えーと，ネズミのようなものだよ。リスやビーバーと同じ科に属しているよ」
「こいつらはみんな俺の土地で何をしているんだ？」
「彼らはここがおじさんの土地だなんて知らないよ。彼らはずっと同じようにここに住んでいるだけさ」
「お前は俺があいつらを怖がらせたとか何とか思っているんじゃないか」
「さあ，どうかな」
「もしそうだったとしても，わざとじゃあない。俺はいつかここに家を建てるつもりなんだ」
「それは知らなかったよ」
「すごい家を建てるんだ」
「かなり遠いよね」
「町からたった1時間さ」
「もし時速50マイルで来ればね」
「町まで50マイルもないぞ。37マイルだ」
「うーん，でこぼこ道の分を少し差し引かなくちゃならないでしょ」

「世界で最高の家を俺のために作るんだ。この土地にはほかに何が住んでいるんだ？」

「えーと，3～4種類のヘビがいるよ」

「毒のあるやつか，ないやつか」

「たいていは毒を持っていないよ。ガラガラヘビは毒ヘビだけど」

「この土地にガラガラヘビがいるというのか」

「ここはふつうはガラガラヘビがいるような土地だよ」

「何匹いるんだ？」

「1エーカー当たり？　それとも640エーカー全体で？」

「1エーカー当たりで」

「えーと，控え目に言って，1エーカー当たりに3匹くらいかな。たった2匹かも」

「土地全体だとどうなる？」

「えーと，1エーカー当たり2匹だから，約1300匹だね」

「そのほかに毒を持っているようなものが，このあたりにいるかね？」

「ほかのものについては知らないよ。ほかのものはみな，害はないよ。ガラガラヘビだって無害なんだよ，そいつらを踏まなければ」

「よろしい，お前が先に立って歩きなさい。前をよく見てな。もしガラガラヘビを見たら，踏むんじゃないぞ。俺はお前に11歳で死んでほしくないからな」

「はい，注意して見ます」

「俺はこのひどい荒地に菜園(果樹園)を作るつもりだ」

「はい，おじさん」

「俺は何が問題かわかってるし，それらの解決方法も知っているんだ」

「どうするの？　プレーリードッグやガラガラヘビのこと？」

「重要な問題のことだよ。えー，まず最初に俺がすることはメキシコ人を何人か雇って働かせることだ」

「何をするの？」

「土地をきれいにする。それから井戸を掘らせる。水が出たら，彼らに土地を耕させ，それから俺が植える」

「小麦を？」

211

「小麦だと？」おじさんは叫んだ。「小麦でどうするんだ？　パンは1個5セントだぞ。俺はザクロの木を植えるんだ。この国ではほとんど知られていないから，1個が10セント，15セント，おそらく20セントになる。いくつか他の種類の木を植えることも考えているよ」

「桃？　アプリコットはどう？　メキシコ人たちが苦労しないで水を見つけられるといいね。この土地の下に水はあるの？」

「もちろんさ。重要なのはまず始めることだ。こういう土地ではリンゴの木は育たんだろう」

「そうだね。どっちにしろ，僕はリンゴが好きじゃないから」

　おじさんが車を発進させ，私たちは乾燥した土地を後にして，乾燥した道路に向かった。車は道路に出るまでゆっくりと上下に揺れたが，出るやいなや，私たちは家に向かってずっと速いスピードで走り始めた。

例題6

次の英文の空所に入れるのに最も適当な語を，それぞれの①〜④から1つ選べ。

　From a very early age, perhaps the age of five or six, I knew that when I grew up I should be a writer. Between the ages of about seventeen and twenty-four I tried to abandon this idea, but I did so with the consciousness that I was (1) my true nature and that sooner or later I should have to settle down and write books.

　I was the middle child of three, but there was a gap of five years on either side, and I barely saw my father before I was eight. For this and other reasons I was somewhat lonely, and I soon developed (2) behavior which made me unpopular throughout my schooldays. I had the lonely child's habit of making up stories and holding conversations with (3) persons, and I think from the very start my literary ambitions were mixed up with the feeling of being isolated and (4). I knew that I had a facility with words and a power of facing unpleasant facts, and I felt that this created a sort of private world in which I could make up for my (5) in everyday life.

Nevertheless, the volume of serious writing which I produced all through my childhood and boyhood would not amount to half a dozen pages.

1　① satisfied　　② offending　　③ acting　　④ pleased

2　① disagreeable　　② agreeable　　③ attractive

　　④ distinguished

3　① real　　② actual　　③ unimaginable　　④ imaginary

4　① undervalued　　② overvalued　　③ valued equally

　　④ valued properly

5　① progress　　② ability　　③ success　　④ failure

解答

1　②　　2　①　　3　④　　4　①　　5　④

解説

1　「自分の本当の性質に背いているという意識」 offend「〜に背く」

2　behaviorのあとの関係代名詞節に「不人気にした」とあるから否定的な形容詞を選ぶ。

3　「作り話をでっち上げたり，架空の人物と会話をしたりという孤独な子供の性癖」 imaginary「架空の，想像上の」

4　「孤立感と軽視されているという感情が混じり合ったもの」 undervalue「〜を軽視する，〜を過小評価する」

5　空所の前make up for 〜は「〜の埋め合わせをする」の意だから，目的語は否定的な語になる。

全訳

　非常に幼い頃から，たぶん5歳か6歳の頃，私は大きくなったら作家になるのだとわかっていた。だいたい17歳から24歳くらいまでの頃，私はこの考えを捨てようとしたが，そうしながらも，自分は自分の本質に背いているし，いずれは落ち着いて本を書かざるを得なくなるだろうという意識は持っていた。

　私は3人きょうだいの真中だったが，どちらにも5歳の開きがあったし，8歳になる前はほとんど父親に会わなかった。このことやほかの理由で，私はいくぶん一人ぼっちだったし，まもなく学校時代を通して私を人気

213

のない者にした無愛想な行動が身についた。私は作り話をでっち上げたり，架空の人物と会話をするという孤独な子供の性癖を持っていた。そしてそもそも最初から私の文学の野心は孤立感と軽視されているという感情が混じり合っていたと思う。私は言葉の才があり，不愉快な事実に直面する力があるのは知っていたし，このことが毎日の生活での私の失敗の埋め合わせをすることのできる一種の私的な世界を創造したのだと思う。それにもかかわらず，幼少時代と少年時代を通して私が作り出したまじめな文章の量は6ページにもならないものだった。

例題 7

次の各問いに答えよ。

問1　次に示されたA～Cの各文を入れるのに最も適当な箇所を，下の文章中の①～⑥のうちからそれぞれ1つずつ選べ。

A　Similarly, air does not conduct heat as well as water.

B　They, too, are poor conductors of heat and so a very good protection against cold.

C　This can be easily proved.

Some people wear a fur coat for warmth in winter, but few realize that the fur in itself is not really warm at all. In fact, it has the same temperature as its environment. It does not warm us but keeps us warm. The source of heat is our body, not the fur. Fur is specially suited to preserving body heat by preventing it from flowing off into the cold surroundings. In other words, fur does not let heat pass through it easily : it is a poor conductor of heat.

Different materials conduct heat differently. A frying pan with an iron handle soon gets too hot to be touched. This is because iron allows heat to pass through it very quickly. We prefer our frying pans to have wooden handles since wood is a poor heat conductor. (　①　) We would find a room of 22℃ quite comfortable even if we wore just a swimsuit, while bath water of the same temperature is unpleasantly cool. (　②　) The water takes heat from our warm body much more quickly than the air does.

Different parts of our body conduct heat differently. (③) An object that is too hot to be touched for more than a second with our hands or lips can be in contact with a fingernail for some time. That is because a fingernail is a poor conductor of heat and the heat only reaches the sensitive layer under the nail gradually. (④)

Hair and feathers consist of materials similar to nails. (⑤) In addition to this feature, they keep a layer of air underneath. So geese, hares, and even bears in Siberia do not need special winter coats. They have been given warm coats by Nature. (⑥) Humans, having only a very small amount of natural hair, have hunted birds and animals for their feathers and fur since ancient times, and we still use feather bedcovers and wool blankets.

問2　次に示されたA～Cの各文を入れるのに最も適当な箇所を，下の文章中の①～⑥のうちからそれぞれ1つずつ選べ。ただし，各段落に一文ずつ入れよ。

A　These activities do not teach them how to get along with others.

B　They need space, especially outdoors, so that they can run, jump, and yell.

C　It is very doubtful, however, whether any Japanese children get that much free time.

When we watch kittens and puppies playing, we realize that through play they are learning how to live. They learn various physical skills, such as how to jump over barriers without getting hurt. They also learn social interaction. For example, if a kitten bites his sister too hard, she will get angry and bite him back. These physical and social skills form part of the training that young animals need in order to grow up.

(①) Just as kittens and puppies learn about how to live through play, so do children. But in present-day Japan, especially in cities, there is not much space for children to play in. Children need to release their energy for their mental and physical health. (　②　)

Another point to consider is how much time children have to play. Some people say that four to five hours a day of playing outdoors with others is necessary, even for twelve-year-olds.(　③　) Concerned about their future in an increasingly competitive society, parents generally tell their children to study more ; very few would tell them to go out and play. (　④　)

What do these children do at home when they are not studying? They tend to spend time by themselves. They play video games or watch TV, for instance. (　⑤　) This can only be learned through playing with other children. They need to play without being told what to do by adults in order to learn about leadership and group harmony on their own. (　⑥　) Outdoor space is particularly suitable for this purpose. Children need a proper outdoor environment where they can freely spend their time playing with friends.

解答

問1　A　①　　B　⑤　　C　③
問2　A　⑤　　B　②　　C　③

解説

問1　まず全体の流れを把握する。第1段落では，毛皮が暖かいのは熱伝導率が低いからだということが述べられる。第2段落では，素材によって熱伝導率も異なることが述べられている。第3段落では，「体の部分によって熱伝導率が異なることが述べられている。最終段落では，毛や羽毛について述べられている。

　Aの訳は「同様に，空気は水ほど熱を伝えない」である。「同様に」ということから前文に熱伝導率の低いものについて述べられている必要がある。素材によって熱伝導率が異なることが述べられているのは第2段落である。①か②に補う。①の前文には「木の方が熱は伝わりにくいので，木の柄のついたフライパンの方が好まれる」となってい

て，木は熱伝導率が小さいことが述べられているので，①のところに補えると見当がつく。①の後の文は「気温22度の部屋は快適だが，風呂の湯が同じ温度だと冷たくて入っていられない」と述べられ，「空気と水」の話になっているので，①のところに補うのが適切。

　Bの訳は「それらもまた，熱を伝えにくいので寒さを防ぐのに非常によい」となる。They「それら」が指す複数名詞が前文にある必要がある。前文に複数名詞があるのは③，⑤，⑥の箇所である。③に入れるとTheyは体の部分を指し「寒さを防ぐのによい」との記述につながらない。⑥に入れるとTheyはガチョウ，ウサギ，シベリアのクマを指すことになり不自然。⑤ならHair and feathersをTheyが指すことになり，「熱を伝えにくい爪と同様の物質からできている」との前文とのつながりも自然だし，後の文の「この特徴に加え」のthis featureが「熱伝導率の低いこと」を指すことになる。⑤に補うのが適切。

　Cの訳は「このことは簡単に確かめられる」となる。残る第3段落に入るが，Thisが指すものが前にあるか，「確かめる」方法が後に続いていることが必要。④に入れるとすると，段落末になり「確かめる」方法が述べられていないから不自然。③に入れるとThisが「私たちの体の部分によって熱の伝わり方が異なる」ことを指し，その確かめ方が次の文に「手や唇では1秒と触っていられないが，爪ならしばらくは触っていられる」と記述されている。③に補うのが適切。

問2　まず本文の流れを把握する。第1段落は動物の子どもは遊びを通して成長するための身体的技能や社会的機能を学ぶと話題を提供している。第2段落では人間の子どもも同じだが，そのための場所が日本の社会にはあまりないことが問題としてあげられる。第3段落では遊ぶ時間のことが問題になる。今日の日本の子どもには遊ぶ時間が少ない。最終段落では，家で勉強していない時子どもたちは何をしているかと言うと，ひとりでテレビゲームをしたり，テレビを見たりしていると，「子どもの活動」が述べられている。友だちといっしょに遊ぶ必要があり，そのために場所や時間が子どもたちには必要だと結論づけている。

　Aの訳は「このような活動は他の子どもたちと仲良くやっていく方

法を教えてはくれない」となる。「このような活動」が指すものが前にあることが必要になる。「子どもの活動」については最終段落に述べられている。⑤はその前文に「テレビゲームをしたりテレビを見たりしている」とある。それを「このような活動は」と受けて「他の子どもたちと仲良くする方法を教えない」となり，話がつながる。⑤に補うのが適切。

Bの訳は「子どもには走ったり，跳ねたり，叫んだりするために，とりわけ屋外の空間が必要だ」である。「場所」の問題は第2段落に述べられているから，①か②のどちらかにこの文を補うのだと見当がつく。①は，その直後の文では「子猫子犬が遊びを通して生き方を学ぶのとちょうど同じように，人間の子どももそうだ」と述べられている。この文の前に，人間の子どものことが述べられている文を補うのは適切ではない。②に補うと，直前の文が「子どもたちは心身の健康のためにエネルギーを発散することが必要である」となっていて，その後にエネルギーを発散する場所が述べられている文がくるのは話の流れとして自然。②が適切である。

Cの訳は「しかし，日本の子どもの中に，それだけ自由な時間がある子どもがいるのかどうかは非常に疑わしい」となる。「時間」の問題は第3段落に述べられているので，③か④に入るはずである。「それだけの時間」と言っているので「それだけの時間」を表す語句がこの文の前になくてはならないことになる。③の直前の文を見ると「外で他の子どもたちと遊ぶ時間は，12歳の子どもでさえ1日4時間から5時間必要だと言う人もいる」と述べられている。「1日4時間から5時間」が「それだけの時間」になるので，③に入れるのが適切。

全訳

問1　冬に暖かさを求めて毛皮を着る人もいるが，毛皮そのものは実際には決して暖かくないことに気づいている人は少ない。実際，毛皮の温度は周囲の温度と同じだ。毛皮は私たちを温めてくれるのでなく，暖かくしてくれるのだ。熱源は私たちの体であって，毛皮ではない。毛皮は体温が周囲の冷たい空気の中に流れ出ていくのを防いで熱を保つのに特に適している。言い換えれば，毛皮は熱を簡単には通さないの

だ。熱が伝わりにくいのだ。

　素材が異なれば，熱の伝わり方も異なる。柄が鉄のフライパンはすぐに熱くなって触れられなくなる。これは鉄が熱をすぐに伝えるからだ。木は熱を伝えにくいので，フライパンには木製の柄がついたものの方がいい。同様に，空気も水ほどには熱を伝えない。水着しか着ていなくても，気温22度の部屋は快適だが，一方風呂が同じ温度だと冷たくて不快である。水は空気よりもずっとすばやく体から熱を奪ってしまう。

　私たちの体も部分によって，熱の伝わり方が異なる。このことは簡単に確かめられる。手や唇では熱くて1秒も触っていられない物でも，指の爪なら少しの間触ることができる。それは爪が熱を伝えにくく，爪の下にある敏感な層に熱は徐々にしか伝わらないからである。

　髪の毛や羽毛も爪と同様の物質からできている。それらもまた，熱が伝わりにくく，それで寒さを防ぐのにとてもよい。この特徴に加えて，毛や羽毛は空気の層を作ってくれる。それで，ガチョウやウサギ，またシベリアのクマでさえ特別な冬用のコートは必要としない。彼らには自然が暖かいコートを与えている。人間は天然の毛がごく少量しかないので，羽毛や毛皮をとるために古代から鳥や動物を狩猟してきたのであり，今でも羽毛のベッドカバーやウールの毛布を使っているのである。

問2　子猫や子犬が遊んでいるのを見ると，遊びを通して生き方を学んでいるのがわかる。彼らは，けがをせずに障害物を飛び越える仕方といった，いろいろな身体的技能を身につける。また，社会的な相互関係も学ぶ。たとえば，子猫が自分の姉妹をあまりに強く噛みすぎると，その姉妹は怒って噛み返す。このような身体的，社会的技能は動物の子どもが成長するために必要な訓練の一部をなしている。

　子猫や子犬が遊びを通して生き方を学ぶのとちょうど同じように，人間の子どももそうしている。しかし，今日の日本には，特に都市部では，子どもが遊べるような場所がそんなにはない。子どもは心身の健康のためにエネルギーを発散する必要がある。子どもには走ったり，跳ねたり，叫んだりできるように，とりわけ屋外の空間が必要だ。

　もうひとつ考慮すべき点は，遊びのためにどれだけの時間が子どもたちにはあるかという点だ。外で他の子どもたちと遊ぶ時間は，12歳の子どもでさえ1日4時間から5時間必要だと言う人もいる。しかし，日本の子どもの中に，それだけ自由な時間がある子どもがいるのかどうかは非常に疑わしい。ますます競争が激しくなっていく社会の中で，子どもたちの将来を心配して，一般に親たちは子どもたちにもっと勉強しなさいと言う。子どもに外に出て遊びなさいと言う親は非常に少ないだろう。

　このような子どもたちが勉強していないときには家で何をしているのだろうか。子どもたちは一人で時間を過ごしがちだ。たとえば，テレビゲームをしたり，テレビを見たりしている。このような活動は，どのようにすれば他の子どもたちと仲良くやっていけるのかを教えてはくれない。このことは他の子どもたちと遊ぶことによってしか学ぶことができない。子ども自身でリーダーシップやグループの調和を学ぶためには，大人に何々をしなさいと言われずに遊ぶ必要がある。屋外の空間はこの目的のために特に適している。子どもたちには友だちと遊ぶ時間を思う存分に過せる適切な屋外の環境が必要なのだ。

例題 8

　次の英文は「橋の新材料」について述べたものである。（　ア　）～（　コ　）に入れる最も適当なものを選択肢から選べ。

Every year hundreds of new bridges, large and small, are built around the world. Most of these bridges are made of wood, steel, concrete, or some combination of those three (　ア　). However, in the last few years bridges are being built using various kinds of plastics.

A new bridge in Klipphausen, Germany, is made entirely of glass-fiber reinforced plastic (GRP). It is just as (　イ　) as a concrete or steel bridge, but unlike those materials, GRP does not corrode and is not affected by frost or mold. Although it is more expensive than a conventional bridge of steel and concrete, it is expected to last much longer and to need less maintenance, so the town will save (　ウ　).

A bridge in New Jersey, U.S.A., is made of a new material blended from recycled polyethylene (　エ　) polystyrene. Polyethylene is a kind of plastic used for many containers, and many coffee cups, plates, bowls, and toys are made of polystyrene. Neither of these materials alone is strong enough to make a bridge, but the new material made from them is (　オ　) stronger. The new bridge is 14 meters long and can support a heavy fire truck. (　カ　) bridge will also be cheap and easy to maintain.

Another advantage of plastic bridges is that they can be (　キ　) and built much more quickly than conventional bridges. Specially-developed computer software can be used to design a plastic bridge that meets the needs of a specific site by modifying a standard basic design, in the way customers buy a new car by (　ク　) from a range of options and special equipment. Once the bridge's design is completed, the plastic parts can be manufactured in a week. These components are light in weight and easy to handle, so a small bridge can be installed by a two-man crew in a few (　ケ　).

Most of the plastic bridges built so far are comparatively small, built for pedestrians or light vehicle traffic. As the technology advances and the advantages of plastic bridges are recognized, however, there could be many large-scale highway and railroad bridges made of plastic in the (　コ　).

ア　1. across　　　　2. bridges　　　3. construct
　　4. drives　　　　5. materials　　6. weaker

イ　1. difficulty　　2. environment　3. making
　　4. river　　　　5. strong　　　　6. those

ウ　1. because　　　2. dangerous　　3. money
　　4. natural　　　5. plastics　　　6. technological

エ　1. about　　　　2. and　　　　　3. develops
　　4. expensive　　5. trash　　　　6. unused

オ　1. carries　　　2. completed　　3. length

	4. much		5. trial		6. which
カ	1. Company	2. Engineering		3. Instead	
	4. This	5. Train		6. Walk	
キ	1. comparing	2. designed		3. destruction	
	4. inside	5. only		6. tunnel	
ク	1. actually	2. choosing		3. programmer	
	4. salesman	5. shows		6. then	
ケ	1. cooperates	2. efficient		3. hours	
	4. machinery	5. skilled		6. travel	
コ	1. above	2. apply		3. daily	
	4. future	5. global		6. steel	

解答

ア 5　イ 5　ウ 3　エ 2　オ 4
カ 4　キ 2　ク 2　ケ 3　コ 4

解説

ア　直前のthose threeが指しているのは木材・鋼鉄・コンクリートのことである。これらを総称する名詞として適切なのは，5のmaterials(物質，材料)。

イ　asとasの間にくる語なので，形容詞か副詞を選ぶ。選択肢の中で該当するのは，5のstrongだけである。

ウ　「(GRPの橋は)ずっと長持ちし，保守管理もより少ない費用で済むことが期待されている」という内容を受けて，「それで町は〜を節約するだろう」と続く。〜には名詞がくると考えられるので，3のmoneyが適切。save moneyで「貯金する，コストを削減する」の意味。

エ　前後にポリエチレン・ポリスチレンという同種類の名詞が並列に置かれていることから判断する。常識的に考えて，2の接続詞andが入る。

オ　前半の文で，「これらの材料のどちらも，単独では橋を造れるだけの強度はない」と述べたあと，「しかしそれらからできた新材料は〜」と続く。よって，直後の比較級strongerを強調する副詞，4のmuchが適切。

カ　直後の名詞bridgeは既出の語で，文脈から考えても，プラスチック
の新材料で造られた橋を指している。よって，4のThisを入れる。

キ　can be … builtから，受動態の文だとわかる。よって，動詞の過去
分詞形が入るので，2のdesignedを選ぶ。

ク　主文の「標準となる基本設計を一部修正することで，具体的な場所
の要求に見合うプラスチック製の橋を設計する」という部分がヒントに
なる。〈by＋動名詞〉の形になるように，動詞の～ing形，2のchoosing
を選ぶ。

ケ　前でby a two-man crew「2人組の班によって」と，作業員の人数
に言及していることから考える。in a few ～という言い回しは時間で
使われることが多いので，時間に関係する名詞の複数形が入ると予想
できる。よって，3のhoursを選ぶ。

コ　これまでに建設されたプラスチック製の橋について，現状の説明が
なされたあとなので，今後の展望についてのコメントが続くものと思
われる。in theと結びついて連語を作ることができる，4のfutureが適
切。

｜全訳｜

　毎年，何百もの橋が，大きいものから小さいものまで，世界中で建設
されている。これらの橋の大部分は木材，鋼鉄，コンクリート，あるい
はそれら3種類の材料の組み合わせでできている。しかしながら，ここ
数年，橋は様々な種類のプラスチックを使って建設されている。

　ドイツ，クリップハウゼンの新しい橋は，グラスファイバー強化プラ
スチック(GRP)100％でできている。それはコンクリート製あるいは鋼鉄
製の橋と同じ強度があるが，それらの材料とは違って，GRPは腐食せず，
霜やカビの影響を受けない。それは従来の鋼鉄やコンクリートの橋より
も費用がかさむとはいえ，耐久性のさらなる向上と維持費の節約が期待
されるので，町はコストを削減できるだろう。

　アメリカ合衆国，ニュージャージー州の橋は，再生利用したポリエチ
レンとポリスチレンの新しい合成物質でできている。ポリエチレンは多
くの容器に使われるプラスチックの一種であり，コーヒーカップ，皿，
ボウル，それにおもちゃなどは，多くがポリスチレンで作られる。これ

らの材料のどちらも，単独では橋を造れるだけの強度はないが，それら2つからできた新材料はずっと強度が増している。その新しい橋は長さが14メートルあり，重い消防車を支えることができる。この橋はまた，保守管理するのが安価で容易でもある。

　プラスチック製の橋のもう1つの利点は，従来の橋よりも設計と建設がずっと短期間で可能だということである。特別に開発したコンピュータ・ソフトウェアを使用することで，ちょうど消費者が様々なオプションや特別装備を選択して新車を買うように，標準的基本設計を修正することにより，特定の設置場所の必要性に適合するプラスチック製の橋を設計することができる。ひとたび橋の設計が完了すれば，プラスチック部品は1週間で製造できる。これらの製造部品は重量が軽く，取り扱いが容易なので，小さい橋なら2人の作業員によって数時間で設置が可能である。

　これまでに建設されたプラスチック製の橋の大部分は，比較的小さく，歩行者または軽自動車の通行用に造られたものである。しかしながら，技術が進歩してプラスチック製の橋の利点が認められるようになれば，将来は多くの大規模な高速道路や鉄道の橋がプラスチックで造られるようになるだろう。

例題9

次の英文を読んで，あとの問いに答えよ。

Learning to spell is part of learning a language. Correct spelling helps writers to be precise so that they are correctly understood. If spelling is poor, readers may misunderstand, or they may decide a writer is not worth(①). Poor spelling (②) to poor pronunciation and to the misuse of language. Since language is one of the forces that hold society together and make civilization possible, its misuse can have serious consequences.

English spelling is admittedly difficult to learn. There are several reasons for this. English has borrowed words (③) from other languages, and it has borrowed the Roman alphabet, which is not even large enough to accommodate the sounds of the Latin language. This alphabet is much less suited to represent all the sounds of the English language. If the English language had exactly 26 sounds, (④) for each letter of the alphabet, there would be no spelling problems. A speller would merely learn the 26 letters and the sound each letter represents.

In fact, the English language has about 44 major sounds. Letters do not always sound the same, even when they are used in words that appear similar. The verb forms choose and chose differ in two obvious ways : one is present tense and the other is past tense. The o sounds also differ between them. Other words sound the same, though they are spelled differently. Someone (⑤) the words sealing and ceiling cannot know which word is meant except by its context in a sentence or paragraph. Words that sound alike but are spelled differently are called homophones (from the Greek meaning "same sound"). Common examples are to, two, and too; seem and seam; and plane and (A).

Words borrowed from other languages can cause spelling problems. They may also be caused by the way some words were pronounced long ago. Climb and thumb are examples. In past centuries speakers of English sounded the final b in these words. People no longer pronounce climb and thumb (⑥), but the speller still must remember to write the final b. The same is true of the k in knife, the l in half, and the w in (B). Once these letters stood for definite sounds. They no longer (⑦), but they remain part of the spelling.

A chief reason for the inconsistency between sound and appearance of some words is the conservative nature of writing as opposed to speaking. Kite, for example, once had an e sound at the end. In time the sound was dropped, but it persisted in writing − which is much (⑧) to change than the spoken language.

The nonphonetic character (the difference between sounds and spellings) of many words can cause numerous difficulties for people trying to learn English. Different combinations of letters are often used to make the same sound. For example, the sh sound of English, can be made in at least 16 other ways : pronunciation, conscious, extension, pressure and so on. (⑨) these problems, English spelling − especially in the United States − still makes sense most of the time. An f sound is almost always spelled with an f, as in fun or cliff. The major exception occurs with the ph for f in words derived from Greek, such as photograph, phrase, and philosophy. Occasionally the f sound uses a gh, as in tough, rough, or (C). Fewer problems arise with consonants that sound alike under some circumstances. For example, c, k, and qu can all have the same hard k sound, depending on the word. But a c can also have a soft sound like an s, in other words, for example, ceiling, cease, century, and (D).

All the inconsistencies of the English language show that no simple rules can teach a person how to spell. In any event, there seems to be no best way to master English spelling (⑩) to get accustomed to using English mainly by reading and writing as many English passages as you can.

(1) ①〜⑩の空所に最も適する語句を，それぞれ次から選んで記号で答えよ。

① ア．while reading イ．reading ウ．to read エ．read
② ア．comes イ．goes ウ．falls エ．leads
③ ア．perfectly イ．doubtfully ウ．extensively
　　エ．exclusively
④ ア．one イ．that ウ．ones エ．those
⑤ ア．hearing イ．reading ウ．writing
　　エ．speaking
⑥ ア．such a way イ．that way ウ．such way
　　エ．the way
⑦ ア．have done イ．do ウ．had done エ．did
⑧ ア．earlier イ．later ウ．faster

エ．slower

⑨　ア．For the sake of　イ．Owing to　ウ．Without

エ．With all

⑩　ア．due　　　　　　イ．as　　　　　ウ．but　　　　エ．so

(2)　文脈から判断して，最も適当な英単語を1語ずつ，下線部(A)～
(D)に入れよ。

解答

(1)　①　イ　　　②　エ　　　③　ウ　　　④　ア　　　⑤　ア　　　⑥　イ

⑦　イ　　　⑧　エ　　　⑨　エ　　　⑩　ウ

(2)　A　plain　　B　(例) write　　C　(例) laugh

D　(例) certain

解説

(1)　①　S is worth ～ingで「Sは～する価値がある」の意味。アはIt is
worth while ～ingの構文でなければ使えない。

②　lead to「～を引き起こす」

③　extensively「広範囲に」，exclusively「もっぱら，独占的に」

④　英語のアルファベットは26文字なので，「1文字に対して一つの
音」とする。one = a sound

⑤　sealingとceilingは同音なので，文脈がないとsomeone hearing
(聞いた人)はどちらかわからない。

⑥　that way「そのように」

⑦　no longer「もはや～ない」，do = stand for (definite sounds)

⑧　slower to change「変化するのがより遅い」

⑨　with all ～で「～がありながら」という譲歩の意味。for the
sake of「～のために」

⑩　but「～以外に」

(2)　A　planeの同音異義語はplain「明白な」

B　wを発音しない単語を入れる。

C　ghをfと発音する単語を入れる。

D　cをsと発音する単語を入れる。

▎全訳▎

　つづりを習うことは，言語を学ぶことの一部である。著者が正しく理解してもらうために厳密さを期すなら，正しくつづることが役立つ。つづりが不正確であると，読者は誤解したり，読むに値しない著者であると決めつけるかもしれない。不正確なつづりは，発音の間違いと言語の誤用につながる。言語は社会の結束を強め，文化を発展させる力の一つなので，その誤用は重大な結果をもたらすかもしれない。

　英語のつづりは確かに学ぶのがむずかしい。これにはいくつかの理由がある。英語は他の言語から広範囲に単語を借用した。そして古代ローマのアルファベットを借用したのだが，ラテン語の音すべてに対応させるには数が不十分だった。このアルファベットはまた，英語のすべての音を表すことにもまったく適していなかった。もし英語に26音しかなかったら，アルファベット1文字に1音ということで，つづりの問題は起きなかっただろう。書き手は26文字と，各文字が表す音だけ覚えればよかったからだ。

　実際には，英語には約44個の主要な音がある。文字は，よく似ている単語の中で使われても，必ずしも同じ音を表すわけではない。動詞chooseとchoseは，2つの点で明らかに違う。片方は現在形で，他方は過去形である。そしてoの発音が違う。つづりが違うが，発音は同じという単語もある。sealingとceilingという単語を聞いた人は，文や段落の中での文脈がないと，どちらの意味かはっきりとわからない。音が同じでつづりが違う単語は，同音異義語homophone(ギリシア語の「同音」の意味からくる)と呼ばれる。簡単な例は，to と two と too，seem とseam，plane と plain である。

　他の言語から借りた単語にはつづりの問題が起こりがちだ。また，昔の発音の仕方から問題が起こることもある。climb と thumb がその例だ。数世紀前の英語の話者は，これらの単語の最後のbを発音していた。今の人たちはもう climb と thumb をそのように発音しないが，書くときは最後のbを忘れてはならない。同じことが，knife のk，half のl，writeのwにも言える。かつてはこれらの文字が一定の音を表していたのだ。もはやそうではないが，つづりの一部に残ったままである。

　単語に音と形の不整合が起こる主たる原因は，話すことに比して，書くことのほうが保守的であるからだ。例えば，kite には最後の e の音があった。やがてその音が落ちてしまったが，書き続けられた。書き言葉は，話し言葉よりもはるかに変化が遅い。

　多くの単語の非表音的特徴（音とつづりが違うこと）が，人々が英語を学ぼうとする上でのさまざまな困難をもたらしている。異なる文字の組み合わせが，同じ音に対して用いられていることもある。例えば，shock や English の sh の音が，pronunciation, conscious, extension, pressure などのように，少なくとも 16 のほかのつづりでも表せる。これらの問題があっても，英語のつづりは，特にアメリカ合衆国では，たいていは規則通りである。fun や cliff のように，f の音はたいてい f のつづりである。大きな例外は，photograph, phrase, philosophy のような，ギリシア語から由来した単語で，f の音を ph で表す場合である。時には，tough, rough, laugh のように，gh で f の音を表すこともある。ある条件のもとで同じ音を表す子音については，ほとんど問題がない。例えば，c や k や qu は，単語によって同じ硬音の k の音になる。しかし c は他の ceiling, cease, century, certain などの単語では，s のような軟音になる。

　英語の矛盾をすべて考慮すれば，つづりを教えることができる簡単な規則はないということがわかる。とにかく，もっぱら，できるだけたくさんの英語の文章を読んだり書いたりして，英語を使うことに慣れる以外には，英語のつづりを修得するための最上の方法はないようだ。

長文読解 下線部問題型

例題 1

次の英文を読んで，あとの問いに答えよ。

This is really my mother's love story. I asked her to tell you, but she's too shy. ①It's too good not to tell. It explains why my brother and I say ②we thank peanuts for our birth.

When she graduated from high school, my mother had everything going on except ③one. She was pretty, smart, and came from a rich family, but she was very shy, especially around men. Boys didn't like to take her out because she was so quiet. She went off to the same college her mother went to, and to please her mother she agreed to attend a party by her mother's *sorority. At the party, she sat out of sight at one end of a room, in a corner by a table that had snacks on it. ④She ate a lot of peanuts.

(A)She began to notice a waiter, who seemed to be as shy as she. He never said anything, but he was taking care of her. He kept her glass filled with *punch and he kept her peanut bowl full. From time to time their eyes met and they smiled at each other.

When the dancing started and the party got noisy, she walked into the kitchen and out the back door to escape. As she was going down the street, she heard someone calling "Wait, wait, please wait." It was the waiter, running down the street after her with a paper bag in his hands. They stood in silence, just smiling. Then he reached into the bag, pulled out a whole can of peanuts and offered them to her and said. "I'm sorry they aren't pearls." He ran back up the street and into the sorority house.

Well, ⑤one thing led to another.

Twenty-five years later, on the silver wedding *anniversary of my mother and the waiter, he gave her a silver can marked "peanuts."

She thought that was the gift and was really pleased. But there was more. (B)When she lifted the lid, inside was a string of pearls.

No gift ever pleased her more. She wore those pearls as her only jewel for years. When my father was killed in a traffic accident, she put the silver peanut can in his *coffin with him. I've never seen her wear the pearls since. (C)I think I know where they are, but I'm too shy to ask.

(注)　sorority：大学の女子学生クラブ(学業・諸活動において優秀で活発な人など，クラブの基準に合致した人のみが加入できる)

punch：ポンチ(ぶどう酒などに砂糖・レモン・香料などを混ぜた飲み物)　　anniversary：記念日　　coffin：ひつぎ

(1)　下線部①の表す内容として最適なものを次のア～エから選び，記号で答えよ。

ア．母のラブストーリーはすばらしいので，みんなに知ってもらいたい。

イ．母のラブストーリーはすばらしいので，言葉では表現できない。

ウ．母のラブストーリーは出来過ぎで，信じてもらえない。

エ．母は内気だから，自分のラブストーリーを秘密にしている。

(2)　下線部②の表す内容として最適なものを次のア～エから選び，記号で答えよ。

ア．私たちはピーナッツのとりもつ縁で生まれた。

イ．私たちは誕生日にピーナッツがもらえる。

ウ．私たちはピーナッツを食べて大きくなったようなものだ。

エ．私たちの生まれたころは，ピーナッツは高価なものだった。

(3)　下線部③の表す内容として最適なものを次のア～エから選び，記号で答えよ。

ア．母が無事高校を卒業したこと。

イ．母が美人で頭も良く，裕福な家庭の出であったこと。

ウ．母が内気だったこと。

エ．母が祖母と同じ大学に進学したこと。

(4)　下線部④の理由として最適なものを次のア～エから選び，記号で答

えよ。

　ア．ピーナッツが好物だったから。

　イ．何かしていないと不安だったから。

　ウ．当時はピーナッツが珍しかったから。

　エ．わざと下品にふるまって，男性を遠ざけたかったから。

(5)　下線部⑤の表す内容として最適なものを次のア～エから選び，記号で答えよ。

　ア．以後，そのようなパーティーが次々と開かれた。

　イ．パーティーに戻ると，素敵なことが待っていた。

　ウ．他の男性もプレゼントをくれるようになった。

　エ．とんとん拍子に事は進んだ。

(6)　次の英語の質問に英語で答えよ。

Where does the writer think the pearls are?

(7)　下線部(A)～(C)を日本語に訳せ。

【解答】

(1)　ア　　(2)　ア　　(3)　ウ　　(4)　イ　　(5)　エ　　(6)　He〔She〕
thinks they are (in the silver peanut can) in his〔her〕father's coffin.
(7)　(A)　彼女はひとりのウエイターが気になり始めた。彼は彼女と同じくらい内気そうだった。　　(B)　ふたをとると，中に一連の真珠が入っていた。　　(C)　私はそれがどこにあるのか知っていると思うが，(私も)内気なので，とてもそれを聞くことはできない。

【解説】

(1)　not to tellは不定詞の否定形。too ～ not to …「…しないには～すぎる」

(2)　thank ～ for …「…のことで～に感謝する」

(3)　except one「1つのことを除いては」

(4)　そこまでの文全体の内容から類推する。

(5)　lead to ～「～をもたらす」

(6)　最後の段落の内容から類推する。

(7)　(A)　関係代名詞whoの非制限用法。who以下の内容がa waiterについての情報を付け加えている。　　(B)　inside「中に」が強調のため

に前に出たため，be動詞と主語が倒置されている。　(C)　I think I know 〜は「〜を知っていると思う」という意味で，わざと断定を避けて，余韻を残す効果をねらっている。

全訳

　これは本当に私の母のラブストーリーである。みんなに話してくれるように頼んだが，内気すぎてだめなようだ。でもあまりにもすばらしいので，語らずにはいられない。兄〔弟〕と私がなぜ，自分たちが生まれたのはピーナッツのおかげであると言えるのか，それでわかる。

　母は高校を卒業したとき，たった1つのことを除いて，すべてうまくいっていた。かわいらしくて，頭がよくて，裕福な家の出だったが，非常に内気だった。特に男性のまわりでは。彼女がおとなしすぎたので，男の子たちはデートに誘いたがらなかった。卒業すると，母親の出た同じ大学へ入り，母親を喜ばせるために，大学の女子学生クラブ主催のパーティーに出席することに同意した。パーティーでは，部屋の端の見えないところで，すみのほうの，上に軽食ののったテーブルのそばに座った。彼女はたくさんのピーナッツを食べた。

　彼女はひとりのウエイターが気になり始めた。彼は彼女と同じくらい内気そうだった。彼はけっして何も言わなかったが，彼女の面倒をみていた。ずっと彼女のグラスをポンチで満たし，ピーナッツのボールをいっぱいにしていた。時々目があって，互いに微笑みあった。

　ダンスが始まってパーティーが騒がしくなると，彼女はキッチンに歩いていって，裏口から逃げ出した。通りを歩いていたとき，だれかが呼んでいるのが聞こえた。「待って，待って，待ってください」，それはあのウェイターだった。両手で紙袋をかかえて，彼女を追いかけて通りを走ってきた。彼らはただ微笑んで，黙って立っていた。それから彼は紙袋に手を入れて，ピーナッツの缶をまるごと取り出し，彼女に差し出して言った。「真珠じゃなくてごめんなさい」，彼は通りを女子学生クラブハウスまで駆け戻っていった。

　そして，とんとん拍子に事が運んだ。

　25年後，母とそのウエイターの銀婚式の記念日に，彼は彼女にpeanutsと文字の入った銀製のピーナッツ缶をあげた。彼女はそれが贈り

物だと思い，本当に喜んだ。しかしもっとあった。ふたをとると，中に一連の真珠が入っていた。

　それまでにこれ以上彼女を喜ばせた贈り物はなかった。彼女は何年もの間，たった1つの宝石としてその真珠を身につけた。父が交通事故で亡くなったとき，彼女はその銀製のピーナッツ缶を彼とともにひつぎに入れた。私はそれ以来，彼女がその真珠を身につけるのを見たことがない。私はそれがどこにあるのか知っていると思うが，(私も)内気なので，とてもそれを聞くことはできない。

例題2

次の英文を読んで，各問いに答えよ。

　Examining eye structure and sight is an important tool in classifying the various roots of *mammals. The eyes of early mammals, which originally were active at night, had worsened considerably when compared to the birds.

　However, when mammals came to fill the *niche left by the *phorusrhacids ("terror birds"), the structure of their eyes *underwent numerous evolutionary changes.

　Not too long ago, some very important *fossils ①discover. These fossils, dating about 55 million years old, once belonged to an animal called *Shoshonius. Fossils show that the eyes of the Shoshonius lined up side by side and faced forward.

　Many mammals' eyes are on either side of the head. They cannot see objects in three dimensions. Because of the location of its eyes, the Shoshonius could see in 3D, enabling it to move more surely from tree to tree. ②The Shoshonius is our earliest, direct primate ancestor.

　Other interesting animals developed ③at this time, too, including the animal that would in time become the elephant, and small *Miacis, an ancestor to cats and dogs. And some mammals returned to the sea. It was at about this time that the ancestor to the whales and dolphins, the *amphibious *Pakicetus, appeared.

Later, as the Earth cooled further, the forests narrowed, and the
*plains spread, primates' eyes improved. They developed better sight
in order to live ④in these changed conditions. The ability to see
different colors allowed them to choose the youngest tree leaves to
eat. ⑤This brought about a huge improvement in their lives. Another
important change was that the evolution of the eyes gave expression
to the face, which allowed for better communication.

  *mammals　哺乳動物　　niche　生態的地位

  phorusrhacid　恐鳥類(古代生物)

  underwent　undergo(経験する)の過去　　fossil　化石

  Shoshonius　ショショニアス(古代生物)　　primate　霊長類

  Miacis　ミアキス(古代生物)　　amphibious　水陸両生の

  Pakicetus　パキケトゥス(古代生物)　　plain　草原

西海コエン『The History of the Earth』から

1　下線部①の英語を二語で適切な形に直せ。

2　下線部②の理由として、ショショニアスの目の構造と見え方の特徴に
　ついてそれぞれ日本語で答えよ。

3　下線部③が指す時期を日本語で答えよ。

4　下線部④を説明している部分を本文中から11語で抜き出せ。ただし、
　記号や符号は一語に含めない。

5　下線部⑤が指す内容を日本語で答えよ。

6　次の英文が本文の内容に合うように、英文の(　①　)、(　②　)に当
　てはまる最も適当な英語一語を書け。

  (1)　When you classify the roots of mammals, it is important to
　　(　①　) eye structure and sight.

  (2)　The evolution of the eyes enabled primates to (　②　) in a
　　better way.

解 答

1　were discovered　　2　目の構造…目が並んで(両目とも)前方を向
いていること。　見え方の特徴…三次元で(立体的に)ものを見ることが
できること。　3　約5,500万年前　4　the Earth cooled further, the

235

forests narrowed, and the plains spread　　5　色の違いを見分ける能力により，最も若い木の葉を選んで食べることができるようになったこと。　6　(1)　examine　　(2)　communicate

解説

1　主語が「いくつかのとても重要な化石が」なので，受動態were discoveredとする。

2　目の構造は第3段落に，lined up side by side and faced forwardとあり，見え方の特徴は第4段落に，could see in 3Dとある。

3　下線部を含む文意は「(ショショニアスだけでなく)他の興味深い動物もこの時期に発達した」。この時期は，ショショニアスの時代と同期を指す。

4　変化した状況を具体的に前文から11語で抜き出す。

5　下線部を含む文意は「このことが彼らの生活を大いに向上させた」。「このこと」は前文に書かれている内容である。allow O to ~「Oに~することを許す」。

6　(1)　第1段落の1文目参照。「哺乳動物のルーツを分類する時，目の構造や見え方を調べることが大切だ」。　(2)　最後の段落の最後の文参照。「目の進化は霊長類がより上手な方法で意思疎通をすることを可能にした」。

例題3

次の英文を読んで，あとの問いに答えよ。

The Japanese are very fond of dramas and seem to be especially fond of ones about schoolteachers. This doesn't mean, of course, that the Japanese are particularly *obsessed with school. Such stories are popular with children everywhere.

Growing up in Britain, I used to love reading the *boarding-school stories by Enid Blyton ①as did all my friends, and I longed to be sent to a boarding school. (When I got there at last, I discovered the sad truth that ②one must not believe everything one reads but that's another story altogether.) Many popular TV shows and movies are about school days, and the attraction of those international best sellers, the "Harry Potter" books lies largely in the fact that they are basically school stories.

(A)What I find interesting about the Japanese fondness for school stories on television, therefore, is not the popularity of the subject itself, but the fact that in all those TV shows, the teachers — not the students — are the central characters.

These stories follow more or less the following pattern : There's a class full of problem kids and troublemakers that no teacher can handle. A new teacher enters the scene. A bit of a troublemaker himself, ③this new arrival shows no respect for school rules, traditions or senior staff members, and is not even dressed properly. (B)This new teacher is put in charge of the problem class, impresses the students with his *jonetsu* (passion — this is the key word in all these shows) and finally succeeds in winning their love and affection.

I've just used ④the masculine pronoun here on purpose because most of these *nekketsu-kyoshi* (teachers of hot blood), as they are called, are men. The hero's *jonetsu* is mainly expressed in the form of anger. The climax comes when the hero is so angry that he gives the student a slap on the cheek. After a moment of shock, the student falls into the teacher's arms, and they both burst into tears.

⑤The hero's violence is excused on the grounds that it's a sign that he cares. Of course, this is just something on television, and any fool knows that you can't believe everything, or indeed anything, you see there.

At least that was what I thought until a couple of weeks ago, when I was having drinks with my Japanese colleagues. (C)We started talking about our school days, and someone mentioned, quite casually, being slapped on the face by his teacher an average of once a week. "Why, what *on earth had you done?" I exclaimed in horror, but my colleague said that he couldn't remember.

237

"What's the problem? It happened to all of us. Didn't your teachers in England slap you?" he asked me. "Of course they didn't. And anyway, I'm a girl," I answered expressing surprised anger, at which everyone looked puzzled, and said, "What's that got to do with it?" An excellent example of sexual equality, I thought feeling disappointed.

(注) be obsessed with ～：～にとりつかれている

boarding-school：寄宿学校　　on earth：一体全体(強意)

(1) 下線部①の内容を説明している表現を，次のア～エから1つ選べ。

ア．in the way that I used to love all my friends,

イ．in the way that I longed to be sent to a boarding school like all my friends,

ウ．in the way that all my friends grew up in Britain,

エ．in the way that all my friends used to love reading the boarding-school stories by Enid Blyton,

(2) 下線部②に最も近い内容をもつ表現を，次のア～エから1つ選べ。

ア．what I experienced was quite different from what Enid Blyton wrote in her stories

イ．we must not believe anything that Enid Blyton wrote about her boarding-school days

ウ．what is read is never true

エ．I wrote that I wanted to attend a boarding school, but you cannot believe my story

(3) 下線部③が指している内容を本文中の語句で表せ。

(4) 下線部④が指している内容を本文中の一語で表せ。

(5) 下線部⑤に最も近い内容をもつ文を，次のア～エから1つ選べ。

ア．We can forgive the hero for his violence as far as he does something violent out of concern.

イ．We can forgive the hero for his violence now that he shows that he is worried about himself.

ウ．We can forgive the hero for his violence when he expresses his regret for it.

エ．We can forgive the hero for his violence because he exercises the violence to attract somebody's attention.

(6) 最後の段落("What's the problem?以降)の中で表されていない内容をもつ文を，次のア～エから1つ選べ。

ア．The writer was not satisfied with her colleagues' response to her reply.

イ．Her colleagues wanted to say that the fact that the writer had never been slapped by her teachers had nothing to do with her being a girl.

ウ．The writer, seeking sexual equality, is disappointed at her colleagues' reaction.

エ．The writer's colleagues had been slapped on the face by their teachers.

(7) 下線部(A)～(C)を日本語に直せ。

解答

(1) エ　　(2) ア　　(3) A new teacher　　(4) his　　(5) ア

(6) ウ　　(7) (A) そこで，日本人がテレビの学園ドラマが好きだということに関して私がおもしろいと思うことは，題材そのものの人気ではない。それらすべてのテレビドラマで，生徒ではなく教師が主役だという事実である。　　(B) この新任教師が問題クラスの担任になり，彼の「情熱」(これはすべての学園物のキーワードである)で感銘を与え，ついに生徒たちの愛情を勝ち取るのである。　　(C) 私たちは学生時代の話を始めて，誰かがとても気軽に，平均して週に1回は教師に顔をたたかれていたと言った。

解説

(1) 強調のために，asの後ろのdidとall my friendsが倒置されている。didは代動詞で，直前のused to … Blytonの部分を受ける。　　(2) その文で最初にWhen I got there at lastとあるので，筆者が実際に寄宿学校の生活を経験したことがわかる。その結果，ブライトンの小説とは違っていたということなので，アが適切。　　(3) このarrivalは「新しく来た人」という意味なので，前の文にあるA new teacherと同じ。

239

(4) masculineは「男性の」という意味。I've just usedなので，近くを
さがすと前の文にhisが見つかる。 (5) ほぼ同じ意味を別の英語で言い
換えていることに注意する。…is excused→We can forgive, on the
grounds that …→as far as …, he cares→out of concernなど。
(6) 筆者が男女平等を目指しているとは書かれていないので，ウが該当
する。 (7) (A) whatは関係代名詞で，televisionまでが主語。
(B) in charge of ~「~の担任」，impress ~ with …「~に…で感銘を
与える」 (C) being slappedは受動態の動名詞で「平手でたたかれたこ
と」という意味。

全訳

　日本人はドラマが，特に教師物が好きなようだ。だからといって，日
本人が特に学校に執着しているというわけではない。そういう物語はど
こでも子どもたちに人気がある。

　英国で育った私は，友人たち皆と同様に，かつてはエニッド・ブライ
トンの寄宿学校の話を読むのが大好きで，寄宿学校に入れてもらうこと
を心待ちにした(ついにそこに入ったとき，読んだものをすべて信じてし
まってはいけない，現実とは全く別なんだという悲しい事実を知った)。
人気のあるテレビドラマや映画の多くは学校生活についてで，世界的ベ
ストセラーの「ハリー・ポッター」シリーズ本の魅力も，基本的に学園
物であるという事実に負うところが大きい。

　そこで，日本人がテレビの学園ドラマが好きだということに関して私
がおもしろいと思うことは，題材そのものの人気ではない。それらすべ
てのテレビドラマで，生徒ではなく教師が主役だという事実である。

　これらの話は多かれ少なかれ次のパターンになる。教師の手にあまる問
題児や迷惑な生徒でいっぱいのクラスがある。新任教師が登場する。彼
自身がいささかの問題教師で，この新任は学校の規則，伝統，先輩教師
たちに全く敬意を払わず，服装さえまともではない。この新任教師が問
題クラスの担任になり，彼の「情熱」(これはすべての学園物のキーワード
である)で感銘を与え，ついに生徒たちの愛情を勝ち取るのである。

　私はわざと男性の代名詞を使ったが，これら教師のほとんどは「熱血
教師」(情熱のある教師)と呼ばれ，男性なのだ。主人公の情熱は，主に

怒りという形で表現される。クライマックスは，主人公が怒りのあまり，生徒の頬をたたくのである。一瞬のショックのあと，生徒は教師の腕に飛び込み，二人ともわっと涙する。

　主人公の暴力は彼に愛情がある印だからという理由で許される。もちろん，これはテレビの中でのことであり，そこで見ることすべてをあるいは何事も全く信じることができないのは誰でも知っている。

　少なくとも数週間前に日本人の同僚とお酒を飲むまでは，私もそう思っていた。私たちは学生時代の話を始めて，誰かがとても気軽に，平均して週に1回は教師に顔をたたかれていたと言った。「あら，一体何をしたの」と私はぞっとして叫んだが，同僚は思い出せないと言った。

　「何が問題なんだ？　ぼくらみんなそうだったよ。イギリスではきみらの教師はたたかなかったのかい」と彼は聞いた。「もちろんよ。それに私は女の子だもの」と憤慨して答えたが，みんなは当惑したようで，「それが何か関係があるの」と言った。男女平等のすばらしい例だと，私はがっかりしながら思った。

例題 4

次の英文を読んで，あとの問いに答えよ。

　On an everyday level, sleepy people make mathematics errors, break things and become angry with their families, friends and *colleagues. ①Less commonly, they make mistakes with tragic results. It is hard to prove how many *fatal car accidents are caused by the driver's falling asleep *at the wheel, but my belief is that the number is high. *Laboratory *experiments have shown that in fact the sleep-deprived mind easily falls into "②micro-sleeps"—momentary losses of *consciousness so brief that the *subject may not be aware of them.

　In one experiment in our laboratory at Stanford University, (A)a volunteer who had been allowed only four hours' sleep the night before had his eyelids taped open (uncomfortable, but it doesn't hurt). He was asked to press a button every time an irregular light flashed. For a few minutes he tapped the switch after the flash, on average

241

every six seconds. Then a bright flash rushed into his eyes — but he did nothing.

"Why didn't you press the switch ?" we asked.

"Because there was no flash," he replied.

Machines monitoring brain activity showed that at the very moment the light had flashed, the man had unknowingly fallen asleep ₍₃₎eyes wide open, for two seconds. ₍B₎If he had been driving, those two seconds could have meant disaster.

Social pressures to work more and at odd hours have cut our sleep time over the past century by about 20 percent. Add to this our desire to have and do it all — work, family, sport — and there's little time left for rest.

₍C₎Generally, adults need to sleep one hour for every three hours' awake, which means that most need about eight hours of sleep a night. Of course some people need more and some less. Children and teenagers need an average of about ten hours.

The brain keeps an exact *account of how much sleep we owe to it. My colleagues and I made up the term ₍₄₎*sleep debt* because *accumulated lost sleep is like a debt of money ; it must be paid back. If you get an hour less than a full night's sleep, you carry an hour of sleep debt into the next day — and your tendency to fall asleep during the day becomes stronger.

During a five-day workweek, if you got six hours of sleep each night instead of the eight hours you needed, you should build up a sleep debt of ten hours (five days times two hours). Because sleep debt accumulates in an *additive way, ₍D₎by day five your brain would tend towards sleep as strongly as if you had stayed up all night. From this viewpoint ₍E₎sleeping until noon on Saturday is not enough to pay back the ten lost hours as well as meet your nightly requirement of eight ; you would have to sleep until about 5 p.m. to balance the sleep account. But for most people it is difficult to sleep that long because of the monitoring mechanism of the biological clock within us that controls sleeping and waking.

(注) colleague：同僚　　fatal：命にかかわる　　at the wheel：(車を)運転して　　Laboratory：研究室　　experiments：実験　consciousness：意識　　subject：被験者　　account：計算　accumulate：蓄積する　　additive：加法の

(1) "Less commonly" in the underlined part ① means :

　ア．More often　　イ．Very rarely　　ウ．Less often

　エ．Very often

(2) In the underlined part ②, "micro-sleeps" means sleep :

　ア．into which you fall for so short a time that you may be unaware of it.

　イ．into which you fall for some minutes.

　ウ．in which you are half awake.

　エ．in which the microwaves in the brain cause a loss of consciousness.

(3) In the underlined part ③, the subject's eyes were wide open because :

　ア．he was actually awake.

　イ．a bright light rushed into his eyes.

　ウ．it was impossible for him to close his eyes.

　エ．he tried very hard not to fall asleep.

(4) The term *sleep debt* in the underlined part ④ is "debt" because :

　ア．it is something you may build up and must pay back.

　イ．it is something you cannot go without.

　ウ．it is something you should never have.

　エ．it is something you may lend to the brain.

(5) ▆▆▆線部のandの用法に最も近いものを次のア～エの中から選び、記号で答えよ。

　ア．Come and see me tomorrow.

　イ．She finished it very quickly and there were no mistakes.

ウ．The car broke down and I had to send it out to be repaired.

エ．Stand over here and you will be able to see it better.

(6) 下線(A)〜(E)を日本語に訳せ。

解答

(1) ウ　(2) ア　(3) ウ　(4) ア　(5) エ　(6) (A) 前の晩に4時間だけの睡眠を許されたボランティアは，目を開けておくためにまぶたにテープを貼られた。　(B) もし彼が車を運転していたら，その2秒間が惨事をもたらしたかもしれない。　(C) 一般に，大人は目覚めている3時間につき，1時間寝る必要がある。つまりたいていの人は一晩に約8時間の睡眠が必要である。　(D) 5日目までには脳は徹夜していたかのようにとても眠たくなるだろう。　(E) 土曜日に昼まで寝ても，夜に必要な8時間の睡眠に加えて，失われた10時間分を返済するには不十分である。

解説

(1) commonは「よく起こる」で，文中のcommonlyはその副詞形。副詞oftenとほぼ同義なのでlessはそのままでoftenに置き換えたウが正解。「より頻度は少ないが」の意味。　(2) micro-sleepの意味を選択する問題。直後の文で「あまりにも短いため本人は気付かないかもしれないような瞬間的な意識の消失」と説明されており，「非常に短い間だけ陥るので眠ったことにも気付かないような眠り」とするアがあてはまる。as, too, soなど意味を強める語で修飾される場合，a short timeの語順が変わり，〈so形容詞a名詞〉となることに注意。　(3) 被験者の眼が大きく開かれていた理由を選択する。第2段落に「(被験者は)まぶたにテープを貼られた」とあり，「彼には眼を閉じることが不可能だった」とするウがあてはまる。(4) sleep debtという用語で，"debt(負債)"とする理由を選択する。問題箇所の後に「蓄積された睡眠不足は借金と似ている。返済されなければならないものであるから」と説明されており，「自分が作り，返済しなければならないものであるから」とするアと対応。(5) Add to this以下は命令文になっており，〈命令文+and〜〉の構文(〜せよ，そうすれば)で，「ここに立ってごらん，もっと良く見えるから」のエがあてはまる。

(6) (A) had been allowedは過去完了受動態で「〜が許された」の意。

had his eyelids taped open は〈使役動詞 have+O+ 過去分詞〉「O を~される」。　(B)　仮定法過去完了の文。「もし(その時)~だったなら,…だっただろう。」　(C)　which は非制限用法の関係代名詞で, 前文の内容を受ける。　(D)　〈as if+ 仮定法過去完了〉の文。「まるで~であったかのように」。　(E)　as well as ~「~と同様, ~に加えて」の意。

全訳

　日常生活では, 眠い人は計算間違いをしたり, 物を壊したり, 家族や友人や同僚に腹をたてたりする。まれに, 悲劇的な結果をもたらすミスをすることもある。どのくらいの数の命にかかわる自動車事故が運転手の居眠り運転によってひき起こされるかを証明するのは難しいが, その数は多いはずである。研究室での実験によって, 睡眠不足の頭は実際, 容易にマイクロスリープ(被験者が気がつかないほどに短い瞬間的な意識の喪失)の状態に落ちることがわかっている。

　スタンフォード大学の我々の研究室での実験である。前の晩に4時間だけ睡眠を許されたボランティアは, 目を開けておくためにまぶたにテープを貼られた(不快だが害にはならない)。不規則な光が点滅するたびにボタンを押すように言われた。数分間は平均6秒ごとに光が点滅した後, ボタンを押した。そして明るい点滅が彼の目に飛び込んだ。が, 彼は何もしなかった。

　「なぜスイッチを押さなかったんですか」と私たちは聞いた。

　「点滅がなかったからです」と彼は答えた。

　脳の活動をモニターしていた機械は, 点滅した瞬間に, 男性が目を開けたまま2秒間, 知らずに眠ってしまったことを示した。もし彼が車を運転していたら, その2秒間が惨事をもたらしたかもしれない。

　より多く, しかも変な時間に働かなければならないという社会的プレッシャーのため, 過去1世紀で私たちの睡眠時間は約20%減った。これにさらに, 仕事, 家族, スポーツなどすべてをやりたいという私たちの欲求を加えれば, 休息のために残された時間はほとんどない。

　一般に, 大人は目覚めている3時間につき, 1時間寝る必要がある。つまりたいていの人は一晩に約8時間の睡眠が必要である。もちろん, もっと必要な人やそれほど必要のない人もいる。子供や10代の人は平均約10

時間必要である。

　脳は私たちがどのくらい睡眠を借りているか(不足しているか)を正確に記帳している。私と同僚はスリープデット(睡眠債務)という用語を作った。蓄積された睡眠不足は借金のようなもので，返済されなくてはならない。もし十分な一晩の睡眠より1時間少なければ，1時間の睡眠債務が翌日に持ち越される。そして日中に寝込んでしまう傾向がより強まる。

　週5日労働で，毎晩必要な8時間ではなく6時間の睡眠をとったとすると，10時間(2時間×5日)の睡眠債務ができる。睡眠債務は加算されていくので，5日目には脳は徹夜していたかのようにとても眠たくなるだろう。こう考えると，土曜日に昼まで寝ても，夜に必要な8時間の睡眠に加えて，失われた10時間分を返済するには不十分である。睡眠の貸借勘定を精算するには午後5時くらいまで眠らなくてはならないだろう。しかし，睡眠と目覚めをコントロールする生物学的体内時計が監視しているため，たいていの人にとってそんなに長く眠ることは難しい。

例題5

次の英文を読んで，あとの各問いに答えよ。

　Sleep is a normal condition of the body which occurs periodically and (1)is associated with a depression of bodily function. Sleep appears to be necessary for the repair of the processes of the living body. There is a depression of all the functions of the body to some degree but the depression of the central nervous system and the brain is especially marked, resulting (a) the unconsciousness which is called sleep.

　The amount of sleep required to maintain the body varies with (b). The new-born baby requires as (c) as 22 hours of sleep per day, the normal adult usually requires seven and one-half to nine hours, and the aged may require as (d) as five or six hours per day. (2)On the average males require more sleep than females. There is no evidence that sleep is more beneficial at any particular time of the night although the depth of sleep may vary considerably. (3)There is no doubt that sleep is deeper at night than sleep taken during the normal waking hours.

問1　文中の空所に入る適当な語を選べ。

a　ア．in　　　イ．of　　　ウ．to　　　エ．with
b　ア．age　　イ．day　　　ウ．night　　エ．sex
c　ア．little　イ．less　　ウ．much　　エ．more
d　ア．little　イ．less　　ウ．much　　エ．more

問2　下線部(1), (2)と同じになるように空所に適語を入れよ。

(1)　has something (　　　) (　　　) with a depression of bodily function

(2)　Females require (　　　) sleep (　　　) males.

問3　下線部(3)を和訳せよ。

【解答】

問1　a　ア　　b　ア　　c　ウ　　d　ア
問2　(1)　to, do　　(2)　less, than
問3　睡眠は通常起きている時間にとるよりも夜とる方がより深いということは確かだ。

【解説】

問1　a　result in ～「(結果として)～になる」

　　b　vary with ～「～によって変わる」　後に年齢によって睡眠時間がことなることが述べられているのでageを入れる。

　　c　「22時間もの睡眠」as much as 22 hours of sleep

　　d　「1日につき5, 6時間しか」as little as five or six hours per day

問2　(1)　is associated with ～ = have something to do with ～「～と関係している」

　　(2)　比較の対象が入れ替っていることからmoreの反意語lessを入れればよい。sleepは不可算名詞なのでfewerは不可。

問3　There is no doubt that ～「～であることは確かだ」, sleep is deeper at night「睡眠は夜の方が深い」+ than sleep taken during the normal waking hours「通常起きている時間にとられる睡眠よりも」=「睡眠は通常起きている時間にとるよりも夜とる方がより

深い」

睡眠は定期的に起こる身体の通常の状態であり，身体機能の低下と関係している。睡眠は生体プロセスにおけるを修復のために必要である。身体のすべての機能がある程度低下するが，中枢神経系や脳の機能低下が特に顕著であり，その結果睡眠と呼ばれる無意識状態になる。

身体を維持するのに必要な睡眠の量は年齢によって変わる。新生児は1日に22時間もの睡眠が必要だし，正常な大人は7時間半から9時間必要だし，老人は1日に5，6時間しか必要としないかもしれない。平均して，男性は女性より多くの睡眠が必要だ。睡眠の深さはかなり変わるかもしれないが，睡眠は夜のある特定の時間にもっと有効だという証拠はない。睡眠は通常起きている時間にとるよりも夜とる方がより深いということは確かだ。

例題6

次の英文を読んで，(1)〜(3)の問いに答えよ。

①For students of English as a second language, a good English dictionary is essential. It is a source of valuable information and if it is used correctly, the dictionary will serve as a useful tool toward your goal of English fluency.

There are many types of dictionaries that a student may consider, including collegiate, learner's, unabridged, and bilingual dictionaries.

For more advanced students, collegiate or college dictionaries are preferred. In addition to the standard word entries, collegiate dictionaries often contain sections with abbreviations, foreign expressions used in English, and biographical listings. Some also contain geographical listings.

Learner's dictionaries are highly recommended. This type of dictionary is written specifically for students of English as a foreign language. Definitions are written in clear, easy to understand English. These dictionaries often anticipate learners' questions with special explanatory sections. They also use a standard phonetic alphabet to indicate pronunciation of entries.

Unabridged dictionaries are the most comprehensive, but are not practical for second language learners because of their size and detail. These dictionaries are often found in the reference sections of libraries on special tables to accommodate their size and weight. An unabridged dictionary is an excellent source for determining the historical development of words, examples of sentences that demonstrate proper usage, antonyms, and synonyms.

A bilingual dictionary, which contains words both in your native language and in English, should be avoided. Often these dictionaries are incomplete and give only basic native language equivalent words. These words are frequently out of date or inappropriate for the context of the sentence in which you want to use the unknown words; thus entries in bilingual dictionaries can be misleading and can actually cause you to make mistakes. ②It is worthwhile for English language students to switch to a learner's dictionary as soon as possible, or to use it in conjunction with a bilingual dictionary. You will find that your vocabulary will increase faster by using an English language dictionary.

A dictionary gives you the information required to choose the best word for your needs. ③A typical dictionary entry contains the correct spelling of a word, followed by the word written in a phonetic alphabet, which shows how to pronounce it. The word is separated by syllables. These help you determine where to separate it at the end of a line when writing. Following the phonetic spelling of the word, its part of speech is indicated. The meanings of the word are given in a numerical order, sometimes followed by a sentence that shows the proper use of the word.

(1) 下線部①について, "a good English dictionary" として挙げられているものを全て, 本文より探し, 英語で記せ。

(2) 下線部②について，筆者が述べている内容を日本語で説明せよ。また，筆者がそのように述べている理由を本文の内容に即して，日本語で説明せよ。

(3) 下線部③の内容を表している最も適当なものを，下のア～エより1つ選び，その記号を記せ。

ア
max·i·mum (măk'sə-məm) *n.*
pl. -mums or -ma (-mə). *Abbr.* max.
A. a. The greatest possible quantity or degree. **b.** The greatest quantity or degree reached or recorded; the upper limit of variation. **c.** The time or period during which the highest point or degree is attained. **B.** An upper limit permitted by law or other authority. **C.** *Astronomy.* **a.** The moment when a variable star is most brilliant. **b.** The magnitude of the star at such a moment.

イ
max·i·mum *n.* (măk'sə-məm)
pl. -mums or -ma (-mə). *Abbr.* **max.**
1. a. The greatest possible quantity or degree. **b.** The greatest quantity or degree reached or recorded; the upper limit of variation. **c.** The time or period during which the highest point or degree is attained. **2.** An upper limit permitted by law or other authority. **3.** *Astronomy.* **a.** The moment when a variable star is most brilliant. **b.** The magnitude of the star at such a moment.

ウ
max·i·mum (măk'sə-məm) *n.*
pl. -mums or -ma (-mə). *Abbr.* max.
1. a. The greatest possible quantity or degree. **b.** The greatest quantity or degree reached or recorded; the upper limit of variation. **c.** The time or period during which the highest point or degree is attained. **2.** An upper limit permitted by law or other authority. **3.** *Astronomy.* **a.** The moment when a variable star is most brilliant. **b.** The magnitude of the star at such a moment.

エ
max·i·mum *n.* (măk'sə-məm)
pl. -mums or -ma (-mə). *Abbr.* max.
A. a. The greatest possible quantity or degree. **b.** The greatest quantity or degree reached or recorded; the upper limit of variation. **c.** The time or period during which the highest point or degree is attained. **B.** An upper limit permitted by law or other authority. **C.** *Astronomy.* **a.** The moment when a variable star is most brilliant. **b.** The magnitude of the star at such a moment.

解答

(1)　・collegiate or college dictionaries　　・learner's dictionaries

(2)　学習者はできるだけ早く学習者用辞書に変更するか，バイリンガル辞書と併せて使用する方がよいということである。多くの場合，バイリンガル辞書は不完全で，基本的な母国語の対訳語しか載せていない。これらの対訳語は，文脈に合うよう自分が知らない語を使うには，時代遅れであったり，不適切であったりすることが頻繁に起こる。そのため，バイリンガル辞書の見出し語は誤解を招き，実際に間違ってしまうことがある。一方，学習者用辞書は，外国語として英語を学ぶ者を念頭に書かれており，定義が明確でわかりやすい英語で書かれている。この辞書

は特別な解説のセクションを設けており，学習者がもつ疑問に対応している。また，見出し語の発音を示すために標準発音記号を使用している。英語で書かれた辞書を使うことで，学習者は語彙をより速く増やすことができるからである。　　(3)　ウ

解説

(1) 本文の第2パラグラフにあるように，本文で紹介されている辞書は大学生用辞典，学習者用辞典，(用語や定義を省略しないで掲載している)大辞典，そしてバイリンガル辞典である。大学生用辞典と学習者用辞典は，それぞれ第3パラグラフ1文目と第4パラグラフ1文目で著者が推奨している。それに対し，大辞典とバイリンガル辞典は，それぞれ第5パラグラフ1文目と第6パラグラフ1文目に，著者の批判的な見解が示されている。

(2) まず，下線が引かれた文を日本語訳すればよい。また，著者がこのように述べる理由としては，著者が学習者用辞典を好ましいと考える理由と，バイリンガル辞典が好ましくないと考える理由を整理して書けばよい。学習者用辞典が好ましい理由は第4パラグラフ2～5文目と第6パラグラフの5文目に，そしてバイリンガル辞典が好ましくない理由は第6パラグラフの2文目と3文目に述べられている。これらの情報を対比的にまとめればよいだろう。

(3) 下線が引かれた英文は，「典型的な辞書の見出し語は，語の正しい綴りに続いて，その語の発音の仕方を示す発音記号が書かれている。語の表記はシラブルで区切られており，書く時に行末でどのように区切るべきかを決めるのに役立つ。発音記号の後には，その語の品詞が書かれている。語の意味は番号順に並べられており，その語の正しい使用方法を示す文が続くこともある」の意である。アは語の意味がアルファベット順に並べられており，イとエは品詞が発音記号の前にあるので誤りである。

長文読解 総合問題

次の文章を読み，あとの問い(A・B)に答えよ。

My hometown was a sleepy place, safe and clean, but far from the bright lights of New York City, which shone two hundred miles to the south. It was, I suppose, a great place to grow up. As there was little traffic, kids could ride their bicycles anywhere. There were many gardens and parks full of trees and flowers. The air was fresh, and the nights were peaceful. But my hometown bored me and some of my friends. One day, however, a very special day, all of that changed.

My mother came home from shopping out of breath with excitement and announced that Mrs. Beakey had been bitten by a snake.

"What's so unusual about that?" I asked. In the woods surrounding the town there lived many snakes, and every once in a while some unfortunate person would put a hand where it should not have gone and would soon regret it.

"Well, it happened in Marci's Department Store, John," she replied.

"What? Are you serious?"

"I sure am," she said. "She put her hand into a rolled-up carpet and felt something grab her finger."

"Why would she want to do a thing like that?" I remarked.

"Well, Mrs. Beakey is always doing strange things."

Actually, it was pretty hard to say much about Mrs. Beakey, because she was frequently out of town. Beakey, you see, was a writer and spent a great deal of time on the road doing research for her books. She was hardly ever home.

"Where is she now, Mom?" I asked.

"Well, I suppose she's at Hope Hospital."

252

Hope was the town's only hospital, so there was really no place else for someone in Mrs. Beakey's condition to go. I immediately regretted asking the question. But before I could change the topic, the doorbell rang. It was my best friend, Roger.

Roger and I had known each other since elementary school. He had a very good imagination, and I often thought that he would become an artist or a writer or something. He didn't, but that's another story.

"What's up?" I asked.

"Did you hear about Mrs. Beakey?" he shouted.

"Yeah, she got bitten by a snake at Marci's Department Store."

"No way. She got bitten by a rare African spider at Merlin's Bakery," Roger insisted.

"Hey, something's wrong here, Roger. I heard it was a snake."

"Okay, let's call Hope Hospital and check," Roger said.

"They're not going to give out that kind of information. It's personal."

"Yeah, you're right. Maybe we should just ask to speak to her."

"Good idea," I replied.

We went over to the phone and made the call. The operator on the other end was polite, but she sounded slightly annoyed. "You want to know about Mrs. Beakey, too?" she said.

"Is she all right?"

"Well, it depends on whether you think she has been bitten by a snake, punched by a kangaroo, kicked in the head by a horse…," the operator answered.

"I don't understand," I said.

"Then I'll explain it. You see, I happen to know Mrs. Beakey very well. She's my next-door neighbor, and she is now in Chicago. Listen, young man, do you happen to know what day it is today?"

Being a kid, I didn't. I did not start to be concerned about such things as dates until I got my first job. "No," I replied.

"Well, it's April 1st, and you know what that means, don't you?"

At that point, the operator, my excited friend Roger, and I shouted, "April Fools' Day!"

All of us, even my usually wise mother, had been fooled. But we all learned a couple of things from all of that : stories that travel around in small towns often become wild and crazy, and facts should be checked before you believe anything.

A　次の問い1～5に対する答えとして最も適当なものを，それぞれ下の①～④のうちから1つずつ選べ。

問1　What made John's mother excited when she talked about Mrs. Beakey?

　①　She thought she could make fun of her son.

　②　She thought something unusual had happened to Mrs. Beakey.

　③　Mrs. Beakey did not like her very much.

　④　Mrs. Beakey had always done strange things.

問2　Why couldn't John talk a lot about Mrs. Beakey?

　①　She was a very strange person.

　②　She was not John's neighbor.

　③　He had never read her books.

　④　He did not know her well enough.

問3　Why did John want to "change the topic"?

　①　His best friend, Roger, was at the door.

　②　He thought he had asked a stupid question.

　③　His mother did not want to discuss snakes.

　④　He did not know enough about the town.

問4　Why was the operator annoyed?

　①　She thought John did not understand her explanation very well.

　②　She did not want Mrs. Beakey to go to Chicago.

　③　She had received many calls from people asking about Mrs. Beakey.

　④　She happened to live next to Mrs. Beakey.

問5　What did the experience teach John?

① You cannot accept everything you hear as true.

② Stay away from "unusual" people like Mrs. Beakey.

③ You should be careful where you put your hands.

④ It is good to grow up in a small town.

B　本文の内容と合っているものを，次の①〜⑧のうちから3つ選べ。

① To get to New York City, John would have had to go east.

② There was usually not much excitement in John's town.

③ Mrs. Beakey was bitten by a snake in a department store.

④ Work often took Mrs. Beakey away from home.

⑤ Snakes were never a problem for people who lived in and around John's town.

⑥ Roger had such a good imagination that he made up many stories about Mrs. Beakey.

⑦ John and Roger visited Mrs. Beakey in the hospital on April 1st.

⑧ John and Roger learned that Mrs. Beakey was not at the hospital.

解 答

A　問1　②　　　問2　④　　　問3　②　　　問4　③　　　問5　①

B　②・④・⑧

解 説

A

問1　「ジョンの母親がビーキーさんのことについて話したとき興奮したのはなぜでしょう」

　　第2段落でビーキーさんがヘビに噛まれたと言って母親が興奮して帰宅したことが述べられているが，続いてジョン自身は「何がめずらしいの？」と言って，この町ではめずらしくないことがわかる。その後の文でそれがデパートで起きたことがわかる。それにはジョンも驚いている。つまり，デパートでヘビに噛まれるという考えられないような出来事に母親は興奮していると考えられる。②「彼女は異常なこ

255

とがビーキーさんに起こったと思った」が適切。
問2 「ジョンがビーキーさんについて多くを語らなかったのはなぜですか」

第9段落の内容から，ビーキーさんは作家で調査のため町を離れていることが多い。町で見かけない人はなじみがないと考えるのが普通。④「彼は彼女をあまりよく知らなかった」が適切。
問3 「ジョンは話題を変えたかったのはなぜですか」

"Where is she now, Mom?" から始まる箇所で，ヘビに噛まれた人が行くところと言えばひとつしかない病院に決まっているので「その質問をしたことをすぐに後悔した」。あまりにわかりきったことを聞いたことに気づいたからだ。②「彼は愚かな質問をしたと思った」が適切。
問4 「交換手が困ったのはなぜですか」

We went over to the phone…から始まる段落で，第3文目の交換手のセリフに「あなたも」とある。またビーキーさんに起きたこととして「ヘビに噛まれた」「カンガルーに殴られた」「馬に蹴られた」があるということはジョンが電話する前にすでに少なくとも3回同様の電話があったことがわかる。③「彼女はビーキーさんのことについて聞きたい人から何回も電話を受けていた」が適切。
問5 「その経験からジョンは何を学びましたか」

最終文で2つの教訓「小さな町ではうわさは大げさでとんでもないことになる」と「信じ込む前に事実を調べる」を学んだとある。①「聞いたことは何でも真実として受け入れるわけにはいかない」が適切。
B① 「ニューヨークへ行くには，ジョンは東に行かなければならなかっただろう」

冒頭の第1文に，which shone two hundred miles to the south. とある。このwhichはニューヨークを指す。「南へ200マイル行ったところで輝いていた」とある。東ではない。
② 「ジョンの町ではふだんあまり興奮するようなことは起こらなかった」

第1段落の第1文と第6文の内容と一致する。

③ 「ビーキーさんはデパートでヘビに嚙まれた」

最終段落第1文に「みんなだまされた」とあり，その直前の文でエイプリル・フールだったことが明確になったので，ヘビに嚙まれたというのはうそだったのである。

④ 「ビーキーさんは仕事でよく家を留守にした」

Actually, it was…で始まる段落の内容と一致する。ビーキーさんは作家で家をあけることが多かったのである。

⑤ 「ジョンの町やその周辺に暮らす人にとって，ヘビは一度も問題にならなかった」

"What's so unusual…で始まる段落の第2文In the woods…以下に「手を置くべきでないところに手を置いてしまう不運な人もいる」と書いてあり，これはヘビがいる場所にうっかり手を置いてしまったことを述べている。それがonce in a while「ときどき」あるのだから，選択肢のneverは誤り。

⑥ 「ロジャーはとても想像力が豊かだったので，ビーキーさんについてたくさんの作り話を作った」

Roger and I had known…で始まる段落の第2文にロジャーが想像力豊かなことは書かれているが，「それはまた別の話だ」と言っている。ビーキーさんの作り話を作ったことについての記述はない。

⑦ 「ジョンとロジャーは4月1日に病院へビーキーさんを見舞いに行った」

We went over ～で始まる段落の第1文に made the call「電話をかけた」とある。病院には行っていない。

⑧ 「ジョンとロジャーはビーキーさんが病院にはいないことを知った」

交換手の3番目のセリフの第3文で「今シカゴにいる」と述べている。ビーキーさんは病院にいないことがわかったので一致する。

全訳

僕の故郷の町は眠くなるようなところで，安全で清潔だったが，200マイル南のニューヨークの光り輝く明るさとはかけ離れていた。僕の故郷は子どもが大きくなるのにはすばらしい場所だったと思う。車もほとん

どなかったので，子どもたちはどこででも自転車に乗れた。木や花がいっぱいの庭園や公園がたくさんあった。空気は新鮮で，夜も平穏だった。でも，僕の故郷の町は僕や友達には退屈だった。ところが，ある日のこと，それは特別な日だったけれど，そういったすべてのことが変わった。

　母が興奮して息を切らして買い物から帰って来ると，ビーキーさんがヘビに噛まれたと言った。

　「それがどうしてそんなにめずらしいことなの？」と僕は尋ねた。町を取り囲む森にはヘビがたくさんいて，不運にもまずいところに手を置いて，すぐさま後悔するような人がときどきいたからだった。

　「それがね，マーシ・デパートで起きたのよ，ジョン」と母は答えた。

　「何だって？　うそでしょう？」

　「本当よ」と母は言った。「巻いてあったカーペットに手を入れたら，何かが指をつかむ感じがしたんですって」

　「何でそんなことをしようと思ったの？」と僕は言った。

　「そうね，ビーキーさんはいつも変なことばかりしているのよ」

　実は，ビーキーさんのことについて多くを語るのはかなりむずかしかった。彼女はしばしば町から出ていたからだ。何しろビーキーさんは作家で，執筆のための取材旅行に多くの時間を使っていたのだ。彼女が家にいることはほとんどなかった。

　「母さん，今ビーキーさんはどこにいるの？」と僕は尋ねた。

　「そうね，ホープ病院にいると思うわ」

　ホープ病院は町で唯一の病院だったので，ビーキーさんのような状態の人が行くところは実際他にどこにもなかった。僕はその質問をしたことをすぐに後悔した。でも，僕が話題を変える前に呼び鈴が鳴った。親友のロジャーだった。

　ロジャーと僕は小学校のときからの知り合いだ。彼はとても想像力豊かで，彼は芸術家とか作家とか何かそういったものになるだろうなと僕は思っていた。彼はそうならなかったけれども，それはまた別の話だ。

　「何かあったの？」僕は尋ねた。

　「ビーキーさんのこと，聞いた？」と彼は大声で言った。

「うん。マーシ・デパートでヘビに噛まれたんだって」

「そうじゃないよ。彼女はマーリン・ベーカリーでアフリカのめずらしいクモに噛まれたんだよ」とロジャーが言い張った。

「う〜ん，何か変だな，ロジャー。僕が聞いたのはヘビだったよ」

「よーし。ホープ病院に電話して調べてみよう」とロジャーは言った。

「病院はそういう情報をもらしたりしないよ。個人的なことだもの」

「そうだな，君の言うとおりだ。ただビーキーさんと話したいとだけ頼んだほうがいいね」

「そりゃいい考えだ」と僕は答えた。

僕たちは電話のところに行ってかけた。電話口に出た交換手は親切だったが，少し困ったような口ぶりだった。「あなたもビーキーさんのことが知りたいの？」と彼女は言った。

「ビーキーさん，大丈夫でしょうか？」

「そうね，それはあなたがどう思っているかによるわね。ビーキーさんがヘビに噛まれたのか，カンガルーに殴られたのか，馬に頭を蹴られたのか…」と交換手は答えた。

「どういうことですか」と僕は言った。

「では説明するわ。ええとね，私はたまたまビーキーさんのことをとてもよく知っているの。お隣さんだから。彼女は今シカゴにいるのよ。いい，あなた，今日は何の日か知ってる？」

僕は子どもだったので知らなかった。日付などというものを気にし始めたのは最初の仕事に就いてからだ。「いいえ」と僕は答えた。

「あのね，今日は4月1日よ。これがどういうことかわかっているわよね」

その瞬間，交換手，興奮した友達のロジャー，そして僕が一斉に叫んだ。

「エイプリル・フール！」

僕たちみんな，いつもは賢い母までも，だまされたのだった。でも，僕たちはみんなこのことから2つのことを学んだ。すなわち，小さな町で広まるうわさは大げさでとんでもない話になることがよくあるということと，何かを信じ込む前に事実を調べるべきだということだ。

例題 2

次の英文を読んで，以下の(1)～(7)の各問いに答えよ。

Teaching and learning through a foreign or second language is not a novel ①phenomenon; on the contrary, it has occurred throughout the history of education. Interest in the matter has recently increased considerably, which may at least partly be explained by the current societal situation. [ア] Content and language integrated learning (CLIL) attracts educators and researchers, for it may be an ideal environment for achieving good proficiency in an L2.

CLIL programmes vary a great deal but nonetheless they share a number of key features. CLIL ②invariably involves dual focus in that the basic objective of any type of CLIL is to integrate the learning of a non-language subject matter with the acquisition of a language other than the learners' Ll. Further, all CLIL programmes explicitly focus on the development of learners' thinking skills (Räsäen, 1994; Sjöholm, 1999), entailing the development of the learning strategies and cognitive skills necessary for academic progress on all levels of education. In the light of the latter point, CLIL and *GEN education do not differ much in the Finnish context, as objectives of a similar kind are written down in the mainstream curriculum as well (Finnish National Board of Education, 2004).

As for learning results in CLIL, compared with mainstream classes, studies that have investigated the effects of CLIL on the learners' mother tongue skills (a severe concern for some parents and educators) have shown that CLIL does not have a negative impact on the development of Ll, some actually suggesting that the situation may be quite the opposite. [イ] As an example, Merisuo-Storm (2002) examined pupils' Ll skills in reading and writing in elementary instruction and found that CLIL learners generally ③outperformed their peers attending the monolingual stream. Another concern has been related to the acquisition of content knowledge. According to the

260

results of Seikkula-Leino (2007), there were no ④marked differences between classes taught in their L1 Finnish and those taught in L2 English. (　A　), Xanthou(2011) found that both groups, CLIL (with English as the language of instruction) and mainstream (Cypriot Greek), gained equal amounts of content knowledge in science classes, in addition to which the CLIL pupils demonstrated a marked increase in L2 vocabulary.

Also research concentrating on the development of L2 skills in CLIL has produced encouraging results. [　ウ　] Jävinen (2005; see also 1999) tracked the syntactic development of relativisation, as measured by elicited imitation and grammaticality judgements, in CLIL and mainstream education during elementary school in Finland. Her results suggest that foreign language acquisition is substantially faster and more versatile in CLIL than in general classes in that the CLIL group could produce sentences significantly longer, more complex and more accurate than the control group, in the elicited imitation task. Valtanen (2001) investigated overall English proficiency at the end of lower secondary school and measured English skills in reading, listening, writing, speaking, and grammar. CLIL learners scored on average higher than their mainstream peers in each section of the test. The results imply that CLIL has a clear positive effect on the development of English competence as a whole. In fact, the CLIL learners were so advanced that a ceiling effect was found in most of the tasks, that is, the level of their proficiency could not actually be discovered with the national test battery aimed at the regular ninth-graders. [　エ　]

Karonen's (2003) study is one of the few aimed at investigating vocabulary learning in CLIL. She explored lexical organisation by conducting a word association test on both CLIL students and students following the mainstream curriculum. She hypothesised that CLIL learners' lexicons would be more organised in nature and that they would give more paradigmatic responses typical of native speaker adults, whereas the learners in formal language instruction were expected to give more syntagmatic responses typical of native speaker children. However, no marked differences were found between the classes in this respect. That is to say, no developmental syntagmatic-paradigmatic shift was found in either of the groups. One reason might be that learners were simply too young (5th, 7th, and 9th graders) for the organisation dimension of their lexicons to have developed sufficiently. The case might be different with more advanced learners.

(Adapted from Päivi Pietilä, and Riika Merikivi, 'The Impact of Free-time Reading on Foreign Language Vocabulary Development' in *Journal of Language Teaching and Research, Vol. 5, No. 1, pp. 28-36*, January 2014)

(注)

* GEN education: general mainstream education

(1) 本文中の下線①~④とほぼ同じ意味を表すものを，以下の1~4からそれぞれ選び，記号で答えよ。

　① 1 fact　　　　2 author　　　3 remedy
　　 4 hope

　② 1 rarely　　　2 mercifully　3 accidentally
　　 4 constantly

　③ 1 failed　　　2 surpassed　3 matched
　　 4 coordinated

　④ 1 affluent　　2 objectionable　3 insubstantial
　　 4 conspicuous

(2) 次の文が入る最も適切な箇所を，本文の[　ア　]~[　エ　]から選び，記号で答えよ。

　The on-going European integration and internationalisation in general continuously lay more and more demanding objectives on learning and teaching additional languages.

(3) 本文中の(A)に入る最も適切なものを，次の1～4から選び，記号で答えよ。

1 In comparison 　　2 In short 　　3 Nevertheless

4 Similarly

(4) 次の文章は，第2段落の内容の一部をまとめたものである。文章中の(ア)～(ウ)に適切な日本語を入れよ。

> 　　筆者は，CLILに共通している特徴として，次の二つを挙げている。
> ・言語以外の学習内容を学ぶことと(ア)を結び付けることを基本的な目標としている。
> ・学習者の(イ)を育成することに重点を置いている。それは，あらゆる教育段階における学力向上に必要な(ウ)と認知能力の育成を伴う。

(5) 以下のア，イの各英文について，本文の内容に合っている場合はT，合っていない場合はFと答えよ。

ア　According to some studies, the effects of CLIL on the learners'L1 skills have no minus factor compared with those of mainstream classes.

イ　In Karonen's word association test, CLIL learners gave more paradigmatic responses than the learners in formal language instruction.

(6) 本文の内容に関する次の質問に英語で答えよ。

What made Jävinen think that foreign language acquisition is substantially faster and more versatile in CLIL than in general classes?

(7) 次の英文は，第4段落の内容の一部をまとめたものである。英文中の(ア)～(エ)に適切な英語を1語ずつ入れよ。

> 　　Valtanen conducted (ア) on overall English proficiency at the end of lower secondary school, and he found that the average (イ) of CLIL learners in the English test was higher

263

than that of their mainstream peers. The results suggest that CLIL positively (ウ) the development of English competence as a whole. The CLIL learners were so advanced that the national test battery aimed at the regular peers was not (エ) enough to discover the level of the CLIL learners' proficiency.

解答

(1) ① 1 ② 4 ③ 2 ④ 4 (2) ア (3) 4

(4) ア 第一言語以外の言語の習得 イ 思考力 ウ 学習方略

(5) ア T イ F (6) The fact that the CLIL group could produce sentences significantly longer, more complex and more accurate than the control group in the elicited imitation task did.

(7) ア research イ score ウ affects エ difficult

解説

CLIL(Content and Language Integrated Learning)とは「内容言語統合型学習」と呼ばれ，外国語を通して何かのテーマや教科科目を学ぶ学習形態のことを指す。CLILの主な特徴は，学習者の学習方略や思考力育成などを目標としていることである。本問では，従来型の教育を受けた生徒と比べて，CLILで学んだ生徒の第二言語の技能面が向上し，教科内容の知識面でも劣ることはなく，さらにCLILは母語習得にマイナスの影響は及ぼさなかったと報告されている。

(1) ① phenomenon「現象・事象」。 ② invariably「常に，必ず」。 ③ outperform「～より優れている」。surpass「(能力・性質・程度などで)～より優る」。 ④ marked「顕著な，著しい」。

(2) 挿入する文が表す内容は「ヨーロッパの統合と国際化のために，外国語を学び，教えることへの需要が高まっている」である。アの直前で，外国語を介して学習し，教えることへの関心が高まり，これは社会的状況によって説明されるとある。この「社会的状況」を具体化した内容が「ヨーロッパの統合と国際化」と考える。さらにこれを受けて，アの後ではCLILが教育者や研究者の注目を集めていると述べられていることからもアが適切。

(3) 空欄Aの前では，母語であるフィンランド語で教えたクラスと第二言語の英語で教えたクラスとの間に教科内容の知識面では顕著な差がなかったと説明されている。空欄Aの後でも，Xanthou (2011)の研究において類似する結果が得られたと報告されている。よってSimilarly「同様に」が適切。

(4) 第2段落の2文目，3文目より適語を拾う。アはthe acquisition of a language other than the learners' L1，イはthinking skills，ウはlearning strategies。

(5) ア「いくつかの研究によると，学習者の母語のスキルへのCLILの影響には，従来の授業と比べてマイナスの要因がない」。第3段落の1文目より正しい。 イ「Karonenの語連想テスト(word association test)において，CLIL型学習者は従来の指導を受けた学習者より，並列反応(paradigmatic response)を示した」。最終段落の4文目より，語連想テスト(word association test)において，CLIL型学習者も従来の指導を受けた学習者も語彙習得において差が見られなかったので，誤り。

(6) 問いは「外国語習得は一般的な授業よりCLILの方がかなり速く，多面的なスキルが身につくとJävinenに思わせたものは何か？」。第4段落の3文目のin that以下に，CLIL型学習者の方が対照群(従来の指導を受けた学習者グループ)より長く複雑で正確な文を作ることができたという結果が報告されている。

(7) ア 第4段落の4文目よりValtanenが英語の文法と4技能を測るための「研究」を行ったことがわかるのでresearchを入れる。 イ 空欄は形容詞averageの後にあるので，名詞が入るとわかる。第4段落の5文目より，Valtanenが英語の4技能を測る試験で，CLIL型学習者の方が従来の授業を受けた生徒より「点数」が高かったことがわかるのでscoreを入れる。 ウ 第4段落の6文目より，CLILが英語の能力向上に「寄与している」ことがわかるので，affectを入れる。positively affect「〜に良い影響を与える」。 エ 第4段落の最終文に，「CLIL型学習者の言語能力が高すぎて課題の大部分で天井効果が現れてしまい，従来型の授業を受けた生徒の言語能力を測るための試験では，彼らの能力を測ることができなかった」とある。つまり，この試験は

CLIL型学習者にとっては「難しくない」試験であったことを示しているので，空欄にはdifficultを入れるのが適切である。

例題 3

次の英文を読んで，あとの問いに答えよ。

With the decrease in physical education and recess time over the past 30 years, several disturbing trends have emerged. One of them is the issue of obesity: it is reported that 1 in 3 children in the U.S. is overweight — double the figures from the 1980s. Diagnoses of children with attention-deficit hyperactivity disorder (ADHD) have also skyrocketed in recent years. There are 5.7 million children aged 6-17 who have been diagnosed with ADHD. If these statistics were related to an infectious disease, we would declare it a full-blown outbreak. Instead, we call it "education as usual."

Is it any wonder then, that children are bored, off-task, disruptive or otherwise disengaged when all they do is sit at desks and listen to lectures or work on assignments with little physical activity involved? From kindergarten through high school, students spend most of their academic lives at a desk. A classroom in which students quietly work at their desks might appear to be (①), but the amount of time we subject children to a seated position is almost (②).

Beyond the obvious health-related issues, research suggests that desk-bound education might be the reason that students' creativity and intelligence are hindered throughout their formative years. Until the age of 4, children are continually playing and learning in a state of constant motion. But when they enter school, the focus shifts to uniformity, control, following rules and sitting at a desk. We are dealing with our students unfairly when it comes to overall education and student achievement. So, what is it about movement and learning that is so important, anyway?

First, physical activity improves brain flexibility which allows children to learn more easily. Second, there is evidence that contact with the natural environment has a calming effect on children. And third, exercise releases *endorphins that make children feel more relaxed. Finally, the part of the brain that processes movement also processes learning. So when students are sitting still, the learning process is actually (③) rather than (④).

Several studies offer evidence that years of fine motor exercise allow brain reorganization and nerve growth. Physical movement such as standing, stretching, walking or marching can help the brain focus. If students feel sleepy, for instance, they should be allowed to stand at the back of the room for up to two minutes and stretch on their own.

Changes in body position help develop the *vestibular system, alter blood chemistry, and develop core muscles. And ⑤physical activity helps develop the executive function part of the brain where new learning is processed. Executive function includes cognition, organization, focus, emotional regulation, and the ability to multitask, therefore, helping students succeed academically.

When surveyed, teachers typically say that classroom management is the toughest part of teaching. They have all been trained in different methods to manage behavior. Many teachers say that relationships, expectations and consistency are key to behavior management. But behavior has less to do with teachers' actions than it does with the students themselves.

If a student is constantly rocking, swaying, or tapping a pencil or foot, it doesn't mean they don't care about rules and expectations; it means they are children who (⑥). As I mentioned above, the executive function area of the brain has characteristics that influence a student's ability to behave in class. If someone sees students droop over their desks, tapping a pencil or a water bottle, he/she might think that the teacher is not engaging or that the lesson is boring. Neither of them is true; students are lack the core strength to sit up and focus on the lessons.

Over the past three decades, we have seen tremendous increases in ADHD diagnoses and the number of overweight students. A physically active classroom could also turn ⑦these trends around.

What are the effects of adding more physical activity to the academic classroom? Research shows many benefits: there has been a decrease in ADHD medication among the students in classrooms with increased physical activities, and the *body mass index among overweight students in active classrooms showed significant decreases. Executive function and working memory also showed significant improvement, leading to improved academic achievement.

These results reinforce ⑧the idea that the traditional desk-centered classroom must be redesigned to better suit students' needs. It can even be as simple as giving students a "brain break" every 15 minutes to stand and stretch. To increase student focus, on-task behavior, achievement and general well-being, include physical activity in the classroom. It's time to get students out of their seats and learning on their feet!

(注)　endorphins　エンドルフィン(幸福感を生み出す神経伝達物質)　vestibular system　(内耳の平衡感覚の)前庭系　　body mass index　肥満指数(BMI)

【Modified from "Why students shouldn't be forced to spend so much time sitting at desks in class" by Valerie Strauss, The Washington Post (February 7, 2019)】

1　(①), (②)に入る最も適切な組み合わせを，次のア〜エから1つ選び，記号で答えよ。

　　ア　①　tough　　　　②　traditional
　　イ　①　educational　②　human
　　ウ　①　real　　　　　②　academic
　　エ　①　ideal　　　　 ②　inhumane

2　(③), (④)に入るのに最も適切なものを，あとのア〜エから1

つずつ選んで，記号で答えよ。

　ア　controlled　　イ　enhanced　　ウ　hindered　　エ　repeated

3　下線部⑤によりもたらされる教育的効果は何か，本文の内容に合うように10字程度の日本語で書け。(句読点含む)

4　(⑥)に入れるのに最も適当なものを，次のア〜エから1つ選び，記号で答えよ。

　ア　have lots of energy

　イ　concentrate on lessons

　ウ　are affected by teacher

　エ　lack behavior management

5　下線部⑦が指す内容を日本語で書け。

6　下線部⑧が指す具体的な取組例として本文中に述べられている内容を日本語で書け。

7　本文の内容と一致するものを，次のア〜オから2つ選び，記号で答えよ。

　ア　The decrease in physical education and recess time has made educational systems unrecoverable.

　イ　Teachers' actions play a more important role than the students' physical movement in academic classroom.

　ウ　As movement affects learning, students' creativity and intelligence are inhibited by desk-bound education.

　エ　The results of physical activity in class promote the redesign of classroom to meet the needs of students.

　オ　Students are easy to calm down in traditional desk-bound education by following the rules of the school.

|解 答|

1　エ　　2　③　ウ　　④　イ　　3　生徒の成績が上がること。(12字)
4　ア　　5　ADHD(注意欠陥多動障害)や肥満の生徒が急激に増えていること。　6　15分毎に立って，ストレッチをすること。
7　ウ，エ

|解 説|

1　空欄を含む文は「生徒が自身の机で静かに勉強している教室は

269

(①)であるように思うかもしれない，しかし，私たちが生徒たちを座らせている総時間はほとんど (②)である」という意味である。①は，教師にとって生徒が自身の机で静かに勉強しているという教室は「理想的」であると考えられる。一方，②では，前文の内容に対し「しかし」から文が始まっているため，マイナスな意味の「非人道的な・過酷な」が入ると考えられる。

2　空欄を含む文は「なので，生徒たちがじっと座っていると，実際，学習プロセスは (④) ではなく (③)」という意味である。第4段落では，体を動かすことの利点が述べられている。よって，じっと座っていると学習プロセスが「妨げられる」と考えられる。また，rather than「よりむしろ」以下には，それと反対の意味の語が入ると考えられるため，「促進される」が適切である。

3　下線部⑤は「体を動かすことは新しい学習が処理される脳の実行機能が発達するのに役立つ」の意味。第6段落3文目にexecutive function「実行機能」の役割が述べられているが，本問では教育的効果は何か，と問われているため，therefore以下をまとめるとよい。

4　空欄を含む文は「もし生徒が絶え間なく体をゆすったり，鉛筆や足をコツコツ叩いたりする場合，それは規則や期待に注意を払っていないことを意味しているのではない。それは生徒たちが(⑥)である子どもたちであるということを意味している」という意味である。本問は本文中に答えとなる根拠が明示的に書かれていないが，イの「授業に集中する」は第8段落最終行students are lack以下の文より誤り。また，ウの「教師に影響を受ける」とエの「行動管理が欠けている」はどちらも教師による働きかけであり，第7段落最終行But behavior以下の文に，「教師の行動とはあまり関係なく，生徒自身と関係がある」と書かれているため誤り。よって，アの「多くのエネルギーを持っている」が正しいと推測できる。

5　下線部⑦は「これらの傾向」という意味である。これは前文のtremendous increases以下を指しているので，この部分を訳せばよい。

6　下線部⑧は「伝統的な机中心の教室は生徒たちの必要性により合わせるために，再設計されるべきであるという考え」という意味である。

前段落の内容から，机に座っているだけでなく，体も動かした方がいいという考えであると推測できるため，次文のgiving students以下をまとめるとよい。

7　第3段落1文目より，ウの「行動が学習に影響を与えるため，生徒の創造性や知性は机にしばられるような教育によって抑制される」は正しい。また，最終段落1文目より，エの「授業中における体を動かすことに関する研究結果により，生徒たちの必要性に合わせた教室の再設計が促進された」は正しい。アは本文中でphysical education「体育」の話はされていないため誤り。イは第7段落最終文に教師の行動よりも生徒自身と関係があると述べられているため誤り。オは生徒たちが机にしばられるような教育において落ち着きやすいといったような記述は本文中にはないため誤り。

例題 4

次の文を読み，あとの各問いＡ～Ｃに答えよ。

When a baby is born, the parents often feel that they would like to give that baby a perfect life. It's a very natural feeling, but of course not a realistic (1)one, especially if "perfection" means a life that is always happy. Our children will sometimes hurt and suffer no matter what we do. They will have stomach pains and growing pains, feel jealousy, disappointment, and all the rest. Very early in our children's lives we will be forced to realize the "perfect" untroubled life we'd like for them is just a fantasy. In daily living, tears and fights and doing things we don't want to do are all part of our human ways of developing into adults.

Nevertheless, the fantasy continues within the hearts of many loving parents : "Certainly there's something perfect I can give to my children. Even if it can't be the whole of life, maybe it can at least be one day each year." And many parents choose their child's birthday for that day, filling it with fancy presents and events. Unfortunately, days like that often bring tears and disappointments, with parents feeling that the child never appreciated any of their efforts. There's a disappointment that turns the "perfect" day into a most imperfect one. And yet the very next year, the very same thing happens. The wish always remains in parents' hearts to create something perfect for their child.

One thing we may not realize is that it can be hard for a child to receive too much of anything — gifts, food, attention — at one time. I can remember birthdays when I received so many things that I felt it was too much. I couldn't express it in words when I was little, but my feeling was, "How can I (　イ　) up for all this? How can I ever say thank you enough? How can I ever be good enough in return?" It was an unpleasant feeling, even with joy of the day. Parents, without knowing it, may also have negative feelings. Their investment of time, money, and comfort can lead them to expect their children to give them back an abundance of happy feelings. If their children don't respond with total joy, and if the day is spoiled by quarrels, they may feel, "We did all this for you, so why aren't you happy? Why can't you be good for once?"

Birthdays are more likely to be happy days if we are responsive to how our children need to feel rather than to what our children think they want. Children need, for instance, to feel important, and a birthday is a grand opportunity to let a child feel "in charge." One way we can do this is to let the birthday child choose something for the whole family to enjoy together. It can be helpful for you to offer some reasonable suggestions, like going out to a farm, making a picnic, going to a puppet show or a circus, or visiting any of the places in a town or city that have been set up for children's enjoyment. What matters is that it is the child's choice, that you can agree, and that the family can do it together.

Often, such events have to be postponed to the nearest weekend. If that's the case, the child's actual birthday could include a family breakfast, a chance for the child to decide on the supper menu, and a family reading of a favorite story before bed. These are the sorts of simple things that come to my mind, but family can work out ways of their own.

If the birthday weekend includes a children's party, many parents have found it wise to be careful about inviting too many people. We all know that large groups of five-year-olds can generate a lot of excitement, often ending in tears and frustration. If you feel uneasy about such large groups, you might ask your child to invite just a few special friends. "Would you like to ask Mandy, Eric, and Kate to come over for cake and ice cream? Is there anyone else you'd especially like to invite?" That way, you can keep the size of the party down to a number that is comfortable for both you and your child. I know parents who allow their daughter to invite just as many friends as the number of years she is old. When their daughter was three, she invited three friends. At four she invited four. That seemed to work well.

Birthdays are meant to be "You Are Special!" days that celebrate the arrival of a particular person into this world and express our continuing joy in having that person among us. Parties and presents, of course, have their role as a traditional part of birthdays. But when we let (2)them become what birthdays are all about, we have missed a once-in-a-year chance to give our child a strong sense of the importance of his or her (ロ) in our family.

A. 文中の空所(イ)・(ロ)を補うのに最も適当な語を，それぞれ対応する次の1〜4から1つずつ選べ。

　イ 1. give　　　2. keep　　　3. make　　4. sit
　ロ 1. friends　　2. memory　　3. place　　4. response

B. 文中の下線部(1), (2)の指す語句を本文中から抜き出し，それぞれ書け。

273

C. 次の1～5のそれぞれに続くものとして，本文の内容と最もよく合致するものを，各イ～ニから1つずつ選べ。

1. The main purpose of this article is to
   - イ. give advice.
   - ロ. criticize parents.
   - ハ. describe typical birthdays.
   - ニ. praise children.

2. According to the author, children may become uncomfortable on their birthdays because they
   - イ. feel unable to express their thanks.
   - ロ. aren't allowed to invite enough friends to their parties.
   - ハ. don't get the presents they really want.
   - ニ. are ignored by their family.

3. The author would agree that
   - イ. birthdays aren't so important in children's lives.
   - ロ. parents should give their children more presents.
   - ハ. children don't always know what is best for them.
   - ニ. some children aren't interested in birthdays.

4. In the third paragraph, the author states that parents may also have "negative feelings." This refers to their
   - イ. envy that their children had a wonderful birthday.
   - ロ. disappointment that their children don't show enough appreciation.
   - ハ. frustration that they can't give enough presents to their children.
   - ニ. sadness that the party is over.

5. The most appropriate title for this passage is
   - イ. Surprise Birthday Parties.
   - ロ. Parents' Birthdays.
   - ハ. Happy Birthdays Aren't Easy.
   - ニ. The Old-Fashioned Birthday Party.

解答

A. イ 3　　ロ 3
B. (1)　feeling　　(2)　parties and presents
C. 1. イ　　2. イ　　3. ハ　　4. ロ　　5. ハ

解説

A. イ　make up for 〜「〜の埋め合わせをする」

　ロ　(a strong sense of the importance of his or her) place (in our family)「家族の中で自分が占める位置が重要であるという強い意識」

B. (1)　a very natural feeling, but of course not a realistic one(= feeling) 前出の名詞の反復を避けるための不定代名詞。

(2)　前文で「パーティーやプレゼント」について述べ,「それらを(=パーティーやプレゼントを)誕生日のすべてにしてしまうなら」となる。

C. 1.　第4段落以降から, 本文が誕生日を本当に楽しく価値あるものにするための助言であることがわかる。

2.　「筆者によると, 子供たちが誕生日に不快になることがあるのは」, イ.「感謝の気持ちを表せないと感じるためである」。第3段落第2〜4文参照。

3.　「筆者が賛成するのは」, ハ.「子供たちは自分にとって何が一番よいことか必ずしもわかっていないということ」。第3段落第3文以下参照。

4.　「第3段落で, 筆者は親も [否定的感情] を持つことがあると述べている。このことは」, ロ.「子供たちが十分な感謝を示さないという親の失望である」。第3段落第5文から最終文参照。

5.　「この文の最適な題は」, ハ.「幸せな誕生日は簡単でない」。ちなみにイ.は「不意打ちのパーティー」。

全訳

　赤ん坊が生まれると, よく両親はその子に完ぺきな人生を与えてやりたいと感じる。それは非常に自然な感情だが, 特に「完ぺき」がいつでも幸せな人生を意味するならば, それはもちろん現実的な感情ではない。我々の子どもたちは, 我々がどんなことをしても, ときには傷ついたり,

苦しんだりする。お腹が痛くなったり，成長期の痛みもあるし，やきもちを焼いたり，失望したり，その他すべてに悩む。我々は，子どもたちがごく小さなころに，我々が彼らに望む「完ぺきな」悩みのない人生など単なる幻想にすぎないことを悟らざるを得ない。毎日の生活では，涙とけんか，そして我々がしたくもないことをすることが，人間が大人へと成長する方法のすべてである。

それにもかかわらず，その幻想が多くの子を愛する親の心の中に生き続けている。「確かに子どもたちに与えることができる完ぺきなものがあるはずだ。人生すべては無理でも，おそらく少なくとも毎年1日はできるだろう」。そして，多くの親たちが子どもの誕生日をその日に選び，すてきなプレゼントと催しでそれを満たす。不幸なことに，親たちはわが子が彼らの努力を何一つありがたがらないと感じて，そのような日はしばしば涙と失望をもたらす。その「完ぺきな」日を大変不完全な日にしてしまう失望があるのだ。それなのに，まさにその翌年も，まったく同じことが起こる。子どもたちのために何か完ぺきなものを作ろうという願いは，ずっと親の心の中に残るのだ。

我々が気づいていないかもしれないことの1つに，子どもがどんなもの―贈り物，食べ物，注目―でも一度にあまり多くは受け入れられない，ということがある。私はあまりに多くのものを受け取ったので，多すぎると感じた誕生日のことを思い出すことができる。小さいころは，それを言葉で言い表せなかったが，私の気持ちは，「一体どうやったらこんなにたくさんのものの埋め合わせができるのだろうか。一体どうやったら十分なお礼を言えるだろうか。一体どうすればそのお返しに十分いい子でいられるだろうか」というものだった。それはその日が喜びであふれていたとしても不愉快な気分だった。それを知らずに，親たちも否定的な感情を抱いてしまうことがある。時間，お金，慰めとなるものに投資したのだから，子どもたちがあふれるほどの喜びの気持ちを返してくれることを期待することになる。子どもたちがまったく喜んで応えてくれないと，そしてその日がけんかで台なしになると，彼らはこう感じる。「おまえのためにこんなにたくさんしてあげたのに，どうして嬉しくないんだい？　どうして一度ぐらいいい子になれないんだい？」

　我々の子どもたちが何を欲しいと思っているかよりむしろ，子どもたちがどのように感じる必要があるかということに親が反応するなら，誕生日はもっと喜ばしい日になるだろう。たとえば，子どもたちには自分を大切な存在だと感じることが必要であり，誕生日は，子どもたちに「まかされている」と感じさせるいいチャンスである。我々がこれを実行できる1つの方法は，誕生日の子どもに家族全体が一緒に楽しめる何かを選ばせてあげることである。農場に出かけたり，ピクニックをしたり，人形芝居やサーカスに行くとか，子どもたちが楽しむために準備された町や市のどこかに行ったりといった何か無理のない提案をすると役立つこともある。重要なのはそれが子どもの選択であり，あなたが同意でき，家族が一緒にできるということである。

　しばしば，そういう催しは一番近い週末まで延期しなければならない。もしそうなら，その子の実際の誕生日には家族みんなで朝食を食べ，その子に夕食のメニューを決めさせるチャンスを与え，寝る前に大好きな物語を家族一緒に読むことにすることができるだろう。これらは私の心に浮かんだ簡単なことだが，それぞれの家族は独自のやり方を考え出せばよい。

　誕生日の週末に子どもたちのパーティーをするなら，多くの親は，あまり多くの人たちを招待しすぎないように気をつけることが賢明なやり方だと知っている。5歳児がたくさん集まると興奮のあまり，しばしば泣き出したり，欲求不満に終わることになるのを我々は皆知っている。もしそのような大人数に不安を感じるなら，数人の特別な友だちだけを招待するように子どもに頼むとよい。

　「マンディとエリックとケイトにケーキとアイスクリームを食べに来ないって聞いてみる？　だれかほかに特別に招待したい子はいるの？」このようにすると，パーティーの規模をあなたとお子さんの両方にとって快適な数まで減らすことができる。自分の娘の年の数だけの友だちを招待させる親を私は知っている。娘が3歳のときは3人の友だちを招待した。4歳のときには4人招待した。それはうまくいっているようだった。

　誕生日とは，ある人がこの世にやってきたことを祝い，そして我々の中にその人がいることを我々がずっと喜び続けていることを表す「あなた

は特別なの」という日だ。

　パーティーやプレゼントはもちろん誕生日の伝統的な一部としての役割がある。しかし，それを誕生日のすべてにしてしまうと，我々の子どもに家族の中で自分が占める場所の重要さを強く感じさせる，年に1度のチャンスを逃してしまうことになる。

例題5

A. 次の英文の空所1～15に入れるのに最も適当なものをそれぞれA～Dから1つずつ選べ。

Part of Henry Ford's philosophy as a manufacturer had long been that all workers ought to be able to buy what they produced ; but it was not until 1914 that he began to put this into practice. He let it be known that, from that year on, no worker in his factory would earn (1) than five dollars a day. Such pay for workmen was undreamed-of in any manufacturing plant in the world. And it was more than twice what Ford himself had been paying before.

The shock of the news divided the American public into two parts : one part believed that he intended to give all his money away because he so loved the men that worked for him ; the other part now felt quite certain that he had gone mad.

They were both wrong. The plan (2). The workers increased their output, and they all bought Ford cars. And the profits went up and up.

What the public did not understand was that all this was possible because of the savings that mass production had made possible. Every day, some kind of waste was cut down or cut out — waste of time, energy, motion, materials. Every day some process was shortened. Every year, some new secondary product was made out of something that before had been (3).

Henry now had so much money that he did not know (4) to do with it. He could not put it back into further manufacture of the

Model T* that had made his fortune, because sales had reached their limit. It was then that he had the idea of what (　5　) to be known as the Ford Empire.

(　6　), the Ford Company had been buying many materials and parts from other companies. Now Ford decided to produce or make everything himself. He bought coal mines and iron mines and made his own steel. He bought forests and produced his own wood. He bought rubber plantations and manufactured his own tires. He bought other plantations and grew his own cotton (　7　) he made his own cloth. He built a complete glass factory, and set up in it the first continuous plate-glass manufacturing process in the world.

None of these materials was ever stored. Once produced, they were forever on the move, over seas or lakes and along rivers, roads or railways, all timed to reach the factory just when they were (　8　), as if on a giant assembly line.

The next and last step came when the company built branch factories, mostly for the assembly of parts sent from Detroit, in more than twenty other countries around the world, from Ireland to Japan.

This was the Ford Empire. Most of it was built up in the 1930s. The Model T, however, died in 1927. Why did it die? Why did this thing, which had become the subject of countless jokes and stories and songs, which had become part of American life itself, come to an end? The chief reason was a change of taste, caused perhaps by a kind of growing up of the American people. Ford had been (　9　) in 1908, when he guessed that the "ordinary American" did not want a richman's plaything. But, by 1927, the ordinary American's children were laughing at Dad's "flivver," or "Tin Lizzy," as the Model T had come to be called. They were (　10　) it. What they wanted was something a little more powerful, better-looking.

It was General Motors, with their Chevrolet, that took the first step toward (　11　) that desire. Using Ford's methods, the company began producing something that fitted better into the new world, available at a price almost as low as his. So, when Ford car sales dropped to a dangerously low level, Henry was at last persuaded to consider a change of model.

It took one whole year to get the River Rouge plant ready (12) the new design, which was called Model A. Since the Model A, there have been almost yearly changes in design—but no reduction in price. The mechanics of mass production went on improving year after year, but mass production did not get any cheaper. As a result of increasing competition, the demand for new styles meant the original Ford plan of reducing the price every year was no longer possible.

Perhaps this was the reason why Henry Ford became more interested in other things. He took up the production of farm tractors and airplanes, the building of museums, and the collecting of historical objects. Yet, to the end, his chief joy was in the thought that it was he —and he alone—who had taken American industrial manufacture to its highest point, and who had proved that (13) makes possible both a progressive lowering of manufacturing costs and an increasing enjoyment of life by all people.

The mass-produced automobile has changed the map of America completely. It is often said that by 1880 there were no longer any frontiers left in America. It is a fact, however, that there were still large areas of land (14) which no use had yet been found, and it was chiefly the needs of car drivers that led to the development of such areas. Along the network of highways that the automobile caused to be built, many new towns sprang up, and many small towns expanded. The America that the railroad built is only part of what we now think of as America ; (15) are the pieces that the coming of the car has fitted into the jigsaw puzzle that is America.

And all this was the outcome of one man's dream, of a motor-car for every working American. That car was cheap-looking, noisy, smelly and, by the standards of today, most uncomfortable ; but, because Ford ended up by making one every ten seconds, fifteen million Americans were able to own one.

〔注〕 *Model T : early type of motor car manufactured by Ford Motor Co. between 1908 and 1927, which was extremely inexpensive

1　A.　less　　　　B.　more　　　　C.　no less
　　D.　no more
2　A.　carried out　B.　worked　　　C.　gave out
　　D.　made
3　A.　picked out　B.　picked up　　C.　thrown away
　　D.　thrown in
4　A.　how　　　　B.　what　　　　C.　how much
　　D.　when
5　A.　became　　B.　had　　　　C.　went
　　D.　came
6　A.　However　B.　Therefore　C.　So far
　　D.　From then on
7　A.　from which　B.　that　　　　C.　when
　　D.　where
8　A.　produced　B.　carried　　C.　delivered
　　D.　needed
9　A.　wrong　　B.　right　　　C.　old
　　D.　young
10　A.　proud of　　B.　curious about
　　C.　scornful of　　D.　glad at
11　A.　meeting　B.　seeing　　C.　having
　　D.　admitting
12　A.　to　　　　B.　for　　　　C.　by
　　D.　with
13　A.　money

B. the American industrial manufacture

C. the automobile

D. mass production

14 A. for B. to C. in

D. with

15 A. useless B. meaningless C. wireless

D. countless

B. 本文の内容に照らして最も適当なものをそれぞれ A ～ C から 1 つずつ選べ。

(1) Henry Ford believed that all workers should

A. buy what they produced rather than what others did.

B. work hard so that they could buy what they produced.

C. be able to afford their own products.

(2) In order to put his long-held philosophy into practice, Henry Ford

A. greatly raised his employees' wages.

B. drastically reduced the price of cars.

C. urged his workers to work efficiently.

(3) The expression "Ford Empire" implies that

A. Ford founded his company single-handedly in a short period of time.

B. Ford's company made everything needed for manufacturing cars.

C. Ford ruthlessly dominated the automobile industry.

(4) The main reason the Model T came to an end was that

A. a much cheaper Ford car became available.

B. the railroad took away its market.

C. what the American people wanted had changed.

(5) After the Model A, Ford's plan of reducing the price every year was impossible because

A. the workers were always asking for pay increases.

B. the mechanics of mass production continued to improve.

C. he had to keep producing new models nearly annually.

(6) Ford took up the production of farm tractors and airplanes, the building of museums, and so on, probably because he

A. found these areas less profitable.

B. couldn't keep reducing the price of cars.

C. found the cost of materials rose sharply.

(7) One reason why the mass-produced automobile changed the map of America completely is that it

A. brought a lot of towns into being.

B. destroyed the environment of the country.

C. caused the decline of the railroad.

解答

A. 1　A　　　2　B　　　3　C　　　4　B　　　5　D　　　6　C
　　7　A　　　8　D　　　9　B　　　10　C　　　11　A　　　12　B
　　13　D　　　14　A　　　15　D

B. (1)　C　　　(2)　A　　　(3)　B　　　(4)　C　　　(5)　C　　　(6)　B
　　(7)　A

解説

A. 1　that節の主語はno worker in his factoryで，否定のnoが含まれていることがポイント。直後のthanとつなげて考えると，Cのno less than ~(~に劣らず，~もの)，Dのno more than ~(~にすぎない，~しかない)は，文意がつながらない。Bのmoreでは，「1日5ドルよりも多くは稼がない」となり，あとの文脈と矛盾することになる。よって，Aのlessを入れる。「1日5ドルよりも少なくは稼がない→1日5ドル以上も稼ぐ」となり，文脈に合致する。

2　第3段落第3，4文には，フォードの計画が成功したことが述べられているので，肯定的な意味の自動詞が入ると考えられる。Aのcarry outは「実施する，果たす」の意味だが，他動詞で目的語を必要とするので不可。Bのworkは「うまくいく」という意味があり，自動詞なので，これが正解。Cのgive outは「力が尽きる，停止する」と否定的な意味なので不可。Dのmakeは自動詞として「急

283

いで進む，物まねをする」などの意味があるが，文脈にそぐわないので不可。

3　第4段落には，大量生産が可能にした生産効率の向上が書かれている。直前にhad beenがあり，選択肢の動詞が過去分詞形であることから，過去完了受動態の節で，「以前は～されていた」の意味だと判断できる。こうした文脈から考えると，Cのthrow away(投げ捨てる，無駄にする)が正解。

4　直後のto do with it(= money)という不定詞と，選択肢が疑問詞であることから，〈疑問詞＋不定詞〉の形を思い起こす。第5段落には，フォードが莫大な剰余金の使い道で悩んでいた様子が書かれているので，Bのwhatを選んで，「そのお金で何をしたらよいか」とする。

5　直後のto be known as the Ford Empireが直前の関係代名詞whatにうまくつながるものを選ぶ。すると，Bのhave to ～(～しなければならない)か，Dのcome to ～(～するようになる)のどちらかだが，文意が通じるのは「フォード帝国として知られるようになったもの」で，Dのcameのほうである。

6　過去完了進行形の文なので,過去の継続を表すと予想できる。よって，該当するのはCのSo far(これまで)か，DのFrom then on(その時以来)である。Dの「その時」が具体的にどの時を指すのかが前後の文脈からは不明なので，不適切と判断する。

7　先行詞his own cottonを修飾する関係代名詞が入る。CのwhenとDのwhereは関係副詞なので不適。関係代名詞節のhe made his own clothを吟味すると，前置詞が不足していることがわかるので，Bのthatは却下。make A from B(BからAを作る)のfromが関係代名詞whichの前に置かれた形のAが正解。「彼が彼自身の布を(それから)作った彼自身の綿」となる。

8　第7段落は，自動車の部品や資材が生産ライン上を決められた期日に向けて停止することなく動き続けている様子が述べられている。直前のthey(= these materials) wereと，選択肢の動詞がすべて過去分詞形であることから，受動態で文意が通るものを選べばよ

い。よって，Dの「それらが必要とされるちょうどそのときに工場に届く」が正解。

9　あとに続く文がBut で始まり，否定的な内容が記述されているので，ここには肯定的な意味の形容詞が入ると予想される。よって，Bの right(正しい，都合のよい)が最適。

10　They は the ordinary American's children を，it は the Model T を指している。前文の否定的な内容を受けて，好ましくない連語が入ると想定できる。よって，Cの be scornful of ～(～を馬鹿にする)が正解。

11　ゼネラルモーターズのシボレーが登場した経緯を述べた文。直後の that desire は，第9段落最終文の「もう少し馬力があって，もっと見栄えのいいもの」を待望する当時の空気を表している。take the first step toward ～ing that desire で「その要望を～するべく第一歩を踏み出す」の意味なので，Aの meet(満たす，応じる)が最適。

12　〈get + O + C〉の形で「OをC(の状態)にする」の意味。Cにくる形容詞ready と連語を作る前置詞を選べばよい。Bの for が ready for ～(～の準備ができた)という連語を作るので正解。Dの with も ready with ～(～の用意ができた)という連語を作るが，「(人)が(物)の用意ができた」という場合に使われるので，本問では不適。

13　直後の make possible both A and Bの本来の語順は，make both A and B possible(AもBも両方とも可能にする)である。SVOCの文型で，Oが長すぎるために倒置が行われたと考えられる。ここではSにくる語句を選ぶ問題なので，それぞれの語句を挿入して文意がつながれば正解である。A「金銭」，B「アメリカの工業製品」，C「自動車」のどれもSとしては不適。よって，Dの「大量生産」が正解。

14　直前の large areas of land は先行詞，直後にwhichの関係代名詞節が続く。この節は，no use for large areas of land had yet been found(広い面積の土地の使い道はまだ見つけられなかった)と

285

いう意味なので，前置詞のforをwhichの前に置く。

15　選択肢がどれも形容詞なので，この文でも倒置が行われている。本来はSVCの文型であるが，Sが長すぎることと，Cを強調するために，CVSの語順になっている。車社会アメリカの比喩としてジグソーパズルのピースが用いられているのがヒントになる。A「役に立たない」，B「意味のない」，C「無線の」，D「無数の」の中から，アメリカの車を象徴している形容詞はDである。

B.　(1)　第1段落第1文に，「すべての労働者が自分の造ったものを買えるようにしなければならない」とある。よって，Cが正解。「ヘンリー＝フォードは，すべての労働者が自分自身の製品を買うことができるようになるべきだと思った。」

　　A　「他人が造ったものより，むしろ自分が造ったものを買う」

　　B　「自分が造ったものを買えるように一生懸命に働く」

(2)　第1段落第2～4文より，Aが正解。「長年抱き続けた信条を実行に移すために，ヘンリー＝フォードは自分の従業員の給料を大きく引き上げた。」

　　B　「自動車の価格を大幅に値下げした」

　　C　「自分の労働者に効率よく働くように促した」

(3)　フォード帝国の具体的な内容は，第6～第8段落に書かれている。自動車製造に必要な資材や部品を自前で調達することなので，Bが正解。「『フォード帝国』という言い回しは，自動車製造に必要とされるものすべてをフォードの会社が造ったということを意味する。」

　　A　「フォードは短期間で人の手を借りずに自分の会社を設立した」

　　C　「フォードは自動車産業を情け容赦なく支配した」

(4)　第9段落第6～10文参照。特に第6文に，「主な理由は好みの変化だった」とあるので，Cが正解。「モデルTが終わりを迎えた主な理由は，アメリカ国民が望んでいたものが変化してしまったということだった。」

　　A　「ずっと安価なフォード車が入手可能になった」

　　B　「鉄道がその市場を奪い去った」

(5)　第11段落第2文に，「モデルA以降，ほとんど毎年デザインの変更

が行われている」とある。よって，Cが正解。「モデルＡ以降，毎年
価格を引き下げるというフォード計画は，ほぼ毎年新モデルを製造
し続けなければならなかったので，不可能になった。」

A 「労働者たちがいつも賃上げを求めていた」

B 「大量生産システムが進歩し続けた」

(6) 第11段落最終文と第12段落第1，2文参照。特に第11段落最終文
に，「毎年価格を引き下げるという本来のフォード計画がもはや実行
不可能であった」とあるので，Ｂが正解。「フォードはおそらく自動
車の価格引き下げを維持できなくなったので，農業用トラクターや
飛行機の製造，博物館の建設などに興味を持つようになった。」

A 「これらの分野はあまりもうからないことがわかった」

C 「材料費が急騰したことに気づいた」

(7) 第13段落第4文に，「高速道路網に沿って，新しい町がたくさん現
れ，小さな町の多くが大きくなった」とある。よって，Ａが正解。「大
量生産の自動車が完全にアメリカの地図を変えた1つの理由は，それ
がたくさんの町を生み出したということである。」

B 「田舎の環境を破壊した」

C 「鉄道の衰退を引き起こした」

｜全訳｜

　ヘンリー＝フォードの製造者としての信条は，長きにわたって，すべ
ての労働者が自分の造ったものを買えるようにしなければならないとい
うことだったが，これは1914年に初めて実行に移された。彼はその年以
降，自分の工場労働者は全員日給5ドル以上稼げることを周知させた。
工具に対するそれほどの賃金は，世界中のどんな製造工場でも全く予想
外だった。しかもそれは，フォード自身がこれまで支払っていた2倍以
上のものだった。

　そのニュースの衝撃はアメリカ世論を2つに分裂させた。すなわち一
方は，彼は自分のために働いてくれる労働者を非常に大事にしているの
で全財産を分配するつもりなのだと信じ，他方は，彼は気が狂ってしまっ
たのに違いないと，今や確信したのである。

　その2つとも間違っていた。計画はうまくいった。労働者たちは自ら

287

の生産性を高め，そして全員がフォードの自動車を購入した。その上，収益はますます増加したのである。

　世論が理解しなかったのは，大量生産が可能にした節約によってこれがすべて実行できたということである。日々，ある種の無駄—時間，エネルギー，動作，資材の無駄—が削減され，除去された。日々，ある工程が短縮された。毎年，ある新規の二次的製品が，以前は破棄されていたものから造り出された。

　ヘンリーは今や非常に多額の金銭を所有していたので，それをどうしたらよいのかわからなかった。彼は，需要が限界に達していたので，自らの富を築いたモデルＴの追加生産を再開できなかった。彼がフォード帝国として知られるようになったものを思いついたのは，まさにその時だった。

　これまで，フォード自動車は多くの資材や部品を他の会社から購入してきた。ついに，フォードは自前ですべてのものを生産または製造することを決定したのである。彼は炭坑や鉄鉱山を買収して自前の鋼鉄を製造した。彼は森林を買収して自前の木材を生産した。彼はゴム園を買収して自前のタイヤを製造した。彼はほかの農園を買収し，自前の布を製造するために自前の綿を栽培した。彼はガラス工場一式を建設し，世界で最初の板ガラス連続製造工程をそこに設置した。

　これら資材のどれ１つとして備蓄されることはなかった。ひとたび製造されると，それらは永遠に動き続け，海や湖を越え，川，道路，鉄道沿いに，まるで巨大な組立ライン上に並んでいるかのように，すべてがちょうど必要なときに工場に届くよう日時が決められていた。

　次の最終ステップは，その企業(フォード自動車)が，主にデトロイトから送られてくる組立部品の関連子会社を，アイルランドから日本まで，世界中の20か国以上に設立したときにやって来た。

　これがフォード帝国だった。その大部分は1930年代に築き上げられた。しかしながら，モデルＴは1927年に消滅した。なぜそれは消滅したのか？この，無数の冗談や物語，歌の題材になり，アメリカ生活そのものの一部になったものが，なぜ終わりを迎えたのか？　主な理由は好みの変化であり，おそらくはアメリカ人の一種の成長に起因していた。フォード

は1908年，「一般のアメリカ人」は富豪のおもちゃを欲しがらないと思っていたときは正しかった。しかし，1927年ごろにはもう，一般のアメリカ人の子供たちは，モデルＴがそう呼ばれるようになっていたので，父親の「安物」とか「ポンコツ」を嘲笑っていたのである。彼らはそれを馬鹿にしていた。彼らが欲しかったのは，もう少し馬力があって，もっと見栄えのいいものだった。

シボレーをひっさげて，その要望を満たすべく第一歩を踏み出したのがゼネラルモーターズだった。フォード方式を利用しつつ，その企業(ゼネラルモーターズ)は新世界によりよく適合した，フォード車と同程度の安い価格で入手可能なものを製造し始めた。その結果，フォード車の売り上げが危険なほど低い水準まで落ち込むと，ヘンリーはついに説得されてモデルチェンジの検討に入った。

リバールージュ工場が，モデルＡと呼ばれた，その新設計の準備を整えるのに丸１年かかった。モデルＡ以降，ほとんど毎年設計の変更が行われている―しかし，価格の引き下げは行われていない。大量生産システムは年々進歩し続けていたが，大量生産は少しも安くならなかった。ますます激化する競争の結果，新型車の需要は，毎年価格を引き下げるという本来のフォード計画がもはや実行不可能であることを意味した。

おそらくこのことは，ヘンリー＝フォードがほかのことにもっと興味を持つようになった理由だった。彼は農業用トラクターや飛行機の製造，博物館の建設，歴史的な遺物の収集を始めた。しかも，最後まで，彼の最も大きな喜びは，アメリカの工業製品を最高峰にまで導き，大量生産が製造原価を漸進的に低減することと，すべての国民による生活をさらに楽しくさせることの両方とも可能にするのを証明したのは自分―自分１人―だという考えの中にあった。

大量生産の自動車は完全にアメリカの地図を変えてしまった。1880年ごろにはもうアメリカに辺境地帯は残されていなかったとはしばしば言われることである。しかしながら，使い道がまだ見つからなかった広い面積の土地が依然としてあったのも事実なのだ。そうした地帯を開発するきっかけとなったのは，まず第一に自動車運転手のニーズであった。自動車が原因で建設された高速道路網に沿って，新しい町がたくさん現

れ，小さな町の多くが大きくなった。鉄道が築き上げたアメリカは，私たちが今アメリカだと思っていることのほんの一部にすぎない。すなわち，自動車の到来がアメリカというジグソーパズルにはめ込んだピースは無数にあるのである。

そして，このこと全部が，すべての働くアメリカ人に自動車をという，1人の男の夢の結果であった。その自動車は安っぽく，騒々しく，臭くて，現在の品質基準からして，極めて居心地が悪い。しかし，フォードは最後には10秒毎に1台造るまでになったので，1,500万人のアメリカ人が自動車を所有することができたのである。

例題 6

The following is an excerpt from a newspaper article about the environmental movement in Pakistan. It was released in October of 2018. Read it and answer the questions.

When Mohammed Riasat, a government forest service officer, peers up at the majestic ridges around him, he sees small miracles others might miss: a few dozen pine seedlings that have sprouted in rocky, near-vertical cliffs or a grove of healthy young eucalyptus trees, planted on a patch of terrain that had been eroding after years of illegal use.

"When I see a grown tree cut down, I feel like a close relative has died," said Riasat, who has spent three decades working with limited funds and staff to protect Pakistan's beleaguered forests here in the verdant hills of Khyber-Pakhtunkhwa province. "When I see a new one appear, I feel attached to it."

Two years ago, that struggling effort got a huge boost. Imran Khan, then a politician whose party governed the province, launched a program dubbed the ①"Billion Tree Tsunami." Eventually, hundreds of thousands of trees were planted across the region, timber rustling was virtually wiped out, and a cottage industry of backyard nurseries flourished.

Today, Khan is Pakistan's prime minister, and his new government is aiming to replicate that success nationwide, this time with a ②"10 Billion Tree Tsunami." Officials said they hope the initiative, launched last month, will foster environmental awareness in their impoverished, drought-plagued country, where both ③greed and necessity have left forests stripped; they now cover only 2 percent of all land, according to the World Bank.

The plan is one of dozens that Khan has proposed in his wide-ranging agenda to ☐ A ☐. Some have met this with skepticism, such as persuading wealthy overseas Pakistanis to finance the construction of dams and vowing to end entrenched official corruption.

But ④the idea of a green awakening seems to be taking root. The new program is expected to make enemies, especially powerful individuals and groups that have appropriated large tracts of government land for years. But the concept appeals to a new generation of better-educated Pakistanis, and it has sparked excitement on social media.

"This is one of the rare things in our society that is not divisive," said Malik Amin Aslam, the new federal minister for climate change, who headed the original campaign in Khyber-Pakhtunkhwa. On Sept. 2, when the government held 200 launch ceremonies across the country, enthusiastic citizens helped ☐ B ☐.

But experts said Pakistan will need more than a trillion new pines, cedars and eucalyptus trees to reverse decades of deforestation. It is even harder, they noted, to protect public forests from human predation, which is often hidden from view and hazardous to combat. Culprits include timber rustlers, villagers who let cattle forage freely and developers who raze acres of forested land.

When an observant citizen repeatedly reported illegal logging in an obscure area of the province, local officials did nothing. Finally, provincial leaders fired every employee of the forest service administration. "It was a signal of zero tolerance, and it sent shock waves across the government," Aslam said.

The bold move also encouraged a budding environmental movement. One small victory occurred recently in Swat, a once-bucolic region in Khyber-Pakhtunkhwa that has suffered from years of deforestation and a takeover by Taliban militants. When local officials began cutting down trees to widen a road, protesters blocked it. Then Khan's new government stepped in, and half of the trees were spared.

Several activists said the message was also beginning to change traditional habits that damage the environment. In one mountainous area, they said some residents are planning to relocate to towns in the winter rather than   C   .

"Everyone is waking up and starting to plant," said Hazrat Maaz, a lawyer and environmentalist in Swat. He said he was "especially happy" to see one elderly man preventing sheep from grazing in an area of newly planted trees.

"Before this campaign, people who wanted to build a house or graze their cattle went into the woods. Now that has been stopped," Riasat said. Even some former timber rustlers, he said, have started growing and selling trees. "We used to go after them, but now they come to us for advice," he said.

Aslam said he has no illusions that planting and protecting billions of trees across Pakistan will happen cheaply or quickly. One obstacle will be forcing powerful people off public land they have long occupied; another is that two of Pakistan's four provinces are dominated by political parties that are rivals of Khan's Movement for Justice and less likely to cooperate.

"The challenge is going to be much bigger this time," Aslam said, "About 40 percent of fertile public land has been encroached by land-grabbers, including some lawmakers. There will be a lot of blowback, but we have strong political commitment. We will $\boxed{\text{ D }}$."

Twenty miles farther on, several residents of Boddla village said they had benefited when the government planted acres of eucalyptus trees there in 2016. Some earned cash as laborers; others raised saplings for a small profit. They are forbidden to let their livestock roam among the new trees, so they now tie the animals in their yards.

"When things are green, it is a benefit for everyone," said Khanan, a villager in his late 50s. Outside his mud-walled farmhouse, a cow and two goats were tethered under a thatch. "God will have mercy on this work," he said.

Questions

(1) What are ①"Billion Tree Tsunami" and ②"10 Billion Tree Tsunami"? Explain the campaigns in English, including by whom it was started and for what purpose.

(2) Fill in the blanks from $\boxed{\text{ A }}$ to $\boxed{\text{ D }}$ with the most appropriate phrase from the box below. You can use each phrase only once.

ア	enforce the law
イ	chop down trees to heat their hillside homes
ウ	plant 2.5 million saplings in one day
エ	fashion a "new" Pakistan

(3) As to the phrase underlined part ③, give <u>three</u> specific examples from the article.

(4) As to the underlined statement ④, give <u>two</u> specific examples from the article.

(5) Choose three statements that are true for the article.

　a. Mohammed Riasat has made steady effort for about 30 years to protect Pakistan's forests.

　b. Repeated natural disasters have led to the today's deforestation in Pakistan.

   c. The government has been getting more and more supporters for this campaign. Even Khan's political rivals are enthusiastic about it.

   d. The government resorted to radical measures to fulfill the aim of planting trees nationwide.

   e. The forests cover 40% of all land in Pakistan.

   f. One of the problems in promoting this campaign is that powerful people, including lawmakers, won't change their attitude.

   g. One of the reasons the government can't promote this movement is that villagers can't benefit from planting trees.

【解答】

(1)　① "Billion Tree Tsunami" was started to plant and protect trees in Khyber-Pakhtunkhwa province in Pakistan. Imran Khan, who is now a prime minister of Pakistan, launched it when he was a politician for the province.　② "10 Billion Tree Tsunami" is the nationwide campaign to plant trees following the success of "Billion Tree Tsunami," which was started by Khan and his new government.

(2)　A　エ　　B　ウ　　C　イ　　D　ア

(3)　timber rustlers, villagers who let cattle forage freely, and developers who raze acres of forested land

(4)　・one elderly man preventing sheep from grazing in an area of newly planted trees　・some former timber rustlers who have started growing and selling trees

(5)　a, d, f

【解説】

(1) 両プログラムの内容について，5W1Hを意識しそれぞれを説明する。

　　① 「ビリオン・ツリー・ツナミ」はパキスタンのカイバル・パクトゥンクワ州で木を植え，守るために始められた。パキスタンの現首相であるイムラン・カーンがその州の政治家であった時にそれを推進した。

　　② 「テン・ビリオン・ツリー・ツナミ」はビリオン・ツリー・ツナミ

の成功に続く国家的な植樹キャンペーンで，カーンと彼の新政府によって始められた。

(2) 　A　カーンが掲げる広範囲にわたる検討課題が入る。よって，エ「『新しい』パキスタンを創る」。

　　B　政府が国中で推進セレモニーを行った時に熱狂的な市民が手伝った内容が入る。ウ「一日で250万本の苗木を植える」。

　　C　環境を破壊する伝統的な習慣が変わりつつある例として，山間部では，イ「中腹の家を暖めるために木を切り倒す」より何人かの住人は冬には町に移住する計画をしているという内容。

　　D　キャンペーン推進に否定的な反応も多いが，私たちには政治的責任があるので，ア「法律を施行する」つもりだ。

(3) 　森林を丸裸にしてきた③「欲と必要性」の具体例を3つ挙げる。解答例としては，第8段落最終文より「材木泥棒，自由に家畜に飼料を与える村民，木に覆われた何エーカーもの土地を破壊する開拓者」。

(4) 　④の文意は「緑を自覚する考えが根付いてきているように思われる」。解答例としては，第12段落より「新しく植えられた木のエリアで，羊に草を食べさせないようにする老人」と第13段落より「木々を育て売り始めた元材木泥棒」。

(5) 　a　「ムハンマド・リアサットはパキスタンの森林を守るために約30年絶え間なく尽力してきた」は第2段落より正しい。

　　d　「政府は全国に植樹する目的を果たすために抜本的な手段に訴えてきた」。第6段落参照。このコンセプトは，よりよい教育を受けた新しい世代の若者に訴えかけ，ソーシャル・メディア上で盛り上がったとある。

　　f　「このキャンペーンを推進するにあたり問題の1つは，立法者を含め権力のある人々が態度を変えようとしないことである」。第15段落参照。立法者を含め土地横領者が否定的な反応をするだろうとある。

例題7

次の文章を読み，あとの問いA・Bに答えよ。

During my college days, I spent my summers as an assistant at a camp for junior high school students. It was work I looked forward to every year because it was a pleasure. Of my camp memories, there is one summer that stands out from the rest.

It was the first day of camp. About an hour after everyone had arrived, I noticed a small boy sitting alone under a tree. He was thin, pale and obviously uneasy. Only fifty feet away, all the other campers were playing, joking and enjoying getting to know each other, but he seemed to want to be anywhere other than where he was. He had a lost look, a look of deep loneliness. To be honest, I felt uncomfortable approaching him, but our senior staff members had instructed us to watch for campers who might feel left out, campers just like this boy. I knew it was my responsibility to talk with him even though I felt it would not be easy.

I walked up to him and said, "Hi, my name is Kevin, and I'm one of the assistants." In a small, shaky voice he shyly answered, "Hi, I'm Tommy."

"Welcome to camp, Tommy. How's it going?"

"Okay, I guess," he said quietly, not looking at me.

"Do you want to join the activities and meet some new kids, or do you want to just sit here under this tree?" I asked with a smile. He replied unwillingly, "I'm fine here. This camp is not really my thing." It was clear that camp life was new to him, and I somehow knew it would not be right to push him to join the other campers. Instead, I sat down and talked with him for a while, and then took him to his cabin. I hoped he would make some friends there.

After lunch the next day, I led the two hundred campers in songs. I looked over the enthusiastic crowd and noticed Tommy, sitting alone, staring at the floor. I realized he was going to require some very special care. That night at our staff meeting, I told everyone about him, and asked them to pay attention to him and spend time with him whenever possible. Tommy became our special project. We always helped him participate in the camp activities, and slowly he opened up.

Time passed quickly, and Tommy became more active every day. In no time camp was over. As the campers celebrated at a farewell party, I suddenly saw what would be one of the most vivid memories of my life. The boy who had once sat alone under the tree was now dancing. Towards the end of the party, he was dancing as if he owned the dance floor, and talking with people he had not even been able to look at a few weeks earlier. The changes in Tommy were dramatic. All of the camp staff saw him as the camp's greatest success.

About five years later, I got a letter from Tommy. I had not seen him since the night he was all over the dance floor, so it was a complete surprise to get a letter from him. And what the letter said was even more of a surprise.

In the letter, Tommy said, "I appreciate your help very much. On the first day of camp, you came up to me while I was sitting alone. After that, you always gave me special attention and encouraged me to join activities when I hesitated. As a result, I gradually got to know the other campers, and I even became 'the king of the dance floor' on the last night. Because of your help that summer, my life changed. I gained so much confidence that I went back to school as a new person. My grades improved. I became very active and made new friends. Today, I got a letter that said I have been given a scholarship for college next year. I am proud to have gotten it, but I know that if you had not helped me, I would not have. I just wanted to thank you for helping me become a different person."

I have kept that letter ; it is special to me. I read it sometimes to remind myself that we never know how much our actions may affect someone.

A 次の問1〜5に対する答えとして最も適当なものを，それぞれ下の①〜④のうちから1つずつ選べ。

問1 What happened on the first day of camp?

① Tommy felt a responsibility to talk with the lonely boy.

② Tommy left the camp to return to his house.

③ Tommy tried to get to know other campers.

④ Tommy did not feel at all comfortable.

問2 What did Kevin do to help Tommy?

① He taught him how to become a good dancer.

② He decided to stay with him in the same cabin.

③ He suggested that Tommy stay under the tree.

④ He asked the assistants to take care of him.

問3 What happened on the last night of camp?

① Kevin felt sorry about Tommy's big change.

② Tommy demonstrated his new confidence.

③ Tommy wanted some friends to talk with.

④ Kevin got a letter from Tommy.

問4 How did the camp affect Tommy?

① He changed into a new person.

② He became a little more lonely and shy.

③ He lost the confidence to make friends.

④ He was happy with his high school scholarship.

問5 What did Kevin gain from his experience with Tommy?

① He learned he was able to make a real difference in someone's life.

② He realized that he really enjoyed his work as a camp assistant.

③ He realized he should force campers to participate in activities.

④ He learned that he did not know how to be a helpful camp

assistant.

B 本文の内容と合っているものを，次の①〜⑧のうちから3つ選べ。ただし，解答の順序は問わない。

① Kevin did not enjoy his summer job at camp because he did not like uneasy campers.

② At the beginning of camp life, Tommy looked as if he wished he were somewhere else.

③ Campers who did not join the activities were given special attention by the assistants.

④ Most of the children at the camp enjoyed participating in singing after lunch.

⑤ Kevin asked the other campers to help Tommy because he did not want to.

⑥ The camp staff found that Tommy was a failure on the final day of camp.

⑦ If Kevin had failed to help him, Tommy would not have remained lonely at the camp.

⑧ Tommy learned to make friends with others by hiding his true feelings.

解答
A 問1 ④　　問2 ④　　問3 ②　　問4 ①　　問5 ①
B ②，③，④

解説
A
問1 「キャンプの初日に何があったのか」
　第2段落第2文以降に「ひとりの少年が木の下にひとりぽっちで座っていて，明らかに不安そうであって，ほかのキャンプ参加者とも交わらず，途方に暮れた様子で寂しそうだった」と述べられている。その少年というのは第3段落以降から「トミー」だとわかる。したがって，④「トミーはまったく居心地よくなかった」が適切。
　① 「トミーはひとりぽっちの少年と話をする責任を感じた」　本文に

このような記述はない。第2段落最終文からトミーと話す責任を感じたのはケビン。

②「トミーは家に帰るためにキャンプを去った」 本文にこのような記述はない。

③「トミーは他のキャンプ参加者と知り合いになろうとした」 本文にこのような記述はない。

問2 「ケビンはトミーを助けるために何をしたか」

After lunch ～で始まる段落の第4文目に「その夜，ケビンはスタッフ会議で彼(トミー)についてみんなに話し，彼に注意を払って，できるときはいつでも彼と時間を過ごすように頼んだ」と述べられていることから，④「彼はアシスタントたちに彼(トミー)の世話をするように頼んだ」が適切。

①「彼は彼(トミー)に上手なダンサーになるにはどうしたらよいか教えた」 本文にこのような内容の記述はない。

②「彼は彼(トミー)と同じキャビンにいることにした」 本文にこのような内容の記述はない。「彼をキャビンに連れて行った」だけ。

③「彼はトミーが木の下にいるようにすすめた」 本文にこのような記述はない。

問3 「キャンプの最後の日の夜，何が起こったか」

最後から第2段落目にあるトミーの手紙の内容がヒント。第5文以降に「最後の晩にはダンスフロアーの王様にさえなったのです。あの夏のあなたの助けで，私の人生は変わりました。私はたいへん自信がついたので，新しい自分として学校に戻りました」とある。したがって ②「トミーは新たに自信を見せた」が適切。

①「ケビンはトミーが大きく変わったことについてすまないと思った」本文の内容にこのことの記述はない。

③「トミーは話す友だちがほしかった」 第2段落にトミーは寂しく孤独だったという記述はあるが，友だちがほしかったということに関しては何も述べられていない。

④「ケビンはトミーから手紙を受け取った」 最後から第3段落目にあるように，トミーから手紙を受け取ったのはキャンプの5年後のこと

で，キャンプの最後の日の夜のことではない。

問4 「キャンプはどのようにトミーに影響したか」

　最後から第2段落にあるトミーの手紙に，I gained so much confidence that I went back to school as a new person.「私はたいへん自信がついて，新しい自分として学校に戻った」とあるので，①「彼は新しい自分に変わった」が適切。

　② 「彼はすこし寂しく内気になった」　本文にこのような記述はない。

　③ 「彼は友だちを作る自信をなくした」　本文にこのような記述はない。

　④ 「彼は高等学校の奨学金がうれしかった」　最後から第2段落の最後の方に「大学の奨学金をもらうことになった」と述べられていることと矛盾する。

問5 「ケビンはトミーとの経験から何を得たか」

　本文の最終文 I read it sometimes to remind myself that we never know how much our actions may affect someone.「私たちの行動がどれほど人に影響するものであるかということはわからないということを自分に思い出させるために時々それを読む」とある。itとはキャンプ体験を書いたトミーの手紙であることが前段落からわかる。したがって，①「彼は現実に人の人生を変えることができるということを学んだ」が適切。

　② 「彼はキャンプ・アシスタントとしての仕事を実際に楽しんでいたことがわかった」　第1段落第2文目の内容から，ケビンはトミーに会う前からキャンプ・アシスタントの仕事を楽しんでいたことがわかる。

　③ 「彼はキャンプ参加者をいろいろな活動に参加するように強制すべきだということがわかった」　第6段落第5文に and I somehow knew it would not be right to push him to join the other campers.「私はほかのキャンプ参加者の中に入るように彼を強制するのはよくないと何となくわかった」とある内容と矛盾する。

　④ 「彼はどのようにしたらキャンプ・アシスタントとして役に立てるのかわかっていないことがわかった」　本文にこのような記述は見当たらない。内容全体からケビンはトミーとの経験からもキャンプ・アシスタ

富山県の英語科

ントとして役に立ったことがわかる。

B

①　「ケビンは不安そうなキャンプ参加者が好きでなかったので，キャンプでの仕事が楽しめなかった」　第1段落の第2文目にIt was work I looked forward to every year because it was a pleasure.とある。それに「不安そうなキャンプ参加者が好きでない」という記述は本文にない。

②　「キャンプ生活の初めに，トミーはあたかもどこかほかのところにいたがっているように見えた」　第2段落の第4文目にbut he seemed to want to be anywhere other than where he was.「しかし彼(トミー)は彼のいるところ(キャンプ)とは別のどこかにいたがっているように見えた」の内容と一致する。

③　「いろいろな活動に参加しないキャンプ参加者はアシスタントに特別に注意を払われた」　第2段落の第6文目にour senior staff members had instructed us to watch for campers who might feel left out「仲間はずれになったかもしれない参加者に注意を向けるようにと先輩のスタッフから私たちは教えられていた」とある内容と一致する。

④　「キャンプに来た子どもたちの大部分は昼食後の歌に参加することを楽しんだ」　中程のAfter lunch 〜で始まる段落の第1文目に「私は歌をリードした」「熱心な(enthusiastic)参加者たちを見渡した」とある内容と一致する。

⑤　「ケビンは自分がしたくなかったので，ほかのキャンプ参加者にトミーを助けてほしいと頼んだ」　After lunch 〜で始まる段落の第4文目に「そしてアシスタントにトミーに注意をはらい，時間をいっしょに過ごすように頼んだ」とあり，最終文に「私たち(すなわちアシスタント)は彼(トミー)をキャンプでの活動に参加するように助けた」とあるのと矛盾する。

⑥　「キャンプのスタッフは，トミーは失敗だった(成果がなかった)とキャンプ最終日にわかった」　Time passed quickly,で始まる段落の最終文に「キャンプのスタッフはみんなトミーをキャンプの大成果だとみなした」と述べられていることと矛盾する。

⑦　「もしケビンがトミーを助けることができなかったならば，トミー

302

はキャンプでひとりぼっちのままではなかっただろう」 ケビンの助け
で，トミーが変えられたのが本文の内容である。これと矛盾する。

　⑧　「トミーは本当の気持ちを隠してほかの子どもたちと友だちになる
ことを学んだ」 本文にこのような記述はない。

┃全訳┃

　大学生の頃，中学生のキャンプ・アシスタントとして夏を過ごした。
それは楽しかったので毎年期待していた仕事だった。キャンプの思い出
の中でも，ほかの夏とは違って際立っているある夏があった。

　キャンプの第1日目のことだった。みんなが到着してから約1時間後，
私はひとりの少年がひとりぼっちで木の下に座っているのに気がついた。
彼は痩せていて，顔色が青白くて，明らかに不安そうだった。ほんの50
フィート離れたところでは，ほかのキャンプ参加者みんなが遊んだり冗
談を言ったりお互いに知り合いになったりして楽しんでいたが，その少
年は今いるところとは別のどこかにいたがっているようだった。落ち着
かない顔をして，まったく寂しそうな様子をしていた。正直言って，私
は彼に近づくのは面倒だと思った。が，仲間はずれにされているのかも
しれないキャンプの参加者，ちょうどその少年のような参加者には気を
つけるようにと，先輩のスタッフに私たちは教えられていた。面倒だと
思っても彼と話をするのは私の責任だとわかっていた。

　私は彼のそばに歩みよって声をかけた。「やあ，僕の名前はケビン，ア
シスタントのひとりなんだ」。小さな震え声で，恥ずかしそうに彼は答え
た。「こんにちは，僕トミーです」

　「キャンプにようこそ，トミー。調子はどう？」

　「いいと思いますけど」彼は私を見ないで静かに言った。

　「いろいろな活動に参加して新しい子どもたちと知り合いになりたい？
それともこの木の下にただ座っていたいの？」私は笑顔で尋ねた。彼はし
ぶしぶ答えた。「ここでいいんです。このキャンプは僕には向いてないん
です」。彼にとってキャンプ生活が初めてなのは明らかだったし，彼をほ
かの参加者たちの仲間に入るように強制するのはよくないことだと何と
なくわかった。かわりに，私は座って彼としばらく話をし，それから彼のキャ
ビンに彼を連れていった。私は彼がそこで友達を作れればと思った。

翌日の昼食後，私は200名のキャンプ参加者たちの歌を指揮した。私は熱心な参加者たちを見渡して，トミーがひとりぼっちで座ってじっと床を見つめているのに気づいた。彼は特別に世話をする必要があるなと私にはわかった。その夜スタッフ会議で，私は彼についてみんなに話して，彼に注意を払って，できるときにはいつでも彼と時間を過ごすように頼んだ。トミーは私たちの特別な課題となった。私たちはいつでも彼がキャンプのいろいろな活動に参加するように手助けをした。彼はゆっくりと心を開いていった。

時は瞬く間に過ぎて，日々トミーはより活動的になった。あっという間にキャンプは終わった。キャンプ参加者たちがお別れのパーティーをしていたとき，私は自分の人生でもっとも鮮やかな思い出のひとつになるであろうものを突然目にした。以前は木の下にひとりぼっちで座っていた少年が今踊っているのだ。パーティーも終わりに近づくと，彼はあたかもダンスフロアーを我が物顔で踊っていて，数週間前には目を見ることさえできなかった人たちと話をしていた。トミーの変化は劇的なものだった。キャンプのスタッフはみんな彼をキャンプのもっともすばらしい成果とみなした。

およそ5年後，私はトミーから手紙をもらった。彼がダンスフロアーの至る所にいたあの夜以来，彼には会っていなかったので，彼から手紙をもらうのはまったくの驚きであった。それに手紙の内容はさらに一層の驚きだった。

手紙の中で，トミーは「あなたの助けをとても感謝しています。キャンプの最初の日に，私がひとりぼっちで座っているとき，あなたは私のそばに来てくれました。その後，あなたは私に特別な注意をいつも払い，いろいろな活動に参加するようにと私がためらっているとき励ましてくれました。その結果，私はだんだんとほかの参加者たちを知るようになり，最後の晩にはダンスフロアーの王様にさえなったのです。あの夏のあなたの助けで，私の人生は変わりました。私はたいへん自信がついたので，新しい自分として学校に戻りました。私の成績は良くなりました。とても活発になって新しい友達もできました。今日，来年の大学奨学金がもらえるという手紙を受け取りました。それを獲得して誇りに思って

いますが，あなたが助けてくれなかったら獲得しなかっただろうという
こともわかっています。私はただ，私が別の自分になるのを助けてくれ
たことのお礼を，あなたに言いたかったのです」

　私はその手紙を保管している。それは私にとって特別なものだ。私た
ちの行動がどれだけ人に影響するかはまったくわからないということを
自分に思い出させるために，私はその手紙を時々読む。

例題 8

次のを読んで，あとの問いに答えよ。

　Differences in verbal and *nonverbal systems of language play a
major role in intercultural communication. Obviously verbal language
differences ①constitute a major stumbling block. Vocabulary, syntax,
idioms, slang, pronunciation, and dialects are troublemakers ; yet the
average person speaking the foreign language usually knows that he
does not know the language like a native speaker and ②is alert for
trouble. If we pick up a German newspaper, (　③　) we know the
language, we will not ④make sense out of what we see. So we expect
language problems when we meet someone who does not speak our
language. If mistakes are made, ⑤ordinarily we do not react too
negatively to them. Most of us realize that verbal language difficulties
can occur in intercultural communication so we adjust accordingly.
Occasionally, however, even the best trained foreign language speaker
in conversations with a native speaker will need to remind himself
that ⑥his command of the language is not that of the native.

　⑦The Japanese language serves as an excellent example of how
misunderstandings can occur. The language tends to be ambiguous,
and its diversity of expression can present obstacles even in everyday
conversations. For instance, in English, the word "no" is a proper
response when someone asks someone else to do something that
person (　⑧　). The use of "no" in most cases causes no discomfort,
awkwardness or offense to the listener. In Japanese, the word "iie"

(which means "no") is rarely used to say "no" because it sounds too offensive and too straightforward. Because they try not to offend when refusing, the Japanese avoid (⑨) *iie* except in intimate circumstances when the speakers know each other well. In other situations, ⑩they will use several alternate ways of expressing negative intentions, none of which would be considered offensive. The foreigner interacting with a native Japanese would have to know the use of these variations.

In every language, similar situations occur. Certain words or phrases may have numerous interpretations and (⑪) speakers must constantly remind themselves that these variations exist so they do not cling to one meaning regardless of *connotation or context.

Learning the language, which too many foreigners believe to be the only barrier to understanding, is actually only (⑫). To enter into a different culture, we must be able to sense ⑬the special meaning conveyed by space, time, posture, appearance, facial expressions and movements. That is to say, we must be prepared to deal with the nonverbal area of communication. Persons in diverse cultures inhabit different sensory worlds. Each sees, hears, smells, tastes, and feels only ⑭that which has meaning for him. He selects whatever fits into his personal world and interprets ⑮it through the frame of reference of his own culture.

[注] nonverbal：言葉にあらわれない(たとえば，身振り，視線など)

connotation：言外の意味

問1　下線部①の意味として最も適当なものを1つ選べ。

① 重大な障害となる　　② 大きな既成の枠組みを壊す

③ 重要な規則を制定する　④ 中心的な役割を担う

問2　下線部②の意味として最も適当なものを1つ選べ。

① is neglectful of　② is different from　③ is watchful for

④ is affectionate to

問3　空所③に入れるのに最も適当なものを1つ選べ。

① if　② as　③ when　④ unless

問4　下線部④の内容として最も適当なものを1つ選べ。

① understand the articles and news

② become sensitive to a German newspaper

③ be conscious of the foreign language

④ be sensible to see a German newspaper

問5　下線部⑤の理由として最も適当なものを1つ選べ。

① 一般に，異文化にたいして毅然とした態度をとりたいから。

② 普通は，異文化にたいして否定的な立場にあるから。

③ 言語の異なる文化間の交流には正確さが求められるから。

④ 異文化コミュニケーションでは，言葉の障害があって当然だから。

問6　下線部⑥の意味として最も適当なものを1つ選べ。

① 外国語を駆使する能力では，それを母国語とする人には及ばない。

② 外国語会話と母国語会話の違いは，文化の違いを際立たせる。

③ 外国語と母国語の相違は，その文化が比較される時に際立つ。

④ 外国語に関する横柄な態度は，それを母国語とする人が取る態度
とは違う。

問7　下線部⑦の理由として最も適当なものを選べ。

① 英語に比べれば，日本語の発想は単純になるから。

② 英語に比べれば，日本語には妥協が許されないから。

③ 日本語自体が曖昧で，多様な表現が誤解を引き起こすから。

④ 日本語自体が単純であるために，その内容がうまく伝わらないか
ら。

問8　空所⑧に入れるのに最も適当なものを1つ選べ。

① need to do　② does not want to do

③ asks to do　④ expects to do

問9　空所⑨に入れるのに最も適当なものを1つ選べ。

① use　② to use　③ uses　④ using

問10　下線部⑩の内容を表わすものとして最も適当なものを1つ選べ。

① 日本人の拒否の仕方には幾つかの流儀があるようだが，どれも率
直に思われない。

② 日本人は拒否の意思を伝える様々な表現を使うが，どれも不快には思われない。

③ 英語を話す日本人は否定表現をよく使用するが，そのどれも無礼に聞こえてならない。

④ 日本語が得意な外国人は否定表現を巧みに選択するが，そのどれもが感心できない。

問11 空所⑪に入れるのに最も適当なものを1つ選べ。

① non-native ② native ③ numerous ④ certain

問12 空所⑫に入れるのに最も適当なものを1つ選べ。

① the English ② the area ③ the goal ④ the start

問13 下線部⑬の内容として最も適当なものを1つ選べ。

① 外国語学習に関する特別な理由

② 外国語学習の特別な目的

③ 言葉だけでは伝えられない部分

④ コミュニケーションに関する特別な意味

問14 下線部⑭のthatと同じ用法のものを1つ選べ。

① It isn't that important.

② He has that in him which makes a great baseball player.

③ She brought me the news that our team had won.

④ Where is the cat that was here?

問15 下線部⑮のitは何を指しているか。最も適当なものを1つ選べ。

① the verbal area of communication

② a different sensory world

③ whatever fits into his personal world

④ the frame of reference of his own culture

[解答]

問1 ① 問2 ③ 問3 ④ 問4 ① 問5 ④ 問6 ①

問7 ③ 問8 ② 問9 ④ 問10 ② 問11 ①

問12 ④ 問13 ③ 問14 ② 問15 ③

[解説]

問1 stumbling block「障害(物)」

問2　be alert for ～「～に対して油断なく警戒している」

問3　文脈から unless「～しない限り」。

問4　make sense out of ～「～の意味を理解する」

問5　「ふつう私たちはそれらにそれほど否定的な反応をしない」

問6　that は command of the language「外国語を駆使する能力」を指す。

問7　「日本語は，どのように誤解が生じるかの優れた例となる」

問8　something that person does not want to do「その人がしたくない何か」

問9　動詞 avoid は目的語に動名詞をとる。

問10　none of which の which は，文前半の several alternate ways of expressing negative intentions「拒否の意思を伝えるいくつかの代替方法」を指す。

問11　non-native speakers「ネイティブスピーカーでない人」とすると文意が通る。

問12　続く文の内容から，「言語を習うことは…実は始まりに過ぎない」とする。

問13　「空間，時間，姿勢，外観，顔の表情，身体の動きなどによって伝えられる特別な意味」＝「言語だけでは伝えられない部分」

問14　that which は「～するもの」の意で，この that は代名詞。

問15　whatever fits into his personal world「彼の個人的な世界に合うものはなんでも」

全訳

　言語で表す言語方式および言葉にあらわれない言語方式の違いは，異文化間のコミュニケーションでは大きな役割を演じる。明らかに，言葉による言語の違いは，大きな障害となっている。語彙，構文，慣用表現，俗語，発音，方言は厄介なものだが，外国語を話す平均的な人なら，ふつうは自分がネイティブスピーカーのようにはその言語を知らないことがわかっているので，トラブルに対して油断なく警戒するものだ。ドイツ語の新聞を手に取ってみても，ドイツ語を知らなければ，見ているものの意味はわからない。だから，誰か自分たちの言葉を話せない人に会うと，言葉の問題があるだろうなと予想する。たとえ間違いがあっ

ても，ふつうそれらにそれほど否定的な反応を示さない。私たちのほとんどは，異文化間のコミュニケーションでは，言葉による言語の問題が生じることがわかっているので，それに順応するようにしている。しかし，ネイティブスピーカーとの会話に最も練達した話し手でも，自分の言語を駆使する能力が，ネイティブと同様ではないことを時折思い出す必要があるだろう。

　日本語は，どのように誤解が生じるかの優れた例となる。日本語は曖昧であることが多く，表現が豊かなので，日常会話においても障害となることがある。例えば，英語のnoという語は，誰かが，誰か他の人に，その人がしたくない何かを頼んだときの適切な返事である。ほとんどの場合，noを使っても，聞いている人を不愉快にさせたり，気まずくさせたり，怒らせたりしない。日本語では，「いいえ」という言葉(noを意味する)は，noと言うのに滅多に用いられない。あまりに人の気分を害し，率直すぎる響きがあるからだ。断る際に人を立腹させないようにするために，日本人はお互いによく知り合っている親密な間柄の場合を除いて，「いいえ」を使うことを避ける。また別の状況では，人の感情を害さないと思われる，いくつかの拒否の意思を表す代替表現を使う。日本語のネイティブスピーカーと交流する外国人は，これらのバリエーションの使い方を知らなければならないだろう。

　どの言語でも同じような状況は生じる。特定の語や語句に数多くの解釈が成り立つことがあり，ネイティブでない話し手は，これらのバリエーションがあるため，言外の意味や文脈を無視して，1つの意味にこだわることのないように，いつも気をつけていなければならない。

　あまりに多くの外国人が相互理解を阻む唯一の障害と思っている言葉の学習だが，それは実は始まりに過ぎない。異文化の中に入って行くために，私たちは，空間，時間，姿勢，外観，顔の表情，身体の動きなどによって伝えられる特別な意味を感じ取ることができなければならない。すなわち，コミュニケーションの言葉にあらわれない領域に対処する用意がなければならないのだ。様々な文化の人々が，異なる感覚の世界に住んでいる。彼らのそれぞれが，自分にとって意味のあるものだけを見，聞き，嗅ぎ，味わい，感じる。彼は自分の個人的な世界に合うものだけ

を選び，それを自分自身の文化に関する評価基準の枠組みを通して解釈しているのだ。

例題9

次の英文は *"That Doesn't Mean What You Think It Means"* という本のIntroductionとContentsの一部である。英文を読み，あとの[問1]～[問7]に答えよ。

This book is about words that aren't doing what they want to do because we're not letting them. It's really a word liberation book — letting those words be the words they were meant to be.

It's about how we misuse the English language and use the wrong words that don't mean what we think they mean. It's not only about mistakes, but about correcting those mistakes, and discussing if they're even mistakes at all. In short, it's about the 150 most commonly confused, abused, questioned, and misused words and phrases in the English language, according to surveys, dictionaries like **Merriam-Webster's**, and top word experts like Steven Pinker and Bryan Garner.

These are the words that educated people most often misuse, are embarrassed about misusing, and want to use correctly. Some of them are what are sometimes called ₐbubble words — words of which you are sure you know the meaning, but you actually don't.

Before we begin, we want to say emphatically that we're not absolute, antiquarian-style prescriptivists who speak in funny quasi-British accents, stare over our glasses, and insist on old definitions of words and refuse to acknowledge changes in English. 　A　, we've made mistakes ourselves − and it would be more than hypocritical to criticize other people for doing what we've done. 　B　, the latest *Oxford English Dictionary* lists 171,476 words in current usage. That's a myriad, plethora, staggering number, enormity, or a real load of words. 　C　, many of them are words most of us don't use, but the point is that it's impossible for anyone to be fully conversant with all the words in English, or even the most common ones, and use each one of them correctly. We found examples of mistaken usage from national newspapers such as *The New York Times* and *Washington Post*, from eminent authors and magazines, as well as from blogs, Wikipedia, newscasts, and popular magazines. ⬚ D ⬚, yeah, we ALL make mistakes.

More to the point, words change, times change, and meanings change, and we're not going to halt the flow of time. We're not going to be struthious (resembling an ostrich) and (b)stick our heads in the sand. But who gets to decide what's right and wrong? France has a national academy, the Acadéie françise, that rules on what's good French and what's not. English is more [　あ　]: we all decide. We yell, argue, talk, and write, and eventually some sort of consensus is reached; and then, of course, things change once move. Naturally, in different parts of the English-speaking world, different words are sometimes considered correct. You want to "prepone" a meeting? You don't say that in the United States, but it's considered correct by many in India. This book is about what's generally considered correct right now by educated people in the generally accepted standard dialect of North America called GA (General American). We try to tack our way through the stormy seas of linguistic confusion and arrive at reasonable conclusions of what to say and what not to say

E

Like it or not, words can be dangerous, humiliating, and anger inducing. People can get absolutely infuriated over words. Just recently in an online argument over politics, a writer criticized someone over the "tenants of his beliefs." The guy fired back and ridiculed the writer for choosing the wrong word — it should have been "tenets," and instead of talking about the criticism (in our opinion justified), the internet was buzzing with talk about the "dumb" guy (that's the most polite pejorative, you can imagine the others) who couldn't write English correctly. It was unfair, and detracted from an important debate, but ⓒit happened. And that's also why we wrote this book, so it doesn't happen to you; or in a lesser way, so people don't simply look at you quizzically when you use the wrong word. Who wants to sound like they don't know what they're talking about? (Hint: rhetorical question.)

But most of all, words are fun. It's fascinating to delve into the complicated histories of words and see how they came to mean what they do. As Steve Martin said," Some people have a way with words, and other people ...oh, uh, not have way." This book is for all of us, who at least occasionally, uh, "not have way" with words.

historic / historical

"It was an historical day on Wall Street, the biggest intraday drop ever!"

— FOX BUSINESS NETWORK ANCHOR

The example above is technically correct, but that's pushing it. *Every* past day is a (①) day. But only a few days are (②). (③) merely means "based in history," so anything that happened in the past is (③) and not necessarily news. Yesterday when I ate a chicken salad sandwich on rye bread — that was (③). (④) means "significant or famous in history," or "having a long history." Yesterday when I ate that chicken salad sandwich — no, that wasn't (④). A huge drop in the stock market, on the other hand, is big news, and that is (⑤). We're sure the Fox anchor wasn't trying to say it was just another day on the Street with the biggest intraday drop ever — she was talking about a big down day that should go down in history. This distinction between *historic* and *historical* is interesting because it's recent. In Shakespeare's day, you could easily use *historical* to mean *historic* and vice versa without arousing attention.

〔Ross Petras and Kathryn Petras, 2018. *That Doesn't Mean What You Think It Means*, TEN SPEED PRESS. 一部編集等あり〕

[問1]　下線部ⓐはどのようなものか，日本語で説明せよ。

[問2]　本文中の┃　A　┃〜┃　D　┃に入る最も適切な語(句)を，次の(ア)〜(エ)からそれぞれ1つ選び，その記号を書け。ただし，すべての記号を使用すること。

（ア）True　　（イ）For one thing　　（ウ）And after all

（エ）So

[問3]　下線部ⓑの意味を表す最も適切なものを，次の(ア)〜(エ)から1つ選び，その記号を書け。

（ア）argue with other people about it

（イ）take the truth for granted

（ウ）pretend to know the truth

（エ）ignore the things happening around us

[問4]　本文中の[　あ　]に入る最も適切な語を，次の(ア)〜(エ)から1つ選び，その記号を書け。

（ア）authoritative　　（イ）democratic　　（ウ）decisive

（エ）conclusive

[問5]　本文中の┃　E　┃に，意味の通った文章となるように次の(ア)〜(エ)の文を並べかえて入れると，どのような順番になるか。その記号を書け。

（ア）Most of all, it's designed to give you some "word armor" in speaking and writing.

（イ）It's designed to be fun.

（ウ）We also throw in a little word history and etymology.

（エ）But it's also designed to educate.

[問6]　あとの英文は下線部が指している内容である。(　a　), (　b　)に入る適切な一語を，下線部のある段落の中から抜き出してそれぞれ書け。

This "it" refers to the situation where internet commenters criticized a writer's (a) rather than the writer's (b).

[問7] 本文中の(①)~(⑤)に入る最も適切な語を, 次の(ア), (イ) からそれぞれ1つ選び, その記号を書け。ただし, 文頭にくる場合も 小文字としている。

(ア) historic　　(イ) historical

解答

問1　自分では意味がわかっていると確信しているが, 実は意味がわかっ ていない語。

問2　A （イ）　　B （ウ）　　C （ア）　　D （エ）

問3　（エ）

問4　（イ）

問5　（ウ）→（イ）→（エ）→（ア）

問6　a English　　b argument / opinion

問7　①　（イ）　　②　（ア）　　③　（イ）　　④　（ア）　　⑤　（ア）

解説

問1　bubble wordsの意味は, 下線部後のダッシュ (—) に続く部分を訳 出すればよい。ダッシュは前の語句に情報を追加したりするときなど に用いられる。

問2　設問は文と文をつなぐ副詞の意味を問うものである。

A　空欄の前に, 私たちは完全でなく, 規範主義者でもないなどの内 容があり, 空欄の後では私たち自身間違いをしてきたとある。この 空欄の後の部分はその前の主張をサポートする具体的な根拠である ため, 空欄にはFor one thing「その一例として」が入る。

B　空欄の後で, *Oxford English Dictionary*が171,476語という非常に 多くの語を収録していることを示しており, すべてを正しく使用す ることは困難であると続く。そのため, 空欄には私たちが誤りをす ることが必然であることを強調するAnd after all「そしてなんといっ ても, 結局のところ」が入る。

C　空欄の後に「それらの多くは私たちの多くが使用しない単語であ る」とあるが, これはその前にある非常に多くの英単語が存在する

315

ということの True「事実」をさらに説明するためのものである。

　D　空欄の前では，全国紙，著名な作家，雑誌などでも誤用が見られ，その後，私たちはみな誤りを犯すとある。したがって，空欄には2文をつなぐ順接の接続詞である So「そのため」が入る。

問3　第5段落1文目に単語，時代，意味は変わり，時間の流れを止めることはないとある。下線部ⓑの意味する内容は，そのような変わりゆく状況下でしないこと (we are not going to …) であり，(エ)の「私たちの周りで起きていることを無視すること」であると言える。stick one's heads in the sand は直訳すると「頭を砂の中に突き刺す」で，比喩的に「現実や困難を直視しようとしない」という意味がある。

問4　第5段落3文目に「何が正しくて何が誤りであると，だれが決めるのか」との問いかけがある。空欄を含む文以下には，アメリカではみなが議論し，話したりすることで徐々に合意を形成するとある。そのようなプロセスは democratic「民主的な」である。

問5　空欄部Eの前文からこの本の目的を述べており，まず「何と言うべきで，何と言わないべきかに関する合理的な結論に達すること」とある。したがって，次に続くのはもう一つ別の目的でもある「少しの単語の歴史と語源を差しはさむ」とする(ウ)である。残りの3つの選択肢はすべて "its's designed to ～" を含んでおり，それらの2つの目的を達成するためにどのように本が設計されているかを示すと考えられる。その中で，(ア)には most of all「何よりも」があることから最後に位置し，(エ)には also「また」とあることから，(イ)の後に続くと推測できる。

問6　この段落では，政治に関しての議論で tenets と言うべきところを tenants と言った書き手が中傷された例を取り上げている。ネットはその書き手が英語を正しく書けなかったとして騒然としたが，それは不公平であり，重要な議論から注意をそらしたと書かれている。設問はその結果としてどのようなことが起こったかについてである。設問の英語の意味は「この『それ』はインターネットのコメンテーターが書き手の（　b　）というよりは（　a　）のことで非難した」である。（　b　）に入るのは政治の議論において本来重要となるものであるため，

argument「主張」またはopinion「意見」である。一方，（ a ）は本来重要ではない書き手が誤用した英語 (English) である。

問7　historic「歴史に残る，歴史上重要な」とhistorical「歴史(上)の，史実に基づく，過去に使われた」の使い方を問う問題。historicalは単に過去に起きた出来事を指すため，過去の日，歴史上のこと，過去に起きた何か，サンドイッチを食べたことなどはすべてhistoricalなものである。一方で，歴史上重要または有名であること，長い歴史を持つことなどに対してはhistoricを使用する。

例題 10

　アメリカのある大学における新入生のための演習科目(コース)の内容が以下に記されている。この講義要項を参考にして，新入生は科目を選択することになっている。次の英文を読み，設問1〜4に答えよ。

〈コースA〉

In this course you will explore the forces and effects of globalization in the cultural sector from fine arts to the film industry. Drawing from leading scholarship in political science and cultural policy in a way which will be useful to any area of the arts and humanities, you will learn to analyze critically and apply theories to the cultural sector. You will also explore resources that can bring an international dimension to the way that you learn about the world, from study programs to international online research.

〈コースB〉

What can you learn by looking closely at visual art? In this course you will explore Buddhism, particularly Himalayan Buddhism, by studying and discussing paintings, prints, sculpture, textile arts, temple architecture, and religious objects. You will see how this study allows discussion of important issues in the study of religion, and also learn how to adapt the visual method to analytical writing. Most class sessions will take place in the Jordan Schnitzer Museum of Art on campus.

〈コースC〉

Science fiction and myth question the nature of reality and what might happen at the end of the world. This course will examine how the wonder of science fiction is increased when a new story is based on an older myth. We will read about the creation of monsters and gods, and human interaction with "otherness" in the classic Greek stories. Following this, we will examine the way later authors have been influenced or inspired by these original fictions.

〈コースD〉

Through the careful examination of famous public speeches by Martin Luther King Jr., Malcolm X., Jesse Jackson, Barbara Jordan, and others, we will identify the principles of reasoning and effective public speaking. Students will write three-page papers on one famous speech and will take short examinations on the principles of public speaking. Once these principles are identified and understood, students will present three speeches and engage in two debates on race relations in America.

〈コースE〉

In this course you will become an active participant in the study of a multi-cultural American West that was the crossroads for immigrants from several continents. We will do this by diving into primary sources, such as letters, diaries, photographs, maps, editorial cartoons, and oral interviews. You will learn how California's history affects events taking place today. Guest speakers, field trips, and films will all contribute to the experience.

〈コースF〉

In this seminar you will have the opportunity to study and visit four prominent nineteenth-century houses in Oregon. By examining the processes, materials, and objects used in their creation, you will learn to read architectural spaces from the Victorian era as symbols of their time and of the people who created and occupied them. You will also learn how design choices can reflect identity. Students in this course will complete readings, engage in group discussions and writing activities, take field trips, and present a research project to the class.

1. 次のイ〜ニの学生が選択するのに最も適したコースをA〜Fからそれぞれ1つ選べ。

　イ．歴史の生の姿に触れ，過去と現在の関係を様々な方法で見てみたい。

　ロ．話の組み立て方を学び，大学生として人前で説得力のある話し方ができるようになりたい。

　ハ．美術と精神性の関係に興味があり，教室で学ぶだけでなく，実際の作品を見ながら学びたい。

　ニ．人間と環境の関わりに興味を持っているので，すぐれた建造物を見学し，人の暮らし方の歴史を学びたい。

2. コースA，B，Fの内容に最も合ったコース名をa〜dからそれぞれ1つ選べ。

　(1)　コース A
　　a. International Online Research
　　b. Arts and Humanities
　　c. Globalization, Culture, and the Arts
　　d. Critical Analysis of Cultural Policy

　(2)　コース B
　　a. Analytical Writing　　　b. Himalayan Art
　　c. Religion through Art　　d. Temple Architecture

　(3)　コース F
　　a. Oregon Houses　　　b. The Victorian Era
　　c. Design History　　　d. Spaces as Symbols

3. コースCとEを開講する学科として最も適したところをa〜dからそれぞれ1つ選べ。

　(1)　コース C
　　a. Speech Communication　　b. English Literature
　　c. Philosophy　　　　　　　d. Modern Science

(2) コースE

   a. Films   b. History   c. Arts   d. Architecture

4. 授業の課題(宿題やレポートなど)の有無が明記されているコースを選択する場合, 最も適したものをa〜dから1つ選べ。

   a. コースBとE   b. コースAとC   c. コースEとF

   d. コースDとF

解答

1　イ　E　　ロ　D　　ハ　B　　ニ　F

2　(1)　c　　(2)　c　　(3)　d

3　(1)　b　　(2)　b

4　d

解説

1　イ　コースEの第3文参照。　ロ　コースDの第1文参照。　ハ　コースBの第1, 4文参照。　ニ　コースFの第1, 2文参照。

2　(1)　コースAの第1文に, 「芸術から映画産業まで, 文化的分野におけるグローバリゼーションの効力を研究する」とある。よって, cの「グローバリゼーション, 文化と芸術」が最適。a「国際的なオンライン調査」, b「芸術と人文科学」, d「文化政策の批判的分析」。

(2)　コースBの第2文に, 「絵画, 版画, 彫刻, 織物工芸, 寺院建築, そして宗教的なオブジェクトを研究し論議することによって, 仏教, 特にヒマラヤ仏教を研究する」とある。よって, cの「芸術を通して見た宗教」が正解。a「分析的技法」, b「ヒマラヤ美術」, d「寺院建築」。

(3)　コースFの第2文に, 「その時代とそれらを建築しそこに居住した人々の象徴として, ヴィクトリア朝の建築空間を読み解く」とある。よって, d「象徴としての空間」が最適。a「オレゴン州の住宅」, b「ヴィクトリア時代」, c「デザインの歴史」。

3　(1)　コースCは, 空想科学小説と神話の関係を研究するので, b「英文学」が適切。a「言語コミュニケーション」, c「哲学」, d「現代科学」。

(2)　コースEは, カリフォルニアの歴史と現在起きている出来事との関係を検証するので, b「歴史」が正解。a「映画」, c「芸術」, d「建築」。

4　授業の課題が明記されているコースを選ぶ。コースDの第2文に,

「有名な演説どれか1つに関して3ページの論文を書き，演説の原理に関する小試験を受ける」とある。コースFの第4文に，「閲読を修了し，集団討論や執筆活動に従事し，実地見学をして，研究課題をクラスに発表する」とある。

|全訳|

〈コースA〉

　本コースでは，芸術から映画産業までの，文化的分野におけるグローバリゼーションの効力を研究する。芸術や人文科学のいかなる分野にも有効な方法で，政治学や文化政策における優れた学識を採り入れて，批判的に分析し，文化的分野に対して理論を適用することを学ぶ。また，学習プログラムから国際的なオンライン調査まで，世界について学ぶ方法に国際的重要性をもたらすリソースを研究する。

〈コースB〉

　視覚芸術を間近に見ることによって何を学び得るか。本コースでは，絵画，版画，彫刻，織物工芸，寺院建築，そして宗教的なオブジェクトを研究・論議することによって，仏教，特にヒマラヤ仏教を研究する。この研究によって宗教学における重要な論点をいかに議論していくかを理解し，さらに視覚的手法を分析的スタイルに適合させる方法も学ぶ。ほとんどの授業はキャンパス内のジョルダン・シュナイザー美術館で行われる。

〈コースC〉

　空想科学小説と神話は，リアリティーの本質や世界の終末に起こるかもしれないことを問題にする。本コースは，新しい物語がより古い神話に基づいているとき，空想科学小説はその不可思議さをどのように増大させるのかを分析する。怪物と神の創造，そして古典ギリシャ文学における「異質なもの」との人的交流に関する書籍を読む。それに続いて，後世の作家がこれら元の話からいかに影響を受けてきたか，または着想を得てきたかを研究する。

〈コースD〉

　マーティン・ルーサー・キング・ジュニア，マルコムX，ジェシー・ジャクソン，バーバラ・ジョーダン，その他の人々による有名な演説

を仔細に検討することによって，論法や効果的な話術の原理を確認する。学生たちは有名な演説どれか1つに関して3ページの論文を書いたり，話術の原理に関する小試験を受ける。これらの原理を確認し理解すれば，学生たちは3つの演説を披露し，アメリカの人種関係に関する2つのディベートに携わる。

〈コースE〉

　本コースは，様々な大陸からの移住者にとって多文化の十字路であったアメリカ西部の研究に積極的に関与する。手紙，日記，写真，地図，時事漫画，面接のような一次資料を探ることによって授業は進行する。カリフォルニアの歴史が現在起きている出来事にどのような影響を与えているかを学ぶ。ゲスト講演者，実地見学，そして映画のどれもが知識の一助となる。

〈コースF〉

　本セミナーでは，オレゴンにある4棟の有名な19世紀建築を調査・見学する機会が与えられる。それらの建築で使われた製法，材料，オブジェクトを詳細に観察することによって，その時代とそれらを建築しそこに居住した人々の象徴として，ヴィクトリア朝時代の建築空間を読み解くことを学ぶ。さらに設計上の選択がいかにアイデンティティを反映し得るのかを学ぶ。本コースの学生たちは閲読活動を修了し，グループディスカッションや執筆活動に従事し，実地見学をして，研究プロジェクトをクラスで発表する。

例題 11

次の文章を読み，あとの問いA・Bに答えよ。

"When are you going back to Brazil?"

I looked down at the ground, trying to stop the tears. I didn't want to cry in front of those two girls. Why did they have to say things like that?

"If only I could go back to Brazil," I thought. Memories of my early years filled my head. Playing, swimming, dancing, music, laughter…. When my parents decided to move to Japan, though, I had to leave all that behind. I was only seven years old at the time, but I still remember that day.

"Elena, we're going to Japan."

"For a holiday?" I knew I had some distant relatives in Japan, although I'd never met them. It would be fun to fly in an airplane and visit them.

"No, to live. We're going to work there, and you'll be able to go to a new school and learn Japanese. Then you'll be able to go to a university there, and if you can speak two languages fluently when you grow up, you'll be able to get a good job in the future."

"I don't want to go to a new school. I like my school here. And what about my friends?"

"Don't worry, Elena. You'll make new friends."

I didn't want new friends. I wanted my old friends, my grandparents, my aunts and uncles, and cousins in Brazil. But there was no arguing ; it was decided and that was that. Two months later, we arrived in Japan.

The first few months were hard because I didn't speak Japanese. However, my teachers and classmates were kind. I soon picked up the language and made friends and spent five happy years at elementary school.

The problems began when I moved to junior high school. My junior high school accepts students from three different elementary schools, and I found myself in a class with many people I had never met before. Although I spoke Japanese fluently and my behavior was in no way different from anyone else's, two of my new classmates started to tease me after they heard me speaking Portuguese with my parents at the entrance ceremony. What hurt me most deeply was the question of when I was going back to Brazil. If I went back to school in Brazil, it would be so difficult to catch up with my former classmates there. Besides, all my friends were in Japan now. I'd spent half my life in Japan, and Japan was my home.

The two girls started again, "When are you going back to Brazil?"

I wished they would stop. Then suddenly, I heard a voice behind me, "Elena, what's the matter?" Natsumi, Maiko, and Kaori were walking over to me. They had been my friends since my arrival in Japan. At first, we taught each other words in Japanese and Portuguese. After that, we always encouraged and helped each other.

"Oh, nothing. I'm just being asked again when I'm going back to Brazil."

Natsumi turned angrily toward the two girls who were teasing me. "Don't you understand? You have only one culture, but Elena has two. OK, that makes her different, but aren't we all different?"

Maiko joined in, saying to the two girls, "You're both different from me, but that's not a bad thing. I'm certainly not nasty to you because of it."

The two girls looked ashamed. After a few moments of tense silence, they walked off toward the classroom. As I saw them walking away, the anger inside me overflowed, "I hate it! I hate it!"

Natsumi put her hand on my shoulder, as if to calm me.

"Elena, they just don't understand yet. They'll realize eventually."

"Natsumi's right," added Kaori. "I know that sometimes being Brazilian and Japanese makes things difficult for you, but it also makes you special."

"Yes, that's something to be proud of," said Maiko.

My friends were right. Deep inside, I knew that they were right. I looked at them with gratitude and finally let the tears fall.

A　次の問1〜5に対する答えとして最も適当なものを，それぞれ下の①〜④のうちから1つずつ選べ。

問1　According to Elena's parents, why would it be good for Elena to move to Japan?

① She could live with her distant relatives.

② She could leave her high school in Brazil.

③ She could have new educational opportunities.

④ She could travel in an airplane.

問2 What problems did Elena have after she entered junior high school?

① She did not have any friends at school.

② She could not speak Japanese very well.

③ Her teachers complained about her behavior.

④ A couple of students said unkind things to her.

問3 Why did Elena feel hurt when she was asked about going back to Brazil?

① She wanted people to realize that Japan was her home.

② She did not want people to know she was Brazilian.

③ Her parents refused to go back to Brazil.

④ She was not allowed to enter school in Brazil.

問4 What did Natsumi mean when she said Elena is "different"?

① She went to three elementary schools.

② She has a rich cultural background.

③ She has had a difficult life.

④ She is proud of her family.

問5 What is the main theme of this story?

① Brazilian lifestyle

② intercultural understanding

③ Japanese education

④ childhood memories

B 本文の内容と合っているものを，次の①〜⑧のうちから3つ選べ。ただし，解答の順序は問わない。

① Elena was looking forward to living in Japan with her parents.

② Elena became fluent in Japanese in her elementary school.

③ Natsumi, Maiko, Kaori, and Elena became friends at junior high school.

④ Elena could not go back to Brazil because she could no longer speak Portuguese.

⑤ Elena taught some Portuguese words to her friends.

⑥ Natsumi supported Elena in front of the two girls who were teasing her.

⑦ Maiko felt sorry for Elena because she was Brazilian and Japanese.

⑧ At the end of the story, Elena cried because she was hurt by Kaori's words.

解答

A　問1　③　　問2　④　　問3　①　　問4　②　　問5　②

B　②・⑤・⑥

解説

A

問1　「エレナの両親によると，日本に移住することがなぜエレナにとってよいことだったのですか」

　　前半の会話の，No, to live. で始まるセリフの中で，「エレナが新しい学校に行けるし，日本語が学べるし，日本の大学に行くこともできる」と述べられている。③「彼女は新しい教育の機会を持つことができる」が適切。

問2　「中学校に入学後，エレナはどんな問題にぶつかりましたか」

　　前半の最終段落の第3文後半で，「2人のクラスメートが私をいじめだした。一番傷ついたのはいつブラジルに帰るのかという問いかけだった」とあるので，④「2人の生徒が彼女に不親切なことを言った」が適切。

問3　「なぜエレナはいつブラジルに帰るのかと尋ねられると傷ついたのですか」

　　前半最終段落の最終文に「…日本が私の母国だった」とあるので，①「彼女は日本が自分の母国だと人に気づいてほしかった」が適切。

問4　「ナツミがエレナは『違っている』と言ったとき，どういうつもり

でしたか」

　後半のなかばのNatsumi turned angrily〜で始まる段落のOK, that makes her different.「いい，それで彼女は『違っている』のよ」のthatが指しているのはその前文の「エレナは2つの文化を持っている」である。したがって，②「彼女は豊かな文化的背景を持っている」が適切。

問5　「この話の主題は何ですか」

　ブラジルから移住してきたエレナが日本で経験したことを扱っている。エレナの友だちが2つの文化を持つエレナをよく理解している。後半のマイコのセリフにある「違いがあるのは悪いことじゃない」ということが，エレナをいじめていた2人の友だちにも「そのうちにわかるわ」とナツミが言っていることから，②「文化間の理解」が適切。

B

① 「エレナは両親と日本で暮らすことを楽しみにしていた」　前半の会話で「いいえ，(日本で)暮らすために行く」と親に言われて，エレナは「新しい学校に行きたくない」とか「新しい友だちなんかはしくなかった」と述べていることから，日本での生活を楽しみにしていたとは言えない。

② 「エレナは小学校で日本語がすらすら話せるようになった」　前半最終段落の第3文目「日本語をすらすら話せたが，…」は，中学に入学したときの記述だから，当然小学校ですらすら話せていたと考えられるので一致する。

③ 「ナツミとマイコとカオリとエレナは中学校で友だちになった」　後半第2段落の4文目「彼女たちは私が日本に来てからずっと友だちだった」と一致しない。エレナが日本に来たのは7歳，小学生のときであることは前半で述べられている。

④ 「エレナはもうポルトガル語が話せないのでブラジルに帰ることができなかった」　本文にこのような記述はないし，前半最終段落第3文の中学校の入学式の時に両親とポルトガル語で話していたとの記述とも一致しない。

⑤ 「エレナは友だちにポルトガル語の単語をいくらか教えた」　後半

富山県の英語科

第2段落第5文と一致する。

⑥ 「ナツミはエレナをいじめていた2人の女の子の前でエレナをかばった」 後半のNatsumi turned…で始まる文「ナツミは2人の女の子に怒って向き直って言い返した」に続くセリフと一致する。

⑦ 「マイコはエレナがブラジル人でもあり日本人でもあるので，エレナをかわいそうに思った」 後半のMaiko joined in,から始まる段落にあるマイコのセリフと一致しない。

⑧ 「話の最後で，エレナはカオリの言葉に傷ついて泣いた」 最終文の内容と一致しない。泣いたのはうれし泣きである。

全訳

「いつブラジルに帰るの？」

私は涙をこらえようと，うつむいて地面を見つめた。あの2人の少女の前で泣きたくなかった。なぜそんなことを言わなくちゃいけないの？

「ブラジルに帰れればなあ」と私は思った。幼かった頃の思い出で頭がいっぱいになった。遊ぶこと，泳ぐこと，踊ること，音楽，笑い声…でも，両親が日本に引っ越すことに決めたとき，それらのことをみんなあとにしなければならなかった。そのとき私はほんの7歳だったが，あの日のことは今でもよく覚えている。

「エレナ，日本に行くんだよ」

「休暇で？」会ったことはなかったけれども，日本に遠い親戚が何人かいるのは知っていた。飛行機に乗って，その親戚を訪ねるのは楽しいだろうな。

「そうじゃなくて，暮らすんだよ。お父さんもお母さんもあっちで働くんだ。お前は新しい学校に行けるし，日本語を覚えられるよ。そうしたら，日本で大学にも行けるし，大人になったとき2つの言葉がぺらぺら話せたら，将来はいい仕事につけるよ」

「新しい学校になんて行きたくないわ。ここの学校が好きなの。それに友達はどうするの？」

「心配ないよ，エレナ。新しい友達ができるさ」

新しい友達なんかほしくなかった。ブラジルにいるもともとの友達，おじいさんおばあさん，おばさんおじさん，いとこたちがよかった。でも，

328

議論の余地はなかった。それは決まったこと、そういうことだったのだ。2か月後、私たちは日本に到着した。

　最初の2，3か月は日本語が話せなかったので、つらかった。でも、先生もクラスの友だちも親切にしてくれた。私はすぐに日本語を覚えて、友達を作り、小学校で幸せな5年間を過ごした。

　問題は中学に進んだときに始まった。私の中学は3つの異なる小学校から生徒を受け入れていて、一度も会ったことのない生徒が大半を占めるクラスに私はいた。私は日本語をすらすら話したし、振る舞いも他のだれともまったく違わなかったのに、クラスメートのうちの2人が入学式のときに私が両親とポルトガル語で話しているのを聞いてから、私をいじめ始めた。一番深く傷ついたことは、いつブラジルに帰るのかという問いだった。ブラジルの学校に戻ったら、以前のクラスの友達との溝を埋めるのは難しいだろう。その上、私の友達は今ではみんな日本にいるのだ。私は人生の半分を日本で過ごしていて、日本が私の祖国なのだ。

　例の2人の女の子はまた言い始めた。「いつブラジルへ帰るのよ」

　彼女たちがやめてくれればと思った。すると不意に、後ろから声がした。「エレナ、どうしたの？」ナツミとマイコとカオリが向こうから私の方へ歩いてくるところだった。彼女たちは私が日本に来たときからずっと友人だった。最初、私たちは日本語とポルトガル語でお互いに言葉を教えあった。それから、私たちはお互いに励まし合い助け合ってきたのだ。

　「ああ、何でもないの。またいつブラジルに帰るのか聞かれているだけなの」

　ナツミは怒って私をいじめていた2人の女の子の方に向いた。「わからないの？　あなたたちはひとつの文化しか持っていないけど、エレナには2つもあるのよ。それでエレナは他の人と違うけれども、でも、私たちはみんな違っているんじゃないの？」

　マイコが加勢して2人の女の子に言った。「あんたたちは2人とも私と違うけれど、それは悪いことじゃないでしょ。そんなことで私はぜったいにあんたたちにいじわるしたりしないわ」

　2人の女の子はきまり悪そうな顔をした。緊張した沈黙が少しあってから、彼女たちは教室の方へ歩いていった。彼女たちが歩き去るのを見て

いるうちに，心の中の怒りが溢れて出た。「こんなのいや！　いや！」

ナツミはなだめるように，私の肩に手をおいた。

「エレナ，あの子たちはまだわかっていないだけなのよ。そのうちにわかるわ。」

「ナツミの言うとおりよ」とカオリがつけ加えて言った。「ブラジル人でもあり日本人でもあるっていうことでいろいろ大変なときもあるのはわかっているけど，そのためにあなたは特別な存在なんだから」

「そうよ，自慢していいことよ」とマイコが言った。

私の友達の言うとおりだった。心の奥底で，彼女たちが正しいとわかっていた。私は感謝の気持ちで彼女たちを見ると，もう涙が落ちるにまかせた。

例題 12

Read the following passage and answer the questions an below. Note that the four sentences in the in the passage are randomly arranged for Question 〔1〕.

A. As a result, you now have a lot of older workers retiring, taking skills and institutional knowledge with them.

B. AR (augmented reality) can help address three macroeconomic challenges that we — and our customers — are facing.

C. In the oil and gas industry, for example, there was a massive employment surge in the 1960s and 1970s and then a hiring lull.

D. The first is the aging of the skilled workforce.

A similar dynamic is happening in many other industries. Second, we have a lot more machines in remote locations, and we want to be able to monitor, operate, and fix those machines with fewer people on-site. And the third challenge is the growing complexity of new technologies, which require new technical skills.

In the pulp and paper business, we're working on AR that will allow us to service the equipment of remote customers without sending in technicians. Today a customer needing guidance on repairs gets a binder with documentation. We're developing AR on a software that will let the customer be guided by a remote technician who can see what the customer is looking at and walk them through a repair. We're at the early stage. We've put together some prototypes, and we're sharing those with customers to get their feedback.

In the marine business, we're working with a coalition of companies on pilot projects involving autonomous vessels — like self-driving cars but ships. You can imagine starting with small autonomous ferries on lakes but eventually scaling up to container ships. You wouldn't need large crews on these ships. If somebody on shore needs situational awareness of what's happening on a vessel, they could use AR technology. We think we could bring this capability to market within a few years.

A captain onshore might use AR to see the view from the ship's bridge and contextual information about the ship's speed and course and other telemetry data. This is a case where you'd be integrating VR (virtual reality) and AR (augmented reality). The VR would be the view from the bridge. The AR would be live telemetry overlaid on that view. If sensors showed that something was going on in the engine room, you could teleport there from the bridge and have a look around a virtual engine room that had AR information superimposed on top of it. You can imagine needing only a few people actually on board at any time.

There are three overlapping areas where I see AR taking off. The first is in dangerous jobs. You want to make sure people have the best information possible at exactly the right moment, because the cost of not having that — people getting injured, equipment being destroyed — is so high.

So I would imagine AR applications in refineries, chemical plants, construction, and mining, for example. The second area is jobs in remote locations, like on an oil rig or an offshore wind farm, where it's really valuable to make sure that the people you do have on-site have the skills they need. Third, AR will be really useful in cases where people are working with products or machines that are extremely complex, so they can't be easily automated. Servicing an industrial 3-D printer would be an example. Or work done in semiconductor labs.

This doesn't sound superexciting, but it could have a big impact: If people use AR simply to adhere to a best-in-class process, it can prevent mistakes and injuries. You can have the best standard operating procedures in the world, but if your workers don't follow them, it doesn't matter. (　①　) For instance, imagine you're working with an industrial motor and there's a step in the manual that says, "Turn off the power." It would be easy to overlook the step and damage the equipment or get hurt. With AR, the software could say, "Turn off the power and glance at the switch to confirm it's off." When you looked at the switch, the AR could take a picture of the state of the switch, time-stamp it, and record the location of the motor using GPS. So you would now be certain that the switch on a motor was off at a specific location and time during a specific step in a process.

Adapted from Gardiner Morse, *One Company's Experience with AR* (HARVARD BUSINESS REVIEW, November — December, 2017)

〔1〕 There are four sentences in the 　　　 in the passage. Choose the most appropriate sentence order from among 1 to 4.

1　B　→　A　→　D　→　C
2　B　→　D　→　C　→　A
3　C　→　A　→　B　→　D
4　C　→　B　→　A　→　D

〔2〕 Choose the most appropriate sentence from among 1 to 4 in order to fill in the blank (　①　).

1　AR can ensure compliance with processes.

2　AR can decide what to do and then do it automatically.

3　AR keeps working and all we need to do is just wait until the job is finished.

4　AR and workers have to work together to cooperate in working on a project.

〔3〕　Choose the statement from among 1 to 4 that is the most consistent in meaning with the passage.

1　One of the most difficult things is to use AR in remote locations because communications are extremely difficult.

2　When using AR, it is easy to overlook damage done to the equipment, but we don't need to do anything even when something is wrong with the job.

3　Large crews are necessary when AR is used on huge ships because it is difficult to watch over an entire vessel.

4　AR can be used for dangerous jobs, in remote locations, or in situations that include extremely complex activities in working with products or machines.

解答

〔1〕 2　　〔2〕 1　　〔3〕 4

解説

〔1〕　B「AR(拡張現実)は私たち,そして私たちの顧客が直面しているマクロ経済の3つの課題に対処するのに役立つ」→D「1つ目は熟練した労働力の高齢化である」→C「例えば石油およびガス会社では,1960年代と1970年代に大きな雇用の高まりがあり,それから雇用は一時的に休止状態だった」→A「結果として今では,技術や実務の要領の知識を持ったまま,多くの高齢労働者が退職している」。

〔2〕　空所後,工業用モーターの電源を切るという作業手順を例に,1「ARはプロセス遵守を確実にすることができる」ことを説明している。

〔3〕　最後から3段落目のThe first is～の箇所と,最後から2段落目のThe second area is～およびThird,～の箇所で,ARがうまくいっている3つの仕事分野を挙げている。これらが,4「ARは危険な仕事や,

遠く離れた場所で，または製品や機械を使って仕事をする過度に複雑な活動を含む状況で使われる」に合致する。

例題 13

次の英文を読み，あとの問い①～⑩に対する答えとして最も適切なものをそれぞれa～dの中から1つずつ選べ。

Galileo was born in Pisa, Italy in 1564. He was very talented and curious. As a child, he made some of his own toys, and enjoyed both art and music. He learned to play several instruments, and painted pictures.

He went to a university to study medicine, but in 1585 he had to leave because he didn't have enough money. So he studied mathematics at home, and several years later, he began to teach this subject at the university.

Galileo was interested in many different things. He was curious about everything around him. He noticed a lamp hanging from the ceiling of the church, swinging back and forth. Although the lamp moved various distances, it always took the same amount of time for each swing. He had discovered the law of the pendulum.

He also discovered the law of falling bodies. Aristotle said that heavy things fall quicker than lighter things, and everyone had been thinking this way for a long time. But Galileo thought that heavy and light things both fall to earth at the same speed, because of the law of gravity. He dropped a light ball and a heavy ball from the Leaning Tower of Pisa, and they both hit the ground at the same time.

Although his idea was correct, this caused a great problem. Many people believed that Aristotle was always right, and so they wouldn't believe Galileo. Soon, many people in Pisa became angry, and Galileo had to leave.

He moved to Padua and taught mathematics at the university there for many years. He became interested in astronomy, and began to make telescopes. Using these telescopes, he made a number of important discoveries. As he learned more about astronomy, he began to agree with Copernicus, who said that the earth moved around the sun.

At that time, most people thought the opposite, that the earth was the center, and the sun moved around it. The church leaders in Italy thought that this new idea was in conflict with some of their ideas, so they had attacked Copernicus. Now, they began to attack Galileo. They said he was dangerous, they arranged a trial, and they said he was guilty. As a result, he could not be a teacher any longer. He moved to Florence and stayed at home until he died in 1642.

Galileo was always curious, and never stopped thinking about everything around him. He continued to write about his ideas and observations. Today, hundreds of years later, scientists still agree with most of his ideas.

[①] Where did Galileo live?

a. Argentina.　　b. America.　　c. Italy.　　d. Germany.

[②] What did Galileo study at the university?

a. Music.　　b. Medicine.　　c. Mathematics.　　d. Painting.

[③] What did Galileo teach at the university?

a. Music.　　b. Medicine.　　c. Mathematics.　　d. Painting.

[④] Why did he stop studying at the university?

a. Too difficult.　　b. Too dangerous.　　c. Too sick.

d. Too poor.

[⑤] Who thought heavy things fall faster than light things?

a. Galileo.　　b. Aristotle.　　c. Copernicus.　　d. Einstein.

[⑥] Who thought the sun, not the earth, is the center of our system?

a. Aristotle.　　b. Einstein.　　c. Copernicus

d. Church leaders.

[⑦] Why did Galileo leave Pisa?

a. Galileo's ideas were wrong.　b. He got a better job.

c. People believed Copernicus.　d. People believed Aristotle.

[　⑧　]　Why did Galileo leave Padua?

a. Galileo agreed with Copernicus.

b. Galileo agreed with Aristotle.

c. Galileo agreed with the church leaders.

d. Galileo's ideas were wrong.

[　⑨　]　Which is true?

a. Galileo and Aristotle had the same idea.

b. Aristotle and Copernicus had the same idea.

c. Church leaders didn't like Aristotle.

d. Church leaders didn't like Copernicus.

[　⑩　]　During his lifetime, Galileo had much trouble, and had to leave several places. Why?

a. Galileo challenged old ideas.　b. Galileo liked to fight with others.

c. Galileo had bad friends.　　d. Galileo was unlucky.

解答

① c　② b　③ c　④ d　⑤ b

⑥ c　⑦ d　⑧ a　⑨ d　⑩ a

解説

① 「ガリレオはどこに住んでいたか」　ガリレオはイタリアのピサに生まれ，その後，パドゥア，フローレンスと移り住んだが，どちらもイタリアの都市である。

② 「ガリレオは大学で何を勉強したか」　第2段落第1文に，「医学を勉強するために大学へ行った」と述べている。

③ 「ガリレオは大学で何を教えたか」　第2段落第2文に，「独学で数学を勉強し，それから数年後，大学でその教科を教え始めた」とある。

④ 「彼はなぜ大学で勉強するのをやめたか」　第2段落第1文に，「十分なお金がなかったので退学しなければならなかった」と述べている。

⑤ 「重いものは軽いものよりも速く落ちると考えたのはだれか」　第4段落第2文に，「アリストテレスは，重いものはより軽いものよりも速

く落ちると言った」とある。

⑥ 「地球ではなく，太陽が私たちの体系の中心であると考えたのはだれか」 第6段落第4文に，「地球は太陽の周りを回ると唱えたコペルニクス」と述べている。

⑦ 「ガリレオはなぜピサを離れたか」 第5段落参照。ピサの多くの人々はアリストテレスが正しいと信じていたので，ガリレオの言うことを信じず，逆に怒り出したからである。よって，dの「人々はアリストテレスを信じていた」が正解。

　a 「ガリレオの考えは間違っていた」

　b 「彼はもっとよい仕事を手に入れた」

　c 「人々はコペルニクスを信じていた」

⑧ 「ガリレオはなぜパドゥアを離れたか」 第7段落第4，5文参照。ガリレオが有罪になり，教師の仕事が続けられなくなった理由を考える。よって，aの「ガリレオはコペルニクスの説に賛同した」が正解。

　b 「ガリレオはアリストテレスの説に賛同した」

　c 「ガリレオは教会指導者の考えに賛同した」

　d 「ガリレオの考えは間違っていた」

⑨ 「真実なのはどちらか。」

　a 「ガリレオとアリストテレスは同じ考えを持っていた」 第4段落第2，3文より，まったく反対の考えを持っていたことがわかる。

　b 「アリストテレスとコペルニクスは同じ考えを持っていた」 本文では，アリストテレスは落下速度に関する考え，コペルニクスは地動説にしか言及していない。

　c 「教会指導者たちはアリストテレスが好きではなかった」 本文では言及されていない。

　d 「教会指導者たちはコペルニクスが好きではなかった」 第7段落第2文に，「教会指導者たちはコペルニクスを非難していた」とある。

⑩ 「生涯の間に，ガリレオはたくさんの問題に直面し，いくつかの場所を離れなければならなかった。なぜか」

　a 「ガリレオは古い考えに異を唱えた」 第5段落，第7段落の記述に一致する。

　b 「ガリレオは他人と論争するのが好きだった」　本文では言及されて
　　いない。
　c 「ガリレオには悪い友達がいた」　本文に記述はない。
　d 「ガリレオは不運だった」　必ずしも間違いとは言えないが，ピサ，
　　パドゥアを離れざるを得なかった理由としては弱い。

全訳

　ガリレオは1564年，イタリアのピサで生まれた。彼はとても才能があ
り，好奇心が強かった。子供のころは，おもちゃのいくつかを自分で作
り，美術と音楽の両方を楽しんだ。彼はいくつかの楽器の演奏を習得し，
絵を描いた。

　彼は医学を勉強するために大学へ行ったが，1585年，お金が足りなく
なって退学を余儀なくされた。そこで彼は独学で数学を勉強し，それか
ら数年後，大学でその教科を教え始めた。

　ガリレオは多種多様なことに興味を示した。彼は自分の周りにあるも
のは何でも知りたがった。教会の天井につるしてあるランプに気づくと，
前後に揺り動かした。ランプは様々な距離を動いたが，それぞれの振幅
にかかった時間は常に一定だった。彼は振り子の法則を発見したのであ
る。

　彼はまた落下の法則も発見した。アリストテレスは，重いものはより
軽いものよりも速く落ちると言って，だれもが長い間このように考えて
きた。しかしガリレオは，重力の法則によって，重いものも軽いものも
同じ速度で地上に落ちると考えた。彼がピサの斜塔から軽い球と重い球
を落とすと，それら2つの球は同時に地面に衝突した。

　彼の考えは正しかったが，このことが大きな問題を引き起こすことと
なった。アリストテレスは常に正しいと信じる人々がたくさんいたので，
どうしてもガリレオを信じようとはしなかったのである。まもなく，ピ
サの多くの人々が怒り出して，彼はそこを離れなければならなかった。

　彼はパドゥアに移り，そこの大学で何年にもわたって数学を教えた。
天文学に興味を持つようになり，望遠鏡を作り始めた。これらの望遠鏡
を使って，彼は数多くの重要な発見をしたのである。天文学に関してさ
らに多くのことを学んだので，彼は，地球は太陽の周りを回ると唱えた

コペルニクスの説に賛同し始めた。

　当時は，大部分の人が正反対のことを，つまり地球が中心で，太陽は地球の周りを回ると思っていた。イタリアの教会指導者たちは，この新説は彼らの考えといくつかの点で対立すると考えたので，コペルニクスを非難していた。今や，彼らはガリレオを非難し出したのである。彼らはガリレオを危険だと言い，裁判の手はずを整えると，有罪だと断言した。その結果，彼はもはや教師ではいられなくなった。彼はフローレンスに移ると，1642年に亡くなるまで家にこもったのである。

　ガリレオは相変わらず好奇心が旺盛で，身の回りのことは何でも熟考するのをやめなかった。自分の着想や観察結果を執筆し続けた。今日，数百年後の今でもまだ，科学者たちは彼の着想のほとんどに同意している。

例題 14

次の英文を読んで，後の問に答えよ。

Communication exercises and assignments have traditionally put introverts at a disadvantage by design. The regular contributor to discussions in history, the first student to explain or write out the solution in math, and the student who offers to explain their experiment to the rest of the class in science will always be showered with positive reinforcement and generally rewarded with high praises. But what about the students who know the answer but prefer one-on-one conversations? Or the ones who are comfortable speaking to the class but prefer time to process their thoughts before answering a question? Or the ones that do their best critical thinking when it's not spontaneous? Presentations in geography, class discussions in careers, and pick-up games in gym are not just the wrong format for introverts to display their skills, they can be (A) to their education. As curricula move away from an emphasis on content to skills, the time is right to use that move as an opportunity to better serve introverts in school.

339

Communication tasks and assignments are hardest on introverts. Historically, participation marks hurt introverts, but now, with subjects like English shifting from language into a communication strand, that can make up to one-quarter of a student's in-class mark; ☐ B ☐ . To better serve introverts and provide them with the best opportunities to demonstrate their skills, we need to carefully plan communication tasks so that they don't unintentionally put introverts at a disadvantage. A communication exercise that allows introverts to flourish is ①circle discussion. For example, in an English class, instead of asking a question about a short story and having students raise their hands to respond or calling on them at random, a teacher could organize the class in a circle, propose a question and work around the circle one student at a time. This is a great set-up for introverts because they know exactly when their turn will be, allowing them time to process and consider how they want to respond. Everyone has a voice and everyone makes an equal contribution. Having the teacher sit with students where everyone participates in a predictable order eliminates the feeling of being put on-the-spot that inhibits introverts from demonstrating all their skills.

Another assignment that better serves introverts is a podcast. I've used a podcast as the culminating assignment for my Grade 11 English class recently and found it great as ②a platform for introverted students to excel. While recording one's thoughts may be daunting, the forum of a podcast has many benefits for introverts. First, it allows for a student to work from notes or a script. As an aside, this proved to be an unexpectedly beautiful writing task as many students revised their scripts to perfection and that provided me with a mechanism to suggest that all writing requires such revision. Writing the notes or scripts allows the processing time that introverts prefer. As well, a podcast can be recorded multiple times before the final product is shared. This removes the-on-the-spot feel of traditional presentations that often cloud an introvert's true ability. By encouraging critical thinking and requiring a revision process that benefits all students, podcasts provide the opportunity for introspective thinking that traditional presentations do not.

As a whole, society is doing a better job of recognizing that introverts have been set up for second place by a world that rewards charming, outgoing people. For example, my wife is a lawyer and she recently told me ③how many private sector businesses are changing their interview process in an effort to better reach introverts. Introverts may actually be the best candidates for jobs long-term, but the traditional process unintentionally favours extroverts and allows them to appear to be the beat candidates. To account for this bias, before the interview, many companies now provide their questions in advance allowing time for processing their thoughts to evaluate the candidate's problem-solving ability.

As education strives more than ever to provide opportunities for all students to achieve success, the time is right to reconsider how introverts can best display their communication skills. The use of circle discussion and podcasts are just two examples. Teachers can create platforms for introverts to excel, at communication tasks with some innovative lesson planning.

問1 次の英文はintrovertsの特徴について書かれたものである。本文の内容に合うように(a)~(c)に適切な1語をそれぞれ本文中から抜き出して書け。

　　Introverts prefer one-on-one conversations and are better at (a) thinking. They need time to (b) what they think, and they cannot demonstrate their ability well in a (c) way.

問2 本文中の(A)に入る適切な語を次のア~エの中から1つ選び，記号で答えよ。

　　ア　active　　イ　counteractive　　ウ　productive
　　エ　counterproductive

341

問3　本文中の　B　に入る英語を次のア〜エの中から1つ選び，記号で答えよ。

ア　language learning skills are more taken into consideration

イ　communication assignments count more than ever before

ウ　students' communicative competence is not evaluated

エ　English teachers hardly emphasize communication skills

問4　下線部①の活動の利点を65字程度の日本語でまとめよ。

問5　下線部②が本文で意味するものを次のア〜エの中から1つ選び，記号で答えよ。

ア　a raised flat area beside the track at a station

イ　a tool for teachers to convey their feelings at classrooms

ウ　a type of computing system or a software

エ　an opportunity for somebody to express their opinions

問6　下線部③の具体例を本文から探し，80字程度の日本語で書け。

問7　本文の内容を踏まえたとき，あなたはどのような英語の授業を心がけるか。60語程度の英語で書け。なお使用した語数を記入すること。

【解答】

問1　a　critical　　b　process　　c　spontaneous

問2　エ

問3　イ

問4　生徒が自分の発言の順番がわかり，どのように答えるか考えをまとめる時間を持つことができる。また全員が等しく発言できるため公平である。(65字)

問5　エ

問6　内向的な者に不利にならないように，面接の前に，多くの会社が質問を渡し，就職志願者が予め考えをまとめる時間を与えている。それにより志願者の問題解決能力を測っている。(81字)

問7　To encourage introverts in large classes, I organize students into pairs or small groups. I also make time for them to process their ideas before the activities. I would like to have students perform in pairs, then in small groups, and finally perform in front of the whole class. This will help every student have confidence and improve their performances. (60 words)

解説

問1　第1パラグラフでは2文目で外向的な生徒(extroverts)の具体例があげられており，逆接の接続詞butをはさんで3〜5文目には内向的な生徒(introverts)の具体例があげられている。その内容からintrovertsは「一対一の会話を好む，解答前に考えをまとめる時間を望む，求められたときに最もよい批判的な思考を行う」などの特徴があることがわかる。したがって空欄aには「批判的な」，空欄bには「過程」，空欄cには「自発的な」を入れるのが適切。

問2　空欄Aを含む文の前半では，いくつかの指導形態を例示し，それらが「内向的な生徒たちが能力を示すには不適切であるだけでなく，（　　　）である」と述べている。よって，続く後半ではさらにネガティブな内容が書かれていると考えられる。したがって，空欄Aにはエ counterproductive「逆効果の」が入る。ア active「能動的な」，イ counteractive「反作用の」，ウ productive「生産的な」は文脈に合わず誤り。

問3　第2パラグラフ2文目の空欄B前の部分には，「英語などが言語を教える科目からコミュニケーションを教える科目に変わってきており，それが生徒の授業内評価の1/4を占めるほどになってきた」と述べられている。したがって，その内容に合致するのはイ「コミュニケーションの課題が以前より重要になっている」。他の選択肢は，言語の教育からコミュニケーションの教育に代わってきているという内容に合わないため誤り。

問4　circle discussionの利点は，第2パラグラフ5文目の"This (circle discussion) is a great set-up for introverts because…"に続く部分に記述されている。この内容を65字程度にまとめる。

問5　platformには「意見発表の機会」の意味があるため，エ「誰かが意見を表現する機会」が適切。第3パラグラフ2文目では，筆者は英語の課題にポッドキャストを利用しており，内向的な生徒たちがすぐれたパフォーマンスを示すよい機会と考えている。

343

問6　下線部③の文意は「いかに多くの民間企業でその就職面接のプロセスが変わってきているか」。この具体例が第4パラグラフ4文目に記述されている。

問7　「本文の内容を踏まえたとき」と指定されていることに注意。本文ではcircle discussionやポッドキャストの事例があげられているが，内向的な生徒たちに配慮した英語の授業を考える必要がある。その際，問1の解説で述べたようなintrovertsの性質を考慮し，字数以内にまとめる。

●書籍内容の訂正等について

　弊社では教員採用試験対策シリーズ（参考書，過去問，全国まるごと過去問題集），公務員試験対策シリーズ，公立幼稚園・保育士試験対策シリーズ，会社別就職試験対策シリーズについて，正誤表をホームページ（https://www.kyodo-s.jp）に掲載いたします。内容に訂正等，疑問点がございましたら，まずホームページをご確認ください。もし，正誤表に掲載されていない訂正等，疑問点がございましたら，下記項目をご記入の上，以下の送付先までお送りいただくようお願いいたします。

---

① **書籍名，都道府県（学校）名，年度**
　（例：教員採用試験過去問シリーズ　小学校教諭 過去問　2026年度版）
② **ページ数**（書籍に記載されているページ数をご記入ください。）
③ **訂正等，疑問点**（内容は具体的にご記入ください。）
　（例：問題文では"ア～オの中から選べ"とあるが，選択肢はエまでしかない）

〔ご注意〕

○ 電話での質問や相談等につきましては，受付けておりません。ご注意ください。

○ 正誤表の更新は適宜行います。

○ いただいた疑問点につきましては，当社編集制作部で検討の上，正誤表への反映を決定させていただきます（個別回答は，原則行いませんのであしからずご了承ください）。

●情報提供のお願い

　協同教育研究会では，これから教員採用試験を受験される方々に，より正確な問題を，より多くご提供できるよう情報の収集を行っております。つきましては，教員採用試験に関する次の項目の情報を，以下の送付先までお送りいただけますと幸いでございます。お送りいただきました方には謝礼を差し上げます。
（情報量があまりに少ない場合は，謝礼をご用意できかねる場合があります）。

◆あなたの受験された面接試験，論作文試験の実施方法や質問内容

◆教員採用試験の受験体験記

| 送付先 | ○電子メール：edit@kyodo-s.jp
○FAX：03-3233-1233（協同出版株式会社　編集制作部 行）
○郵送：〒101-0054　東京都千代田区神田錦町2-5
　　　　　協同出版株式会社　編集制作部 行
○HP：https://kyodo-s.jp/provision（右記のQRコードからもアクセスできます） | |

※謝礼をお送りする関係から，いずれの方法でお送りいただく際にも，「お名前」「ご住所」は，必ず明記いただきますよう，よろしくお願い申し上げます。

教員採用試験「参考書」シリーズ

富山県の
英語科 参考書

編　集　Ⓒ 協同教育研究会

発　行　令和 6 年 7 月 25 日

発行者　小貫　輝雄

発行所　協同出版株式会社
　　　　〒 101 − 0054
　　　　東京都千代田区神田錦町 2 − 5
　　　　　電話　03 − 3295 − 1341
　　　　　振替　東京00190 − 4 − 94061

印刷所　協同出版・POD 工場

落丁・乱丁はお取り替えいたします